杭州市第三届重大教育科研成果

丛书主编 | 沈建平

五新行动：
面向未来的学校变革

张浩强　陈丽／编著

中国出版集团

现代出版社

序

　　由杭州市胜利实验学校(以下简称"胜利实验")张浩强校长编著的杭州市重大课题研究成果《五新行动：面向未来的学校变革》一书即将出版。受张校长热情相邀作序，我非常愿意谈谈我眼中的校长未来观和胜利实验学校变革的"五新行动"。

　　据我所知，胜利实验的办学渊源可以追溯到明万历二十七年(1599)的崇文书院，是浙江省办学历史最长的学校之一。改革开放以来，学校一直都是杭州教育领域一块响当当的招牌，这是因为在学校发展的历史长河中，胜利实验(2014年从胜利小学独立办学)历任校长，都秉承着"敢于实验研究、勇于改革创新"的胜利精神。早在20世纪50年代，学校就是浙江省重点小学。80年代中期，与杭州大学教育系联合签订"培养小学生'三自能力'整体实验意向书"并开展实验，成果获浙江省教育科研二等奖。1986年，学校确定为浙江省实验学校。80年代末90年代初，学校与浙江省教科院联合开展"培养小学生良好个性品质"实验，成为省教育科学"七五"规划重点项目。90年代，学校承担中央电化教育馆子课题"电化教育促进小学生认知能力发展"，并成为教育部首批授牌命名的全国现代教育技术实验学校。90年代末，开展"合作与交往课堂研究"实验。21世纪初，又先后开展"'探索—发现型'课堂研究""小班化教育实验研究"。我作为胜利实验的老朋友，从20世纪80年代开始，就与胜利实验多有交往，见证着他们跨世纪的实验改革之路，为他们一代代胜利实验人的不懈努力而感动。

　　当然，我更见证着张浩强校长站在新的起点上，关注学生的全面发展与当下幸福，提出并践行着"幸福教育"。今天，张校长又带领团队面向未来开展了学校变革,称之为"五新行动",在本书第二章就具体谈了总体设计。在我看来,本书的形成源于张校长一直坚持的未来观。我们将遇见什么样的未来学校？是更加智能化、个性化、开放化,或是更加真实化、生活化、人本化,还是更加模糊化、流动化、工具化？学校教育是为学生当下应试做准备,还是为其未来人生发展奠基？培养的是仅仅具有超强学习能力的人,还是心系家国天下人类命运的社会参与者？很多教育人都在畅想,试图给出合适的答卷。但畅想容易,践行并坚持却不易。我很欣慰地看到,张浩强校长为了学生更好地适应并参与未来生活,通过包含新导航课程、新互联课堂、新校园生活、新学校文化建设、教师新角色的"五新行动"整体推进,坚定不移地将愿景转变为惠及所有师生的美好现实,这是校长必须承担的责任与使命。

一、新导航课程区别于传统课程之处在于从基于儿童现实需求的课程走向为儿童未来成长领航的课程,这是我认为学校迈出课程改革步伐最有价值的。在传统的课程观中,知识目标还是最受关注的,而那些可迁移的素养如自主、创新则属于锦上添花目标。面向未来的课程要进行目标的"翻转",我们最应该关注的是学生通过课程学习养成可迁移素养,那些在未来时代容易通过技术获取的知识、信息则不应该成为课程目标的主体。胜利实验的新导航课程,没有单纯改革拓展性课程,而是同时对基础性课程进行校本化实施,这一点很关键。未来基础性课程将继续承载国家意志,对基础性课程和拓展性课程改革同步进行,并在此基础上探索"特需性课程",非常可取和值得学习。

二、新互联课堂独具未来感,这并不是传统意义的互联网课堂,而是具有多点互联特征的课堂。学校在原来的幸福课堂基础上,将课堂概念拓宽,连接更加广阔的资源,融合更加多元的学习场域,提出了情境互联、主体互联、时空互联的新互联课堂特征,形成了多样融合的学习样态,如基于项目的线上线下混合学习、基于真实问题解决的探究学习、依托虚拟现实技术的体验学习、促进意义建构的合作学习等。学生在不断体验中,合作、迁移、自主等素养的形成就水到渠成了。从书稿中可以看出,新互联课堂这些学习样态的形成离不开全校教师对课堂研究的积极投入,老师们不断创新教学策略,为学生的意义学习提供了保障。

三、新校园生活最具特色的即"学院制"的初步尝试,打破年级界限,按现有班级序号,把同一班级序号的一至六年级班级分成四个团队。这种混龄管理模式和传统的年级管理模式相比,在培养学生交往能力、关爱品德上确实有着独特的优势。我也佩服胜利实验能跳出传统,做新的尝试。当然,未来可以尝试依据学生的差异,由学生自主选择学院,并且不同的学院能为学生提供具有学院特色的学习生活资源。

四、为了保障新导航课程、新互联课堂、新校园生活的改革效果,胜利实验跟进了"人本·民主"的学校新文化建设和"责任·智慧"的教师新角色重塑。在学校新文化建设中,基于儿童视角的教室革命和校园重构,重塑了学校教育生态。在教师新角色重塑中,不论是同侪互助的教师学习共同体建设,还是校本培训的转型,都能明显看到张浩强校长团队的睿智,他们深刻洞察到,凡是不能自我发展、自我培养和自我完善的人,同样也不能发展、培养和教育别人。所以,教师首先要有深度学习的能力,自觉更新理念系统,持续建构专业知识,成为一个更有智慧、更具责任感的教育者,以更好地与学生对话。

本书中总结的胜利实验面向未来的"五新行动",对于面临改革的学校,确实具有很大的借鉴意义,也能引发教育同行对于未来学校、未来课程、未来课堂的深层思考。当然,这些离不开学校长期的历史积淀,也得益于这三年重大课题的集中研究。这是以张浩强校长为首的学校行政团队,带领全体教师精诚协作、攻坚克难的成果。作为教育实验研究的倡导者、学校重大课题研究的指导者,我由衷地为他们高兴。

我期待,胜利实验能在张浩强校长的带领下,继续汇聚力量,坚定不移地追求梦想。衷心祝愿胜利实验在后续的实验研究中取得更丰硕的成果!

中国教育学会教育实验研究会副理事长

浙 江 大 学 教 授 、 博 导

2021年1月

目 录
CONTENTS

第一章

绪　论

　　最近几年，"未来学校"作为热词迅速进入教育界人士的视野。2019年年初，随着中共中央、国务院印发的《中国教育现代化2035》《加快推进教育现代化实施方案（2018—2022年）》两份重要文件的出台，"未来学校"这个教育热词再度升温。然而，无论是在学术上还是在实践中，人们对于未来学校的认识与理解仍是见仁见智。究竟未来学校的理想形态是怎样的？未来学校的育人理念会走向何方？未来学校的创新教育管理体制和办学机制如何？这一连串的问题，都值得我们细细思考、慢慢探索。

第一节 审视：全球视野中的未来学校

进入21世纪，"互联网+"无处不在，云计算、大数据、人工智能、虚拟现实的快速发展，深刻地影响着学校教育，也推动了学校时空的变革，对学校的未来发展方向提出了创新的要求。传统的学校人才培养模式已经不能满足未来社会的需求，教育界和学术界掀起了"未来学校"相关行动和研究热潮。

一、时代呼唤未来学校

不仅仅教育领域，很多领域都青睐"未来"一词，未来有着它独特的令人捉摸不透又心驰神往的魅力。而要谈未来学校的变革或面向未来的变革，必然无法抛开未来而谈。

（一）未来已来，时代变革

"未来"一词从字面理解，是一个时间概念的词，意味着当下往后的时间，还未到或未经历的时间。未来是物质运动在时间中必然出现的一种客观存在状态，未来是在时间上尚未充分展现出来的潜藏于事物现实之中的萌芽状态，是尚处于形成、演化、变动之中的不确定性存在。①若将未来和现在、过去相联系来理解，未来具有相对性。未来终将成为现在，而现在也终将成为过去。因为未来的这种相对性，人们不断去预测未来，以便更充分地做好准备，享受预想中的美好未来变成现实的那一刻。未来虽是尚未发生的，相对现在和过去而言具有不确定性，然而，未来又是基于现在的，未来时间内发生的事件可以依据历史和现在被合理预测（当然这种预测需要理性

---

① 王伯鲁.未来概念的内涵[J].铁道师院学报,1998(3):5-7.

的前瞻性思维）。这是我们讨论未来学校的假设基础。

未来已来，时代浪潮席卷而来。有诸多学者大胆预测未来，如预测未来20年，现有职业中有60%将消失。也有牛津大学、耶鲁大学的一个项目研究指出未来以下职业将会消失，洗衣店店员、专职游戏玩家、播音员、速记员、驾驶员、售货员、翻译员等将逐渐失业。该项目的预测是基于人工智能机器人的普及。人工智能技术的发展是我们谈未来不可规避的，但我们也需警惕囿于人工智能谈未来。顾明远先生曾就未来教育的研究起点提醒人们，未来教育，不能只从技术着眼，而要从未来时代的发展着眼，为人类未来发展着眼。①先生所谈未来，不仅只有技术，还有文化、生活等方方面面，我们要综合考虑未来时代的趋势和特征。麻省理工学院媒体实验室主任伊藤穰一与著名记者杰夫·豪合作专著《爆裂：未来社会的9大生存原则》中写到未来世界有三大趋势：不对称性、复杂性和不确定性。②美国未来学家和发明家查尔斯·菲德尔等在《四个维度的教育》中用V（volatility，易变）、U（uncertainty，不确定）、C（complexity，复杂）、A（ambiguity，迷糊）四个字母来描述未来。③

可见，未来时代将会因为不确定性而让人充满期待与惊喜，会因复杂性而更需要人们灵活创新，未来时代将是一个危机与机遇并存的时代。开放、多元、创新将是未来时代的主要特征。技术不断发展，让信息流通越来越便捷快速，技术甚至能替代一些传统职业，然而更大的变化是人们的生存方式从封闭走向开放，文化从单一走向多元包容，人与人之间的交流形式更多样，交流内容更趋于理解基础上的沟通。

（二）"过去"的学校

时代的变革使得学校教育面临更大的挑战。早在100多年前，美国著名教育家杜威就说过，"如果我们仍然以昨天的方式教育今天的孩子，无疑就

---

①顾明远.谈谈未来教育的逻辑起点[J].吉林教育,2018(15):110-111.

②伊藤穰一,杰夫·豪.爆裂:未来社会的9大生存原则[M].张培,吴建英,周卓斌,译.北京:中信出版社,2017.

③刘徽.面向未来的课程视域——读《四个维度的教育——学习者迈向成功的必备素养》[J].现代教学,2020(11):77-79.

是掠夺了他们的明天。"①然而，审视我们的学校教育，目光还着眼于过去，用过去的教学方式教授着过去的知识，用过去的人才标准培养着现在的儿童。王毓珣将学校发展分为三个阶段：学校1.0时代、学校2.0时代和学校3.0阶段（未来学校）。目前正处于学校2.0时代，这一时代的学校"过去"痕迹明显，如根本无法因材施教、竞争白热化、学本主义式微、教学手段停滞。能者为师、口耳相传、示范模仿等方式还是目前主要的教育教学方式。②也有批判家毫不客气地说，"学校是全世界最保守的地方"。流传有这样一则笑话：一个植物人30年后苏醒，一切都变得那么陌生，让他很紧张焦虑，直到他走进一所学校，来到教室，看到熟悉的一切，心情才得以放松。这则笑话固然是虚构的，但其要表达和讽刺的就是一成不变的学校教育，改变学校教育已经刻不容缓。海量信息、人工智能、便捷传输等已经自觉冲破2.0时代的学校围墙，蔡元培先生的"知教育者，与其守成法，毋宁尚自然；与其求划一，毋宁展个性"的时代应该到来了。

（三）未来学校：一个共同关注的时代话题

由此，未来学校变革成了众人关注的焦点，一时间，理论界和实践界纷纷用自身的方式解读、预测、实践未来学校。纵观国内外的未来学校研究，主要从概念的内涵、趋势与特征、探索模式等方面展开。

1. 未来学校的概念与内涵

"未来学校"概念的首次提出，应该上溯至杜威的著作《明日之学校》（*Schools of Tomorrow*），书中提及的葛雷学校、帕克学校、"村舍学校"、"森林小学校"等进步学校，都代表着杜威眼中的未来学校发展趋势。进入21世纪以来，"未来学校"成了一个研究热点。不同学者从不同的角度和层面给出了自己的理解。

有学者从教育哲学层面来界定未来学校。如日本的佐藤学教授认为，"学习共同体"的学校是21世纪型的学校，学习共同体改革的愿景由三个哲学构成：公共性哲学、民主主义哲学及卓越哲学。③马萨诸林（Masschelein）和

---

① 李希贵.教改是否属于瞎折腾？[J].未来教育家,2017(12).

② 王毓珣.教育学视角下的未来学校[M].上海：华东师范大学出版社,2020.

③ 佐藤学,于莉莉.基于协同学习的教学改革——访日本教育学者佐藤学教授[J].外国中小学教育,2015(5):1-7.

西蒙斯(Simons)指出,未来学校是对教育的一种理想化阐述,是一种特殊的时间—空间—问题的安排,包括具体的建设、技术、实践以及特征。[①]

基于技术层面的未来学校认识则更为丰富。如基于"互联网+教育"的信息技术发展背景,北京师范大学余胜泉教授提出了没有围墙的"未来学校":"适应个性发展的教育需要重新设计学校,而互联网为学校重组提供了新的可能;未来学校给学生提供探究学习的广阔空间;数据和信息资源将成为学校最重要的资产"。他还认为在信息网络技术发展的基础上,未来学校会对课程教学进行重构。[②]北京师范大学副教授张生等基于"AI+"的时代发展背景,提出"未来学校是一种全新的育人环境,是为学生更好适应未来生活和工作的创新人才成长场所,既包括灵活可变的学校育人空间场所,还包括基于网络班级、小组、同伴、个人等多种学习空间的新型育人环境"。[③]尚俊杰认为,"未来学校依托大量的技术支持,在技术的影响下,传统的学校秩序会发生极大的变化。移动学习、游戏化学习和虚拟学习应该是未来学校关注的学习方式"。[④]余胜泉认为,"未来学校是一种自组织的形态,在对数据精准采集的过程中,可以根据每个学习者的特征和能力安排不同的学习形态,建立柔性的适合学生个性成长的虚实融合的智慧生态环境"。[⑤]

综上所述,当前已有的研究从不同视角对于未来学校的内涵有着不同的见解。基于哲学的理想学校是未来学校得以合理建设与发展的理念引领,基于技术驱动的未来学校形态研究厘清了未来学校的实然表现。但未来学校的实然发生并非仅仅来自某一方面的触动,而是基于诸多因素在学校发展进程中的多维立体复杂交互作用,未来学校是基于当下学校的系统性变革成果。其实"未来学校"并非一个严格的学术概念,也没有一个统一

---

① Masschelein,J.＆Simons,M..Education in Times of Fast Learning:The Future of the School[J].Ethics and Education,2015(1):84-96.

②余胜泉.没有了围墙,未来学校将会怎样转型[N].中国教育报,2016-05-17(008).

③张生,曹榕,等."AI+"时代未来学校的建设框架与内容探究[J].中国电化教育,2018(5):38-43+52.

④尚俊杰.未来学校建设的三层境界[J].基础教育课程,2014(12).

⑤余胜泉."互联网+"时代发展个性的未来学校[N].中国信息化周报,2016-6-13(007).

的模式，而是人们对不同于传统的学校样态的多种期待。未来学校不再仅仅是某一所学校的代名词，当然也不是未来的任何一所学校，而是人们在现有可用技术、资源的支持下对学校发展的一种展望和设计，是引领学校发展的导向。

2.未来学校的趋势与特征

著名教育家蔡元培曾说："教育者，非为已往，非为现在，而专为将来。"这说明教育具有明显的未来指向性，有着它相应的发展趋势和特征。许多学者对未来学校发展的趋势或特征提出了不同的预测。国家督学、中国教育学会副会长尹后庆从生产力发展变化角度出发提出，建设未来学校会涉及学习空间的重构、教与学流程的再造、学习资源供给侧的改变，其主要表现在将现实学习空间与虚拟学习空间进行结合，实现教育资源的便捷获取和智能推动，实现人人皆学、时时能学、处处能学的智慧教育服务空间；教师的工作重心转向对学生的能力培养、素养培育、心理干预、人格塑造等，转向教学内容、学习资源、学习场景的重新选择上。教育从传统的知识供给转向创新供给，从而催生教育供给侧的改革。崔跃华从时间视角把握未来学校的变革特征，他从"未来学校"培养目标、教学结构与课堂形态、教师角色与师生关系三个方面来研究未来学校的特征，主要表现为：在培养目标上重视培养学生的信息素养、核心素养以促进学生整体人的发展；在教学结构与课堂形态上注重人文关怀，体现个性差异，满足不同需求，从注重教的信息化转向注重学的信息化；在师生关系上从"传授者"与"接受者"的关系转向问题解决的"合作者"，建构问题的"共同体"，是共同发展的"学友"关系。[①]曹培杰梳理了学校的历史变迁，分析了国内外相关实践现状，从整体发展角度提出未来学校的四个发展趋势：未来的学习空间将从"为集体授课而建"转向"为个性学习而建"；未来的学习方式将突破强调标准统一的传统教学秩序，允许不同学生用不同的时间学习不同的内容；未来的课程将根据真实问题设置主题，通过跨学科整合，加强知识学习向实践创新的迁移；未来的学校管理将采用弹性学制和扁平化的组织架构，不再拘泥于传统的年级和班

---

① 崔跃华."未来学校"研究综述[J].教育科学论坛，2017(14).

级的管理体系,利用大数据提供精准的教育管理服务。①崔璐依据现有未来学校的研究成果从个性化的学习、开放化的管理、多元化的师生关系三个方面概括了未来学校的基本特征,在学习中具体表现在学习内容可供选择、学习方式独立自主;在管理中具体表现在弹性的组织管理、多方联动的学习管理;在师生关系中具体表现在丰富的教师角色、市场化的教师选择中。②王枬从时空角度提出未来学校时空变革的趋势可概括为,从"区隔时空"走向"互联时空",从"同一时空"走向"个性时空",从"单一时空"走向"多元时空"。未来学校时空变革应基于儿童的立场,本着生活的宗旨,秉持开放的心态。③

关于未来学校,总有一些比较显性的特征让人们能快速地将其与传统学校区别。王毓珣在充分研究的基础上提出了未来学校的九大特征:育人为本、率性而教、学无边界、学本主义、智慧资源、学无常师、精准评价、绿色生态、学习场性。这些特征有的从教育哲学层面阐述,有的从技术层面阐述,有的从学习理论层面阐述,共同勾勒出未来学校的图景。总的来看,学者们在预测未来学校趋势和特征时,都在相关研究实践的基础上围绕着学校育人目标、学习空间、学习方式、课程体系等几个要素,而这些正是学校教育的核心所在。

3.未来学校的探索模式

对于未来学校的实践探索,呈现出不同的探索模式。不同地区、学校的切入口不同。例如,有基于学习空间转变的探索模式。这一探索模式关注学校空间的重构和空间边界的消失,强调学习不再囿于校内、教室内,学生的学习场所不再固定,既可以在教室,也可以在社区、科技馆和企业,甚至可以去不同城市游学。如瑞典的Vittra Telefonplan学校就是这种探索模式的典型。在这所学校,整个校园都采用创新的空间设计,传统的教室变成了各种开放式学习空间, 如非正式学习区、休闲区、探究区以及各种功能区等。学校根据学生的不同需求采用不同的学习方式,并提供相应的学习空间。

---

①曹培杰.未来学校的兴起,挑战及趋势[J].中国电化教育,2017(7):9-13.
②崔璐.未来学校的概念、特征与实践[J].教学与管理,2019(3):16-19.
③王枬.未来学校的时空变革[J].全球教育展望,2019(2):64-71.

所以，Vittra Telefonplan学校抛弃了传统的教室布局，把工厂车间式的教室改造成"水吧""营地""实验室""洞穴"等新型学习空间。这些空间更加人性化，更具亲和力，提供给学生全新的浸入式体验，帮助他们开展个性化的深层次学习。①欧洲校园联盟在布鲁塞尔成立了"未来教室实验室"，倡导对传统教室进行重新设计，利用灵活的学习空间支持教学方式变革。重新构建六个学习功能区域，包括创造区、探究区、展示区、互动区、交流区和发展区，每个学习区都有所侧重。基于学习空间的探索模式强调，学习的聚集更多地依靠研究主题或学习功能需求，而不是人为的平行空间划分。把同龄人简单聚集在一起的"教室""班级"将会逐渐消失，取而代之的是"学习中心"的兴起，学习中心以学习功能、资源为聚集地，学生在不同的区域或中心完成不同的学习任务。

例如，基于课程改革的探索模式。课程是学校教育的核心和重要载体，对于实现学校教育目标有着十分重要的作用，从课程出发来打造未来学校为很多实践者所推崇。未来学校的课程目标必然要变，不再以掌握知识为目标，而是以培养学生思维方式、培育完整的人为目标，甚至以为学生未来生活领航为课程目标。课程内容也与现实世界有更紧密的联系，坐着不动的学习不再发生，而是通过走进真实世界，通过深入的探究开展学习活动。课程组织也不再以严格的学科领域划分，更多地以问题和项目驱动，学生每天都会忙于项目的某一个环节。美国加州圣地亚哥市的HTH学校，就取消分科教学，以跨学科方式建设课程，开发出245个主题项目，如复耕城市、虚拟楼梯等。②

例如，基于技术融入的探索模式。未来，学校的变革必然离不开技术的深度参与。基于技术融入的探索模式强调技术在学校中的重要作用，凸显技术与个性化学习、定制化学习的关系，强调技术在资源互联互通过程中的作用。当然，基于技术的探索经历了从浅入深的过程，最初的技术只是作为一种辅助手段，如利用技术来帮助呈现知识，利用技术来帮助教师快速批改等，对教育没有起到根本性的变革作用。然而，技术融入强调的是利用技术

---

①②曹培杰.未来学校变革:国际经验与案例研究[J].电化教育研究,2018,39(11):114-119.

思维来改造教育，用创新的方式来变革学习方式，用技术来实现定制化学习。

因为未来学校的不确定性，关于未来学校的研究与争鸣才会一直不断，众说纷纭。未来，到底学校终将走向消亡，或是能在社会浪潮中屹立不倒，与社会变革共存？人们该对传统学校进行改造，还是做颠覆性的革命？到底该持怀疑态度，还是主动拥抱，融合发展？思想的自由，让未来学校的研究与实践百花齐放，这也给胜利实验一系列改革行动提供了巨大空间。

二、国外对未来学校的探索

进入21世纪以来，未来学校的兴起是时代前进的号角。世界各国对未来学校的探索大致有两条路径：第一是从理论分析角度对未来学校进行学理上的预测和重构；第二是从实践层面展开。两条路径相互交织和影响。各国为应对新一轮科技与产业革命，陆续出台了着眼于未来的人才培养规划和教育发展战略，并根据本国或本地区特点开展了多种形式的未来学校探索和实验项目，一时间，未来学校改革实践风起云涌，涌现出各具特色的探索典型。下面列举其中几项，以期得到些启示。

（一）欧盟的"未来教室实验室"

欧盟的"未来教室实验室"（future classroom lab）属于欧盟推行的框架计划（Framework Programme，FP）中的第七个计划，该计划中的iTEC项目（面向中小学的未来教室设计及应用项目）由欧洲校园联盟于2010年承担。该项目是"在FP7框架下由欧盟资助的，旨在探索在K–12阶段未来教室及其有效教学的研究项目，建设周期为4年（2010—2014年），总投入经费约为945万欧元"。[①]欧洲校园联盟于2012年1月在布鲁塞尔成立了"未来教室实验室"创新项目。该项目是为了支持教与学的方式变革，其主要功能包括为欧盟30个国家教育部长的信息技术决策者提供决策依据；展示未来教室教与学的技术和方法；提供培训、教师持续专业发展课程；等等。未来教室实验

①胡永斌，李馨，赵云建.欧盟学校教育信息化发展现状——访欧盟iTEC"未来教室"项目负责人威尔·埃利斯博士[J].中国电化教育，2016（2）：121–125.

室由探究区、创造区、展示区、互动区、交流区和发展区六个区域组成。其中,在探究区,开展探究式学习和基于项目的学习,从而发展学生的批判性思维能力和问题解决能力。在创造区,鼓励学生计划、设计和生产自己的作品,在真实的知识生产活动中学习。展示区的主要功能是学习分享和交流,与更大范围的受众互动,让学生运用一系列工具和技能来展示、讲演他们的作品与获得相应反馈。互动区是在传统学习空间使用技术来提升互动和学生参与,通过平板电脑和智能手机等个人设备、交互式电子白板和交互式学习内容,让所有学生积极参与进来。交流区的主要功能是交流,不仅包括面对面和同步交流,也包括在线交流和非同步交流同伴合作。发展区通过营造非正式的环境,为学生提供非正式学习和自我反思的学习场所。[1]截止到2015年9月,该项目已经对欧洲20多个国家的2684个教室进行了改造和设计,对学生的学习和教师的教学都产生了积极的影响。

(二)美国的未来学校

美国联邦政府通过立法来推进未来学校探索,催生了一大批各具特色的未来学校,其中费城未来学校就是典型。该学校是全世界第一所以“未来学校”命名的学校,是微软公司与费城学区共同筹建的一所公立学校。政府负担经费,微软提供设计理念、师生发展指引及一些技术和人员的支持。在管理上,由费城学区、微软公司和当地社区三方协同管理。学校的办学定位是为学生未来工作、生活做充分准备,能仿效复制。在这所学校里,学习者借助网络和现代移动终端设备,打破常规时间和空间限制随时随地开展学习;在学习内容上侧重与生活实践密切相关的主题,将学习与现实生活相结合,注重培养学习者分析与解决问题的能力;在培养模式上以21世纪技能为核心,通过个性化的学习计划让学习者自我管理学习过程,学校为学习者提供一对一的教育服务,学校的校长和教师、微软的教育技术人员等都可以参与到一对一的教学中来。[2]

---

①王素,曹培杰,康建朝,等.中国未来学校白皮书[R].北京:中国教育科学研究院未来学校实验室,2016.

②冯大鸣.21世纪先锋学校的创新及启示:对美国费城未来学校的考察与评析[J].全球教育展望,2007(6):67-71.

还有美国的以"任务清单"为教学管理系统核心内容的另类学校（Altschool），提倡个性化教学与全人教育。思考全球学校（THINK Global School）则是美国一所富有特色的旅行高中，它的特点就是教室没有边界，学习没有边界。学生每个学期都要前往全球不同的城市进行学习，亲身体验世界的奇妙，接触不同的文化、语言和历史。他们认为，教育应该把学生与周围的世界联系在一起，要彻底改变传统的教育模式，将学习和旅行结合在一起，强调研学旅行、文化浸润和移情的教育价值。

（三）新加坡的"智慧国2015"项目[①]

被誉为"亚洲四小龙"的新加坡十分重视信息技术的发展，其认为掌握信息技术素养是21世纪所需的新型人才的必备技能。2006年，新加坡信息通信发展管理局与新加坡教育部联合发起了为期10年的"智慧国2015"项目。该项目在教育方面的具体规划体现为"未来学校"计划，旨在鼓励学校充分利用高科技信息通信技术手段，扩大学校教学和学习的内涵与外延，为学生提供优质高效的学习体验，提升学习的成效，不断提高学生的技能，以面对未来的挑战。该项目以试点校的方式自上而下逐步推开。2007年，新加坡教育部选出首批5所"未来学校"开始试点实施，随后逐步挑选其他学校，最终完成在2015年拥有15所"未来学校"的计划。这些学校作为教育在信息技术应用、课程和教学等方面的创新示范窗口，纷纷对未来教育模式展开了各具特色的实践探索，以满足不同学习者的个性化学习。"未来学校"是新加坡"智慧国2015"项目在教育领域使用信息科技的先行范例。该项目通过在教学中使用最新的应用软件，开发3D仿真学习情境模式，创新课程体系方法、培养师生自主创新能力、加强对外交流与学习的培养策略教会学生学会学习，使学生的创造性思维、互助协作能力等得到全面发展。新加坡"智慧国2015"的做法也使新加坡走在了信息科技运用的最前端，为其2015年实现所有学校都能使用信息科技的目标奠定了坚实的基础。更重要的是让学生真正成为新时代社会建设的主力军。

[①]王冬梅.新加坡"未来学校"的实践探索及其对我国的启示[J].外国教育研究，2012,39（4）:38-45.

（四）芬兰的未来学校

芬兰的"FINNABLE2020项目"由芬兰科技部、地方政府和相关基金会与企业组织资助设立。该项目旨在促进建立能够打破传统时间、地点和人员限制的创新性学习生态系统，在芬兰国内及国际范围内推动更具合作性的、基于ICT技术的21世纪新学习环境的研究和创设工作。项目组织方通过与研究者、实践者、公司企业及社会公共部门开展广泛合作，促进和提升学校教育人员的专业能力，从而使他们更好地将学生培养成为积极主动的、善于沟通合作的、具备科学素养的、具有终身学习能力的21世纪的合格公民。[①]

（五）俄罗斯的未来学校[②]

2006年，俄罗斯以实现中小学教育现代化为目标，启动了"未来项目"。该项目实施的目的是改变中小学校机制，而非具体某一所和某一部分学校。该项目的主要特点是：立足现实的学校环境和现有的师资条件，通过改变教育环境，更新教育内容、教学组织形式及管理形式，保证每个学生具有个性化的学习路径。2010年2月，俄罗斯总统梅德韦杰夫签署了"我们的新学校"国家教育倡议。该倡议指出，创建新学校的实质意义是发掘每个儿童的个人潜力，培养学生对知识的渴求，使学生的心灵得到成长并具有健康的生活方式，为国家现代化的实现和创新发展，培养能够从事职业活动的青年人。俄罗斯的未来学校是为数不多的国家或地区将国家发展需求纳入未来学校创建目标中的，这体现了学校教育改革中个人视野和社会视野的结合。

此外，还有日本的以培养面向未来的国际型高科技人才为目的的"超级高中"计划；德国的"MINT友好学校"年度学校评选项目，旨在加强学校之间以及学校与企业、科研机构之间有关MINT教育的合作；巴西的未来学校项目旨在推进青少年信息素养教育，调动多方参与，广泛合作。各国都对未来学校进行了不同程度的探索与实践。

---

①王素，曹培杰，康建朝，等.中国未来学校白皮书[R].北京：中国教育科学研究院未来学校实验室，2016.

②王旭阳.俄罗斯国家教育创新方案：我们的新学校[J].比较教育研究，2010(4)：91-92.

三、我国对未来学校的探索

随着世界范围内学校新形态的不断涌现,我国也提出中国未来学校创新计划,政府层面和各级各类民间层面都做出了响应。习近平总书记非常重视教育与科技互动,在世界互联网大会、中央网络安全和信息化领导小组会议、调研等场合做重要讲话,呼吁教育界积极开展"互联网+教育",推动教育现代化,培养担当民族复兴大任的时代新人。国家政府层面陆续出台相关文件,如《教育信息化十年发展规划(2011—2020年)》《教育信息化"十三五"规划》《中国教育现代化2035》等,以推动教师和学校主动适应未来。

(一)中国教育科学研究院的中国未来学校创新计划

中国教育科学研究院于2003年正式启动中国未来学校创新计划,以科学研究为基础,以培养创新人才为根本,利用信息化手段促进学校教育的结构性变革,推动空间、课程与技术的融合创新,为学校的整体创新提供理论引领和实践指导。经过持续深入的研究,中国未来学校创新计划已经形成了"1+3+4"的立体化工作体系:"1"是指每年举办一届未来学校大型研讨会,整体展示未来学校的最新研究进展;"3"是指未来学习中心、STEAM创新中心、艺术创意中心三种类型的未来教室建设方案;"4"是指未来学习空间设计、未来学习方式变革、未来学校课程再造、未来学校组织创新四大研究内容。计划得到了各地中小学校的热烈响应和广泛支持,组建了覆盖全国的"中国未来学校联盟",包括北京市海淀区、深圳市南山区、宁波市北仑区、杭州市下城区、江苏省苏州市、上海市奉贤区等20个实验区、8所示范学校以及300多所联盟学校。[1]2016年,发布了《中国未来学校白皮书》;2018年11月,未来学校实验室以2018年全国教育大会精神为指导,发布了《中国未来学校2.0:概念框架》,对未来学校的几个核心概念——学校、学习、课堂与学习路径进行了全面的前瞻审视,这对于中国特色未来学校的发展具有重要的导向作用。[2]

---

①王素,曹培杰,康建朝,等.中国未来学校白皮书[R].北京:中国教育科学研究院未来学校实验室,2016.

②王毓珣.教育学视角下的未来学校[M].上海:华东师范大学出版社,2020.

(二)深圳前海港湾小学的未来学校探索①

在未来学校计划的指引下,我国很多学校都走在了未来学校发展之路上,深圳南山区前海港湾小学就一度成为未来学校范本。如果说中国教育科学研究院的未来学校计划是我国探索未来学校的整体行动,那么前海港湾小学的探索则是充满个性的校本实践。学校聚焦学生面向未来的关键能力与核心素养培养,接轨国际先进教育理念,导入结合创客精神和工匠态度的创客文化,实行"去行政中心,以项目为中心"的"动车组"效应管理与治理机制,依托数字化环境和校园智能化系统定制学习空间,构建扎根于学科、拓展于活动、浸润于氛围三位一体的综合化课程体系,倡导"基于发现与探索,体验设计与创造过程"的创客式学习,创建家校生命成长共同体,培养有"健康之本、中华之情、创新之魂"的现代特区小公民。它的创新点在于以创客文化为底色,在培养目标、课程体系、管理与治理架构、质量评价体系等维度整体重构学校教育生态。

除前海港湾小学外,还有将IT与个性化教育紧密结合的北京一土学校,实施非常规个性化教育的成都新都先锋教育学校,致力于信息技术与教育全面融合的上海市西中学,致力于东方智慧和世界文明相融合的杭州云谷学校等。

国内外各地区、各校的实践都给了我们无限的启发,也不断提醒着我们,未来已来,将至已至。我们只有主动迎接未来挑战,走在未来学校创建之路上,才能为建设未来教育强国做出应有的贡献。

---

①国家教育行政学院教育制度创新研究中心、北京智慧云教育科学研究院.深圳市南山区前海港湾小学:创建未来创新学校的实践探索[C]//国家教育行政学院教育制度创新研究中心、北京智慧云教育科学研究院.中小学管理创新案例(2010—2019)研究报告[R].北京:北京国人通教育科技有限公司,2019.

第二节 回顾:走向未来的学校行动轨迹

胜利实验作为一所文化底蕴浓厚的百年名校,有着独特的"保鲜"秘籍。不论是20世纪80年代开始指向学生学会学习的"三自能力"教学改革、90年代电化教育促进认知能力发展的研究、世纪交替时期的交往与合作课堂研究,还是2010年始致力于帮助学生把握当下的幸福教育育人改革,抑或近3年着眼学生未来生活的"五新行动"学校系统变革,都是在立足实际的基础上展开的,对于学校的持续发展都有着里程碑式的重大意义。回顾这一跨世纪之路,可以说,在一代代胜利实验人的努力下,学校变革的理念越来越新,变革的视域越来越宽,变革的成效越来越显著。本节以从胜利小学到胜利实验跨世纪近40年的发展历程,呈现在历史维度上我们对于学校变革的一些实践反思。

一、学会学习:促进学习能力的教学改革

自改革开放后,随着时代的发展、科技的进步,社会对人才提出了更多的要求,改革教育实践的呼声也日益高涨。20世纪80年代,教育理论界重新审视以往的教育经验,开展了一场传统教育与现代教育的大论战。随着理论界的争鸣,教育实践者们也逐渐发现传统教育的弊端。传统教育重视课本系统知识的传授,强调教师的主导,重视严格的训练及集体化的课堂教学形式,教师是整个教学过程的主宰,学生则处于被动接受老师灌输知识的地位。而忽略了学生自主学习思考、认知能力发展、综合素养发展的重要性。

在这样的背景下,当时的胜利实验人率先站在时代的前列,勇担教育变革探索的使命,聚焦问题,以发展学生学习能力为目标持续开展教学改革创

新行动。

（一）"三自能力"培养实验应运而生①

胜利实验人结合当前阶段的社会背景，针对学生的"三弱"（自我教育能力弱、自我管理能力弱、自我学习能力弱）学习情况，将关注点由教师慢慢转移到了学生的身上，由此在盛群力教授的带领下，胜利实验人同杭州大学教育系在胜利实验提出了"三自能力"，并进行了高年级"三自能力培养"的实验研究。

1."三自能力"的内涵

（1）自我教育能力。指学生能自觉地理解和体验社会所要求的道德规范，并通过实践转化为自己比较稳固的道德行为技能和习惯的能力。生活中，学生无时无刻不在接受着教育，包括学校教育、家庭教育、社会教育。学生的成长过程也就是接受教育的过程。培养学生自我教育的过程，实质上就是培养学生的知识、情感、价值观统一的过程。信任、尊重学生是培养学生自我教育能力的前提。实验组将自我教育能力分为了自我认识能力、自我激励能力和自我调控能力，并将此项能力的培养重点定位在了思想品德课的教与学中。

（2）自我管理能力。指学生依靠主观能动性按照社会目标，有意识、有目的地对自己的目标、思想、心理和行为进行转化控制的能力。简言之，自己把自己组织起来，自己管理自己，自己约束自己，自己激励自己，最终实现自我奋斗目标的一个过程。在这个过程中能主动参与生活、社会、班级集体中的各项事务，学生能遵守社会规则和各项公约，在约束自己的同时学会主动表达自己、展现自己。自我管理注重的是一个人的自我教导及约束的力量，亦即行为的制约是通过内控力量（自己），而非传统的外控力量（教师、家长）。实验组将自我管理能力的体现分布在家庭、社会、学校三个区域，并将此项能力的培养重点定位在了学校的班级管理、劳动课的学习中。

（3）自我学习能力。指在没有教师和其他人帮助的情况下自我学习能力。良好的自学能力具体表现在能够独立地获取知识信息和运用知识信

———————————

① 来源于胜利小学《"三自能力培养"高年级实验报告》，内容略有删减。

息。①在这个过程中,学生必须知道为什么而学习、怎么去学习、如何运用掌握的学习方法去解决各种问题。实验组将此项能力的培养重点定位在了语文课的教与学中。

2.“三自能力”的培养路径

实验组认为自我教育能力、自我管理能力、自我学习能力是小学生必备的关键能力,三者相互融合、密不可分,是一个有机的整合体。培养自我管理能力的工作中往往会贯穿对学生自我教育能力、自我学习能力的培养,其他的两项能力也如此。基于此,实验组将这三项能力在不同领域、学科中有所侧重地进行实践并凸显。

(1)在思品课中凸显自我教育能力。当代儿童生活在社会变革观念更新的时代,家庭条件、社会环境信息渠道的不断变化,无疑对孩子的成长是有利的,但社会上陈腐的观念、消极的思想在一步步侵蚀孩子们的思想,小学高年级的学生求知性强、分辨是非能力差、自控能力弱,又易于盲从与激动,他们总会盲目过高地估计自己,也会因某种挫折而自卑。面对枯燥的叙说课,学生无法到达自我教育的目的。因此新形势下,学生的思想品德教育就面临着新的观念、新的方法与途径的挑战。实验组在思想品德教育中正确地预估学生自我教育的能力后,选择用启发开放式教育方法、建立制度化的评估习惯来培养学生的自我教育能力。在评估习惯中,设计了“四个一”活动:提出一个观点、评论一种行为、议论一件事、找出一项建议。通过“四个一”活动,给予学生大量自我评价和相互评价的机会,从不同形式的评价中提高自我评价的水平,引导学生从简单的评价中分析自己的行为动机,全面评价自己,为自我教育打下基础。实验组将思品课教材编绘成学生最熟悉的生活条例进行教学活动,如“劳动不分贵贱”“行行出状元”。针对平时生活优裕、缺乏社会实践的学生设计“走出课堂”的社会调查活动,让学生在父母工作的各行各业,如服务行业、乡政服务、工厂企业、法院、部队等进行实践,让学生在这个过程中自然地从那些平凡岗位上的劳动者身上得到正

①丹尼尔·D.哈迪,乐雅珍,盛群力.信息处理·教育模式·知识素养[J].外国教育动态,1991(4):26-29.

确的答案，这远比教师说教来得有意义。因此，学生的自我教育能力在丰富多样的教学形式中自然而然地提高了。

（2）在语文课中凸显自我学习能力。叶圣陶先生曾说："教师之为教，不在全盘授予，而在相机诱导。"教师只是在教学过程中起到指导、引导、诱导、辅导的作用。学生自主学习才是基础和前提。没有"学"就无所谓"教"。实验组将自我学习能力培养以语文学科的学习为切入点进行实验探究，具体表现在：将五年级预习笔记内容改为在预习课文内容的同时提出问题并记录思考。每周设置朗读课，在早自修自由朗读课外读物。挑选简单的课文组建自学小组以讨论的形式分工分析困惑之处，如在《奇异的琥珀》这篇课文中设计四步骤学习法，即分享说词语意思、分段概括内容、解决预习前的问题、大胆说想法。教师在这个学习过程中鼓励学生大胆提问，提出与众不同的想法，给予学生充分的思考时间和解决问题的时间。这就真正充当了学生学习路上的"引路人"，成长路上的良师益友。同时，四步学习法极大地激发了学生学习语文的兴趣，在合作学习中彰显了自我学习能力，同时提高了学生的沟通表达、逻辑分析、合作交流、解决问题的能力。

（3）在班级管理、劳动课中凸显自我管理能力。在班级管理工作中，实验组注重加强学生自我管理能力的培养。我们认为要使学生健康成长必须将班级打造成团结向上的集体，让每个成员都成为班级的小主人。老师制定中队委员轮流值日制，放手让每一个学生都来当一天家，要求值日学生处理好一天的班务，还要记好当天值日日记。这样从扶到放，调动了全体学生的能力，特别是成绩不是很好的学生，在值日中不仅使他们受到自我管理能力的训练，更重要的是使他们树立了自信心，恢复了自尊，他们开始关心热爱集体。同时在班里试行"课代表负责制""黑板报轮流包干制""中队分工制""卫生轮流检查制"等一套班级自我管理的常规，让学生自我管理能力的培养始终贯穿在良好班集体的建设过程之中。这样的放手管理其实是一种明智的选择，将管理的权利、管理的意识真正还给学生，在这样民主的氛围中，学生的自我管理能力自然加强了。同时在劳动课上组织学生参加公益劳动家务，在劳动交流会上进行分享展示，有的学生会自豪地讲述自己会干什么，有的学生会开心地将精心制作的零钱包、端午小香袋赠予小伙伴。此时此刻,一颗劳动的种子已深深埋于学生的心底,独立自主、勤学勤动手。

今天,回溯当时的实践和思考,让人感受颇多。当然,三种能力的内涵会随着社会的变迁不断拥有新的含义,当时进行课题实验正是我国实行计划生育后的"独生子女"时代,实验组结合当时背景和对象的特殊性进行了思考,随着《中华人民共和国人口与计划生育法修正案(草案)》(2015)的颁布,自2016年1月1日起我国全面进入了"二孩时代",学校教育又面临着各种新的挑战。但"三自能力"培养的一系列实践依旧对我们教育教学工作有着重要的指导意义。

(二)"电化教育"优化教学促进认知发展[①]

进入20世纪90年代,信息化社会对年青一代智能发展的要求越来越高,同时中小学课堂教学中基本电化教学手段的运用日益普及。在全国范围内,我国电化教育面临的重要任务就是如何充分发挥电教媒体的优势,促进教学整体优化,同时也要解决当时过分片面强调电教媒体地位、孤立看待电教媒体作用的误区。在这样的背景下,当时的胜利人拥有强烈的使命感,抓住契机,承担了中央电化教育馆"电化教育促进中小学教学优化"(全国教育科学"八五"规划国家教委重点课题)的子课题,研究课题名为"电化教育促进小学生认知能力发展"。当时的基本假设是,通过系统设计教学,优化教学结构,在语数学科中充分运用电教媒体,能对学生认知能力发展起到积极的作用。

课题组对此非常重视,校长亲自抓实验工作,科研室负责具体落实,省市区相关研究员经常提供协助和指导。课题组对实验教师进行了理论培训和电教媒体操作技能训练,还参照布鲁姆的认知目标分类方法制定了"小学生认知能力层级指标体系",按照"启动—导入—展开—调整—结束"等环节,要求每一位实验教师除详细写出每一堂课的教案外,还需要填写"认知水平描述及媒体选用表""教学过程流程图""形成练习卷"。这些努力都是强调电教媒体在一堂完整课中的运用,而不是孤立地强调电教使用,要充分

---

① 杭州市胜利小学课题组,浙江省电化教育馆课题组,盛群力,等.电化教育促进小学生认知能力发展实验报告[J].浙江电化教育,1995(5):4-8.有删减.

利用电教媒体在引起注意、回忆旧知、新知讲解、编码储存、尝试性练习、反馈纠正、迁移等方面的作用。此处因为篇幅原因，仅以"启动"环节为例做一说明。

课程的启动阶段，教师主要利用语音、语调、语速、语气等方面的变化，利用目光、视像画面、静场等手段创造一种情境，渲染氛围，使学生引起注意，在身体上和心理上保持接收新信息的警觉，处于适度应激状态。另外，教师还可通过提问、演示图像等引发学生兴趣，使他们萌发好奇和急于探究的心理。例如，在教学《十里长街送总理》一课时，教师体会到这篇课文最大的特点是感情真挚，以情动人，那么怎样让学生一开始就进入课文情境中呢？教师先让学生在课前观看《一代先驱周恩来》的录像，使学生感受到天安门广场花圈如海，人流如潮，"万人空巷送总理"的动人场面。这一铺垫再加上新课开始前课堂上播放配有哀乐声、哭泣声、呼喊声的课文录音，渲染了一种凝重、悲伤、沉痛的气氛，为学生后续理解课文的深刻蕴含创设了良好情境。

这一案例在现在看来可能"过时"，但在当时的背景下，这一举措是创新之举，背后所支撑的理念到现在都具有指导意义。我们能明显感受到，20世纪90年代胜利实验人的研究逐渐走向深入，走向学生学习的认知心理学层面，从本质上去挖掘和实践提高学生学习能力的路径。

（三）指向交往与合作学习能力的课堂变革①

如果说"三自能力"培养和"电化教育"促进认知发展是从教师教的角度出发促进学生学习能力提升的教学变革，那么20世纪90年代末胜利实验人开展的小学课堂交往与合作研究则更多地从学生学的角度，把学生作为学习主人，来开展课堂变革，以帮助学生提高学习能力，这里能力的提高，主语是"学生"而非"教师"。胜利实验人在交往与合作的课堂教学的五年探索之路中深刻认识到自己不再是学习的主体，需要将学习的主权真正还给学生。同时让学生在合作中激发对学习的兴趣，真正感受到学习的快乐。这是对学生学习主体性认识的大颠覆。

---

①来源于胜利小学《小学课堂交往与合作研究报告》，内容略有删减。

当时国际教育界普遍强调满足学生情感需求和交往与合作等社会性需要,而研究小学课堂交往与合作则符合重视个性全面发展的新思潮,此时,中国与世界"完人教育"相一致的教育思想是"素质教育",而交往与合作研究为素质教育的真正施行提供了若干切实可行的思路和做法。课堂人际相互作用,尤其是学生小群体内部及其小群体之间的相互作用是现代教育理论和实践改革亟待开发的丰富资源宝藏。课堂教学中的交往与合作研究,无论是对于学生发展、社会需求还是课堂教学改革等,都有广泛而深远的意义。一个完整的人,除了需要自我教育、自我管理、自我学习等指向个体内部的能力外,还需要交往协作的社会性能力。这是对学生能力的一次突破性认识。

基于以上认识,胜利实验人具体做了哪些努力呢?在对合作学习进行理论探索的基础上,胜利实验人借鉴国内外现行的交往与合作学习模式,并结合各学科实验教师的课堂实践,初步构建了课堂交往与合作的基本框架。具体包括:大致形成了符合我国当前教育现状的课堂交往与合作小组的组建模式,编拟了交往与合作技能的细则和"七字诀"及探索相应的教学程序,在此基础上,研究出了课堂交往与合作的设计、实施及评估模式,开发了许多相应的评估量表。实验效果表明,这些模式有助于学生良好人际交往与合作品质的提升,并能促进学生全面健康地发展。

【案例1-1】 课堂交往与合作技能"七字诀"

交往与合作技能"七字诀"(一)
(小学三、四年级适用)

听取发言要专心,注视对方动脑筋。
说明紧紧扣中心,有根有据说得清。
求助别人要有礼,得到帮助表谢意。
反思自己有勇气,肯定别人得诚心。
自控守纪勿喧哗,依次发言从多数。
帮助同学要热情,耐心周到把难除。

交往与合作技能"七字诀"(二)
(小学五、六年级适用)

听取发言不插嘴,分析比较求领会。
说明理由要充分,启发大家同思考。
求助别人要心诚,注视对方稍欠身。
反思敢于承认错,肯定别人学着做。
自控发言尽量轻,服从集体留个性。
帮助同学要主动,诲人不倦情意浓。

支持对方露微笑，点头鼓掌拇指翘。　　支持对方心坦荡，高明见解倍赞赏。

说服别人把理表，态度诚恳不嘲笑。　　说服旁人先肯定，语气婉转少批评。

建议大胆有设想，人人献策大步闯。　　建议之前多思考，分工合作效果好。

协调组员共商量，指正让步齐向上。　　协调彼此求默契，交往合作争第一。

课题组编制了课堂交往与合作基本技能细则，并根据小学生身心发展特点和实际需要，从中筛选提炼，进一步编制了课堂交往与合作技能"七字诀"（一）（二），适用于小学中、高年级。"七字诀"浅显易懂，朗朗上口，易于记诵和领会掌握，为技能的培养奠定了良好的基础。

纵观20世纪80年代到90年代末的三次大变革，从在各学科课堂上实现"三自能力"提升，到利用电教媒体促进学生认知能力发展，再到学习中交往与合作能力的培养，胜利实验人都是站在时代的前沿，基于当时的背景、困惑，面向未来提出"让学生学会学习"的解决办法，在一脉相承的基础上又有理念的深化和创新。

二、把握当下：学校幸福教育的育人变革

在20世纪近20年的探索中，胜利实验人已经真正认识到以人为本，以学生为中心的教育观念并时刻践行着，学生的主观能动性在学习、生活各方面也逐渐凸显。进入21世纪，胜利实验人站在了又一个新的起点。本着"一切从学生出发，一切为了学生"的宗旨不断反思和总结。但在2010年4月，北京师范大学与杭州市上城区合作的"基于学生发展的区域教育质量提升实验"的项目研究对学校三年级学生进行了学生情绪情感、学业成绩以及社会适应性的测评，测评结果不尽如人意。接受测评的学生生活满意度和幸福感并不高，且孤独感的指数是21.8，焦虑指数是27.4，抑郁倾向指数是2.7。这次测评结果给学校教育敲响了警钟。在提高学生学习能力，抓教学质量的同时，绝对不能忽视学生作为一个完整的人的培育。学生当下学习生活的幸福感和情感态度是我们要关注的，绝对不能因为过高的成人化标准期望而忽视了儿童的生命存在。在反复追问和思考中，一场胜利实验学子追寻幸福感的探索之路拉开了序幕。

（一）让校园成为孩子幸福的起点

2010年始，学校将"一切从学生出发，一切为了学生"的思想赋予了全新的诠释，从培育完整的人的角度让孩子当下的每一天都能感受到幸福，于是提升孩子的"幸福感"成为学校一直坚守的"学生第一"的真正落脚点。希望幸福感来自快乐学习，来自自主的校园活动，来自美好的校园环境。依据这一想法，2014年，正值杭州市胜利小学赞成校区独立办学之际，学校决定打造"幸福胜利"这一品牌，让年轻的胜利实验成为孩子、家长满意的公办学校。

1.选修课程·幸福课堂：保证孩子快乐学习

遵循"兴趣为主、尊重选择"的理念，学校专门按领域设置层次分明、选择丰富的课程体系。具体划分为五个领域（琴棋与书画、运动与表演、科技与制作、休闲与欣赏、其他），每个领域中分普及式课程、升级式课程与精品课程三个层次。自选课程让学生在自由选择中充分感受到自己安排学习内容的幸福感。

"我盼望已久的星期五终于来了。"

"虽然我打鼓技术不怎么样，但打非洲鼓真的很好玩，只不过手会打得很红、很肿。"

"今天是星期五，是我们最开心的日子，因为今天有两节选修课。"

在课堂上，围绕"主动参与、有效思考、个性表达"三个维度开展幸福课堂改革。幸福课堂创设多元的课堂参与途径，鼓励每个学生建立积极的学习心态；分层次、多元化的思考活动的设计给予学生思考的空间与时间，并让学生学会欣赏别人的思考；创设自由化空间，赋予学生行为的自由、个性表达的权利。让课堂成为师生生命对话、智慧分享和生命成长的空间，让学习成为一种艺术享受、心旷神怡的幸福之旅。学校"幸福课堂实践研究"在市级立项，研究按"十二字"指标制定的"幸福课堂观察量表"，"教师幸福课堂教学常规"成了幸福课堂的最大亮点，在区域范围内得到推广。

2.才艺展·雅生活·幸福卡：让学生享受自主活动

当时校内活动的设计给予学生更多的自由和成长空间。校内有很多学生具有一技之长，有不同的个性潜能，为了让他们的潜能有施展的舞台，学校专门设置"小海燕"艺术学院，任何学生都可以在艺术学院中自主申报展示项目，并能够得到来自老师的帮助，如绘画展、摄影展、演唱会等。这种形式同时也为校园文化营造注入艺术活力，营造浓厚的校园文化氛围和良好的育人环境。在才艺展示的过程中，培养学生的自我意识、交往能力、探究精神及追求其生命价值的能力。

在学生校园生活上，实行营养午餐的A、B餐改革，每天上午第二节课之后安排20分钟自主课间餐时间。欣赏着优美的音乐，品尝着自己喜爱的食品，或是边分享美食、边阅读，十分自在、惬意！餐后课后，学生可以进入体育馆下棋、掷飞镖，可以进入操场散步、聊天，可以进入学校菜园观察、捉迷藏，可以进入图书馆阅读，可以进入观摩教室观看影片，可以到艺术楼欣赏书画展，可以在呼吸走廊、教室做做游戏，还可以在学校大厅享受音乐。活动给了学生充分的自由空间，幸福感自然上升。

在学生德育评价上，转变德育评价思路与体系，借助"幸福卡"，对那些重视自我生命成长、关怀他人与集体的孩子进行肯定和表彰，只要发现"幸福"的孩子，就可以发一张幸福卡给他。幸福卡可兑换小纪念品，同时为小海燕爱心基金贡献一份力量。学期末进行校园幸福人物评比，让学生自己讲述幸福故事。

3.幸福校园让学生享受安全美好的校园时光

校园环境由学生来设计，学生拿着本子穿梭于校园的各个角落，他们或记录，或拍照，或画图，个人或团队将设计构想提交给大队部，大队部把各班推荐的好点子在小海燕电视台播放、宣传，然后进行投票，最后产生学生中的十大金点子，并由学校总务处负责落实。这样的活动很好地培养了学生的主人翁意识，也让他们在参与中收获，在收获中快乐。同样，也因为有了这样的活动，校园的门厅里多了一架钢琴，每个教室门口的墙变成了笑脸墙，体育馆甚至主席台的背景都出现了各个方面获奖学生的宣传海报，学校里的小森林多了一个"小鸟的家"，学校的空地变成了油菜园……

（二）把学生看作一个"完整的人"

幸福教育涉及学校改革的方方面面，为了学生当下的幸福，学校持续开展育人改革。随着幸福教育的深入实践，胜利实验人逐渐认识到，育人应该要育"完整的人"。儿童必然是通过自己的全部感官来感知生活,而他所接触的生活、其认识所指向的事物都是复杂多样、丰富完整与相互联系的。儿童必须完整地面对他们的生活世界,才能更有效地处理所面临的现实问题。因此,教育就必须做出某种适应性的改革,必须促进学生情感、智力、技能、审美、身体的和谐发展,而不能片面甚至畸形发展。

作为学校,我们以培育"完整的人"为目标,在幸福教育基础上,通过统整化的主题教学还原学生"完整的生活",进行低学段课程的整合研究,以此来强力促进学生的全面发展。这是低学段基础性课程在学校的一种校本化教学实施方式,旨在消除学科之间、学科与生活之间的界限,教师围绕核心议题,设计实践实验类的综合活动,学生通过合作、探究、表演等适合他们的学习方式去组织、关联信息,生成自己的学习经验,形成关于学科知识与社会生活的整体认识,获得运用所学知识解决现实问题的综合技能。我们的主题统整课程实现了背景生活化、主题开放化、过程实践化、评价过程化。统整化教学的评价做出了革新,安排教师进行课堂观察,从倾听、合作、表达、实践四个维度来评价学生整堂课的表现,着眼于学生整体连续的发展。我们的统整课程以不增加师生负担为前提,严格遵循基础性课程的校本化实施这一定位。年组教师协同设计,共同通过"主题图"梳理各科相关内容,整合成相应课时进行创新设计,并将学习活动主动权交给学生,教师适时提供支持。

三、着眼未来:面向学生未来的系统行动

从20世纪80年代初开始的创新改革至此,已经经历了近40个春秋。学校所处的社会环境风云变幻,学校掌舵者和教师队伍不断更新换代,学校的改革步伐也在不断前行。回顾近40年的实践历程,我们不断在思考,这其中变与不变的究竟是什么?胜利实验人始终保持着勇于改革的势头,并且始终以学生为改革的出发点和落脚点,这应该是学校发展至今一脉相承的根本性任务,在往后的日子也必然会坚持不变。然而,我们也从近40年历程中发现了一些发展轨迹,为后续的发展提供了宝贵思路。

（一）学校变革的目的不断深化

20世纪80年代的"三自能力"培养和电化教育都还是源于迫切需要解决的问题，如因为应试教育，学生"三自能力"弱，所以开展"三自能力"培养；因为出现了片面夸大电教媒体作用，孤立地看待技术的作用误区，所以学校开展了以电化教育促进学生认知能力的研究，这些都是问题导向的改革目的。从交往与合作的课堂改革到幸福教育和主题统整研究，我们看到，学校变革的目的不再仅仅是致力于解决眼前问题，而是致力于关注当下，以把学生培养成"当下最好的自己"为改革目的，开展整体育人变革，让学生能幸福地学习生活。未来学校的变革该着眼于什么？我们认为，未来学校的变革应该从把握当下走向着眼未来。我们的眼光更长远，视野更宽广。学生都是未来社会的主力军，我们不能再用过去的方式教育学生，也不能仅仅将目光囿于当下的幸福，而应该为学生的未来生活着想，以把学生培养成"适合未来生活的人"为目的，了解、分析学生面临的未来社会与生活状态，预测主动适应未来生活所需的素养，从而帮助学生从容地进入未来、经营未来。

（二）学校变革的范围不断拓展

综上所述不难发现，20世纪80年代的"三自能力"虽包含了自我教育、自我管理、自我学习三个方面，但主要在各学科课堂教学实现能力的培养，如在思想品德课中凸显自我教育能力，在语文课中培养自我学习能力等。而电化教育促进认知能力的发展则更加聚焦课堂，关注教学设计与流程，交往与合作课堂则重点进行课堂合作能力的培养。因此，可以说20世纪的改革局限于课堂教学，企图通过课堂教学的改革来实现学习能力提升，让学生学会学习。

从21世纪初开始，在相当长一段时间内，学校的变革从课堂变革走向全方面育人的整体改革，改革范围延伸到了对学生影响密切的校园活动、校园环境等，希望从育人环境的变革出发来促进学生全面而有个性地成长，基于此，未来学校的变革又需要有哪些方面的联动呢？

我们认为，学校是一个复杂系统，未来学校变革应该拓展到学校的系统革新行为，关注改革的顶层设计，以系统化思想来引领学校变革，要以未来视野引领学校进行系统性变革。这就是本书所称的"五新行动"。

第二章

定位·架构:面向未来的学校
"五新行动"设计

从学校发展跨世纪历史中走来,我们越来越清晰地感受到教育人的责任,要心无旁骛地为了学生的发展而上下求索。面临巨变的时代,"未来"逐渐进入视野,机遇与挑战并存。我们要有坚守的东西,也要有主动拥抱变化的心态。我们始终坚守"教育是为了人的发展"这样的本质性宗旨,以人为本,素养立意,致力于培养适合未来生活的完整的人。自2018年始,胜利实验在原有幸福教育育人行动的基础上,面向未来,推动学校系统变革,包含新导航课程、新互联课堂、新校园生活、新学校文化、教师新角色"五新行动"。

第一节　定位："五新行动"的价值取向

　　学校面向未来的变革行动是一项复杂的系统工程，涉及学校的方方面面，包括课程设置、课堂教学、活动设计、专业提升、环境布置、校园管理等，必须有学校的顶层架构。作为学校，首先要对学生未来成长的需要进行深入构想和思考，明确行动出发点和落脚点，并将其转化为可操作、可评价的实际行动。本节将具体从学校教育的本质性规定和学生未来生活需要角度，阐述学校变革"五新行动"的价值定位，以期明确学校变革的出发点和方向。

一、以人为本：未来学校教育的本质性规定

　　未来社会发展迭代更新、千变万化，大数据、人工智能、云计算、区块链技术等新名词、新技术不断进入大众视野，教育领域也随之发生变化，如学习方式与教学方式发生变革、学习空间不断延伸融合、教师角色不断重塑、课程体系与实施发生转变……这些都推动着教育主动适应未来社会。然而，在不断变化的教育过程中，教育的本质不会变，永远指向人的发展，以人为本。我们提出面向未来的"五新行动"变革就以此观点为哲学前提，思考在面向未来的情境背景下，如何使教育的本质——人的发展更充分、更科学。

　　对于学校教育的本质性规定，学术界一直没有停止研究，早在古希腊时期就有以苏格拉底、柏拉图、亚里士多德为代表的古典教育提出将培养治国人才作为教育目的。而后经过中世纪、文艺复兴与启蒙运动，到19世纪时期明确提出"以人为本"，关注人的自由、理性与平等。再到20世纪以杜威为代表的实用主义教育提出"教育即生长"。存在主义提出教育是人与人之间主

体间灵肉交流的活动。综合分析关于教育本质性规定的研究,我们能明显感受到人的主体性不断增强,因此我们倾向于认为,未来学校教育仍然是有意识地培养人、促进人的成长发展的社会实践活动。这一"以人为本"的理念具体体现在:首先,教育的根本目的是人的发展;其次,人的发展凸显的是他的主体性地位;最后,人作为主体发展,寻求的是全面发展而非仅仅认知发展或知识的增长。

(一)学校教育的根本目的是促进人的发展

教育的出发点是人。无论是农业社会学校,还是工业社会学校,抑或是智能时代的未来学校,无论是西方教育还是中华民族的教育,都以人的发展为根本目的,这是永恒不变的话题。人的发展既是教育的本分和价值需求,也是教育的生命和灵魂,还是学校存在的原因。[①]瑞典教育家爱伦·凯在18世纪就提出他的"未来学校"理想图谱,目的就是尊重学生个性、促进学生多方才能发展;杜威的明日学校则更具有代表性,教育要适应民主思想的发展,因此学校教育的目的也是让学生获得民主的生长;英国教育家尼尔创办的夏山学校则把培养目标定位为:培养健康而自由的孩子,使他们得到适切的发展。[②]因此,在尼尔的学校中,任何活动都是民主自治的。

由此可见,无论时代如何变迁,人的发展始终是教育的核心目的。而作为一线学校,我们在提出任何教育理念或培养目标、践行学校变革时,都不能忽略甚至忘却这一本源。我们的学校系统变革行动也要建立在以人的发展为最终诉求的基础上,并且必须明确地指向"教育要培养怎样的人""教育如何培养人"这些本源性问题。

(二)人的发展凸显学生的主体性地位

教育是一种有目的、有计划、有组织地培养人的社会实践活动,即促进学生的发展。而学生作为一个正在成熟和发展中的个体,其主体性需要通过多种途径和方式进行培养。从这个意义上讲,教育在本质上是对学生主体性的培养过程,是一种主体性教育。

---

①王毓珣.教育学视角下的未来学校[M].上海:华东师范大学出版社,2020.

②尼尔.夏山学校:养育子女的最佳方法[M].周德,译.北京:京华出版社,2002.

1.尊重学生作为人的尊严

学生的主体性地位首先表现在教育过程中,教育者要尊重学生作为人的尊严与权力,包括尊重学生的人格、尊重学生的价值追求、尊重学生的差异、尊重学生的选择、尊重学生的主动性……教育教学活动中涉及学生和教师,我们提倡学生居于主体地位,而教师则发挥主导作用。然而,现实中"满堂灌"场景却成为常态。教学中"简单粗暴"的处理,让学生处于被动听讲的次要地位,从某种程度上讲,即是对学生作为人的尊严的不尊重。未来,要求教育者退居"二线",给学生发挥主体能动性的机会,让他们在教育活动中认识自我、展示自我,彰显个性。

2.关注学生的成长内驱力

深入了解学生的内心成长需求,从而有效激发学生的成长内驱力,这也是凸显学生主体性的重要方面。这一学习内驱力往往表现为愿意尝试、有强烈好奇心、有兴趣等。因此,我们容易把内驱力与学习动机相混淆。学习动机包含内驱力,但还包括外部刺激。如果孩子为了获得成人的奖励和赞许而参与学习活动,可以说他具有强烈的学习动机,但并不是内驱力。成长内驱力是指学生具有强烈的自我认知需求、自我效能感,期望通过成长获得成就感。学生的内驱力是持久的,如果学生的内驱力越强,他在教育活动中(学习活动中)表现出的积极性越强,也越持久,自然主体性也越凸显,无论是认知层面还是情感态度层面的发展也会越明显,反之亦然。因此,在教育过程中,还需要分析学生的内在需求,做读懂学生的分析师,注重鼓励调动内驱力引发的积极性,让学生主动参与寻找资源、设计方案、探索反思等活动中。

(三)人的发展凸显学生全面发展需求

人的发展的另一个指向是"全面发展"。古希腊亚里士多德就主张实施德、智、体、美全面发展的教育,注重人的全面发展。学校教育的目的不仅是传授知识,而且是综合素养的培育,其中就包括价值观的塑造。

教育中,若任何教育行为都是基于学生的主体性去思考,那我们就能理解"每一个人都有自我发展的需求"这一观点,而这些需求是有差异的。教育关注学生的全面发展需求,德智体美劳五育并举,就是基于这样的假设。

学生能在不同领域找到自己的潜在才干和能力,并进行适切发展。另外,人是一个完整的人,具有全部感官,而人所接触的生活、认识所指向的事物都是复杂多样、丰富完整且相互联系的。学生必须完整地面对他们的生活世界,才能更有效地处理所面临的现实问题。因此,全面发展是其参与未来社会的基本要求,而综合素养的养成就是全面发展的最佳结果。全面发展是个性发展的前提,只有在充分满足了全面发展的基础上,学生才有可能在某一方面展现自己的个性化发展。应该说,教育是实现人全面而有个性发展的根本途径。

二、素养立意:学校变革的情境合理性

我们将面向未来的学校变革行动置身于全球时代背景下进行了详尽的考察。近年来,经济合作与发展组织(OECD)、美国、新加坡等世界许多国家和组织都不约而同地关注素养立意下的变革,结合地区实际反思教育应该培养什么样的人,因此也都对学生的核心素养(表述上会略有不同)框架进行了系统研究,包括核心素养的概念、框架等,其内涵和外延丰富而多样。下面对核心素养的国际经验和中国实践做一个梳理与分析,从中汲取经验,以说明学校面向未来"培育具有综合素养的完整儿童"的落脚点的情境合理性。

(一)学生核心素养框架国际经验

在新的时代背景下,各地区组织和各国政府都非常重视人才培养目标,因为这关系到国家的未来,因此对核心素养分别做了相应的表述。其中,OECD对核心素养的界定和分析最具代表性。OECD认为,核心素养是个人实现终身发展、融入主流社会和充分就业所必需的知识、技能与态度的集合,并且可以从三个维度进行理解:能互动地使用工具、能在异质社会团体中互动、能自主地行动。这三个维度相互联系形成聚合。[1]特别是"能自主地行动"强调了每个人要负责任地管理好自身的生活,并且将自己置于复杂的社会情境中合理行动。

---

① 罗军兵.基于国际比较的核心素养内涵解析[J].课程教学研究,2018(8):9-13+20.

欧盟教育理事会通过的《终身学习关键能力——欧洲参照框架》指出，基础教育阶段要培养的学生能力包括：母语交流能力、外语交流能力、数学能力及科学和技术基本能力、数字化能力、学会学习能力、社会和公民能力、首创精神和创业能力、文化意识和表达能力八种能力。[①]应该说，欧盟的终身学习关键能力框架非常全面。

美国从2002年就启动了"21世纪技能"项目，随后出台了《美国国家教育技术计划》。2012年8月，美国国家科学院报告将21世纪技能分成三大类：认知技能、人际关系技能和个人内在技能（见图2-1），而这三大类技能下又分成不同的指标。我们关注到，美国21世纪技能相当于"核心素养"，认知技能偏重于思维创新方面，人际关系技能则更关注学生的社会性沟通协调。而我们关注到该框架下还有个人内在技能，具体指自我觉察的反省能力与诚实耿直的品行等，这体现的是人的自我观照和修养，是前两项技能获得的基础。更值得我们学习的是，美国还提出了21世纪技能落实的路径：通过核心科目的实施和21世纪主题学习来落实，并系统跟进课程、评价等支持系统。[②]

新加坡教育部也在2014年发布了《新加坡学生21世纪技能和目标框架》，该框架中核心技能不同维度不是简单的并列关系，而具有层次性（见图2-2）。首先，居于中心位置的是核心价值观。价值观是知识和技能的基础，决定一个人的性格特点，塑造一个人的信仰、态度和行为。其次，居于中间环节的是社交和情感技能，它帮助学生识别和管理情绪，学习关心他人，做出负责任的决定，建立积极的人际关系以及有效处理各种挑战。最后，居于外环的是全球化技能，包括公民素养，全球化意识和跨文化技能，批判性和创新性思维，沟通、合作和信息技能等。[③]

---

①②③王素,曹培杰,康建朝,等.中国未来学校白皮书[R].北京:中国教育科学研究院未来学校实验室,2016.

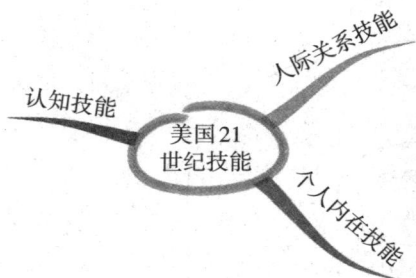

图2-1 美国21世纪技能框架

图2-2 新加坡21世纪技能和目标框架的层次性

（二）中国学生发展核心素养框架

2013年教育部委托北京师范大学,联合国内高校近百位专家成立核心素养研究课题组,借鉴国际经验对中国学生核心素养开展系统研究。2016年9月,权威发布了《中国学生发展核心素养》总体框架和基本内涵。该框架以科学性、时代性、民族性为基本原则。明确界定了我国学生核心素养概念:学生应具备的能够适应终身发展和社会发展需要的必备品格与关键能力。研究核心素养是落实立德树人根本任务的有力举措,也是我国提升未来国际竞争力的重要举措。

我国学生发展核心素养框架以培养"全面发展的人"为核心。框架中将核心素养分为文化基础、自主发展、社会参与三个方面素养,综合表现为人文底蕴、科学精神、学会学习、健康生活、担当责任、实践创新六大核心素养(见图2-3),可具体细化为人文积淀、人文情怀、审美情趣等十八个基本要点。框架的三个方面和六大核心素养相互联系、相互补充、相互促进,在具体情境中整体发挥作用,以达到培养"全面发展的人"的最终目标。[①]

---

①中国学生发展核心素养研究成果正式发布.中国教育新闻网[EB/OL].https://gaokao.eol.cn/news/201609/t20160914_1448876.shtml.

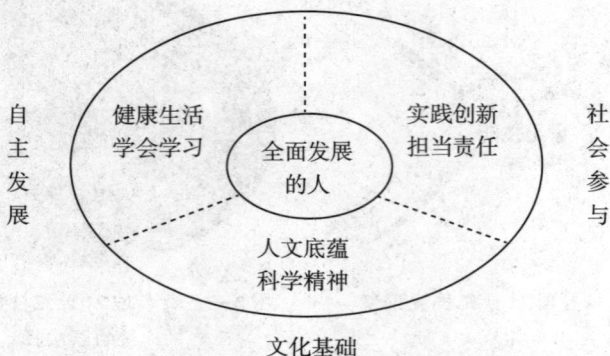

图2-3　中国学生发展核心素养框架

（三）面向未来学生素养培育启示

从上面的介绍中可以看出，世界各国都提出了素养的概念，通过对国内外核心素养框架比较的研究总结，我们可以获得如下启示。

1.各国都以面向未来的实际发展需求为导向，强调素养的情境性

人才的培养对于提升国家核心竞争力有着重要作用，各国在建立核心素养框架时首先都分析了社会发展背景，从核心素养名称定义中就能明显感知，面向未来的实际需求已然成为核心素养框架制定的首要因素。如美国和新加坡表述为"21世纪技能"，芬兰则称"社会未来公民应具备的综合能力"。此外，素养区别于之前所提及的"能力""知识"等内涵，是因为各国基本达成共识：素养是具体情境下的知识、能力和态度的聚合，强调在有意识的学习情境中获得或养成素养，在不同的情境中发挥素养不同的作用。因此，未来社会能够在复杂的情境中灵活运用素养来解决问题成为各国对人才的基本诉求。

2.各国的核心素养框架基本呈现出两大视角：个人发展和社会发展

个人发展是根本，社会发展是本质需求。个人发展如学会学习能力、自主地行动、认知技能、个人内在技能等，指向让个体发展更完美；社会发展如社会责任、社交和情感技能、公民素养等，指向让社会发展更美好。这带给我们的思考是培养能够适应未来生活的完整儿童时，必须重视指向未来社会发展和个人终身发展两个方面的需求，两者缺一不可。

三、完整儿童:学校变革的目标落脚点

素养立意下,我们一直以来都持这样的育人目标:学校教育要实现学生完整成长和个性发展,即我们不能仅仅培养学生某一方面的能力或技能,而要培养综合素养。因为"人"是一个生命体,人的生命是物质、精神、文化和信息的生命整体。人存在于世界的状态不仅仅是此刻,还包括他的过去和未来,这些也都以一个整体出现。学生的生活及其认识所指向的事物和他未来所要面对的世界也具有整体性。观照学生的生命整体,将其看作一个完整的人,帮助其成为一个完整的人应该是学校孜孜不倦的育人目标。

(一)独立办学初提出"健康·自主·文雅"的培养目标

在独立办学之初,学校认为学生的幸福就是实现个体的完整成长基础上的各项发展。围绕"学校要培养什么人",学校组织了全校教师进行大讨论。首先向全体教师征求意见,进行全校范围的"头脑风暴",每一位教师将心目中所想的优秀卓越的幸福学子形象用三个词来概括。征集了所有意见后,学校章程制定小组进行归并梳理,整理出最集中的15个词,再交由全体教师依照学校发展实际和幸福教育价值诉求进行选择,最终选出"健康""自主""文雅"3个关键词作为培养目标主体。当时,教师们还不约而同地认为,我们的学生必须有别于其他学校学生,应该是优秀而卓越的。综合教师大讨论,学校最终确定了"培养健康、自主、文雅的卓越幸福学子"的培养目标,细分成体魄健康、心态积极、关爱世界、创新价值、调解矛盾、担当责任、审美高雅、举止得体、礼仪规范九大要点,并将其写进了学校章程。对于健康、自主、文雅三者的关系,我们进行了分析解读。

1. 健康是学生的成长基础

具体指学生要拥有强健的体魄、积极的心态和良好的生活方式,包括体魄健康、心态积极、关爱世界。

2. 自主是学生的人格特征

具体指有主人翁意识、自控能力、探究精神,彰显自我生命的价值,包括创新价值、调解矛盾、担当责任。

3.文雅是学生的外在形象

一个文雅的人一定是态度谦和、举止有礼、审美高雅、富有涵养,具有良好的道德品质与公民素养的人,包括审美高雅、举止得体、礼仪规范。

(二)面向未来完整儿童新构想

未来,物质财富充裕、自动化、技术融合,"完整成长和个性发展"这一育人目标又加入了新的内涵,即我们要考虑,未来社会对人才有怎样的要求?人需要什么素养才能从容适应并参与未来社会? 未来是一个右脑崛起的时代,儿童必须同时具备不同的能力素养,成为一名完整儿童,才能决胜未来。这就是学校面向未来变革的目标落脚点。

于是2018年年初,我们围绕培养目标的优化完善和落实进行了一次教师问卷,当时共发放问卷64份,回收60份,一些关键调研结果如下。

在"你认为培养目标九大要点中,哪些要点是今后学生最需要加强的?(最多三项)"中,30%的教师选择了"创新价值",居于首位,而后较为集中的选项分别是"担当责任""体魄健康""调解矛盾"。我们发现,"创新价值""担当责任""调解矛盾"均为"自主"目标下的三大要点,可见,教师也较认同学校在培养学生中要更加突出"自主"的养成。另外,"创新价值"成了教师心中学生最需要具备的能力,这也和未来社会需要具有批判思维的创新型人才的趋势一致。学校于2018年年末举办的"关怀世界·幸福你我"创意智造大赛就是在此背景下组织的,目的就是培养学生的社会责任和创新能力(见图2-4)。

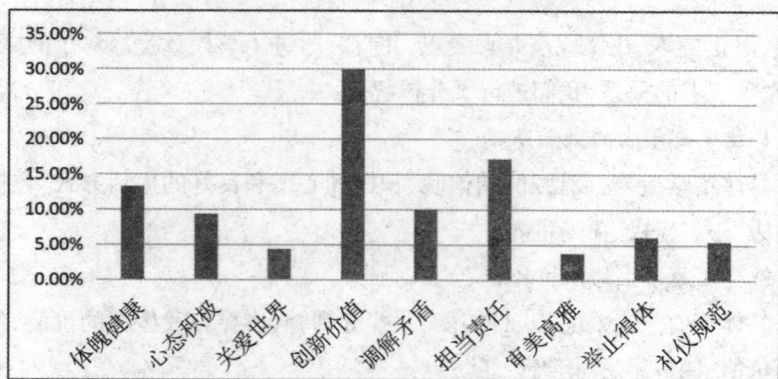

图2-4 培养目标中学生最需要加强的素养要点

因此，站在新的起点上，我们对培养目标进行重新审视，形成完整儿童构想，为学校变革引领方向。

我们强调健康是成长的基础工程，必须在学校体育工作和教育教学工作中贯彻落实"健康第一"的理念。而在此基础上，为了让学校变革更有抓手，让教师有方法，让学生有目标，我们不断丰富"自主"和"文雅"的内涵，借鉴中国学生发展核心素养框架，从家国情怀、自主发展、社会参与三个维度进行解读，这是具有校本特色的学生素养理解，也是学校面向未来变革的定向盘。

1. 有理想、有情怀、有责任

（1）有理想。习近平总书记强调立德树人是教育的根本任务，要求教育以培养担当民族复兴大任的时代新人为出发点。教育是为党育才、为国育人的伟大事业。因此，我们的学校变革目标首先是让学生有坚定的理想信念。这一理想信念就是共产主义远大理想和中国特色社会主义共同理想，学生首先要有大格局，拥有社会主义道路自信、理论自信、制度自信和文化自信，其次要有为国家、为社会更美好而努力做出贡献的理想抱负。

（2）有情怀。学生要有强烈的大爱情怀。首先要有强烈的家国情怀，热爱和拥护中国共产党，立志扎根人民群众，奉献祖国。这些志向是自发的，为了实现这些志向而主动并热衷于学习。其次要有人类大情怀，即在家国情怀基础上，能包容和欣赏世界多元文化，有人类命运共同体意识，对不同国家和地区人民的疾苦与幸福能感同身受。

（3）有责任。学生要有自觉的担当责任。能明确自己的历史使命，明白自己不仅是一个独立个体，更是生活在群体中的社会人。有强烈的责任感和社会道德感，在对自己的行为负责任的前提下，承担更多社会责任。具体而言，学生在解决问题或做出某一行动前，能够自主自觉地考虑行为的后果，并预测自己能否承担这一后果，这是自我反思基础上的担当责任。从自我责任拓展到社会责任，学生有愿意为了他人或社会更美好的行动意愿，主动做出对他人有利的决策和行动。

坚定的理想信念、强烈的大爱情怀、自觉的担当责任是学生参与未来社会的立身之本，是主动肩负起民族复兴时代重任的根本要求。因此，学校的变革要有助于培养学生修好品德，成为有大爱大德大情怀的人。

2.能自主、能创造、能迁移

自主发展维度上，我们希望完整的儿童能自主、能创造、能迁移，这是学生解决未来生活复杂问题所必备的个人素养品格。

（1）能自主。学生能科学地自我判断与评估，做出合理的选择，进行适切的自我调节。自我判断与评估，一方面指对自我有一个正确的认识，包括自己的兴趣、长处、薄弱之处，甚至自己所处的环境。另一方面指学生要对自己的学习行为有提前规划的意识和能力。规划能力需要一个人有整体观、系统观，对待任何一件事都能周全思考，有步骤、有重点地开展，而不是"脚踩西瓜皮"式的执行。[①]合理的决策一定是在分析后所做的选择，是在积极沟通与协调后做出的负责任的选择。作为学校和教师，为学生提供多元选择机会，鼓励学生尝试选择，帮助学生学会选择，以此来提高面对复杂情境中的决策能力。适切的自我调节指对自己的学习历程在反思回顾的基础上，找到调节完善的方法，主动去弥补和改进自己的不足，坚持和发扬优势，而不是等着外力去督促。

（2）能创造。美国未来学家丹尼尔·平克在《全新思维》一书中提出，继工业时代、信息时代后，概念时代正在渐渐拉开序幕，这一时代的主角不再是普通的知识工作者，而是创造者。[②]创造就是有目的地产生新思想、制造新事物。创造要求学生要善于发现和提出问题，能根据特定的情景和具体条件制订合理的解决方案；创造是在实践中产生的，因此需要学生主动参与学习、生产和劳动，勤于动脑和动手；创造还要求学生具有一定的技术运用能力，有一定的信息工程思维，能将创意和方案转化为成果并对其进行改进

[①]我们关注自我判断与评估基于一定的调研结果：在学校开展省规划课题"从精英到大众：城市小学依托创意空间站开展新创新教育的研究"的研究时，我们进行了学生数据的前后测。有问题如下：接到一个综合性学习任务时，你会提前计划吗？120人接受调研，前测中仅有12名学生选择"通常会提前计划"，但后测中总共有94.2%的学生选择"通常会提前计划"或"偶尔会提前计划"。在研究过程中，教师做了很多努力，设计指导手册支架，帮助学生提高提前规划意识。

[②]丹尼尔·平克.全新思维：决胜未来的6大能力[M].高芳，译.杭州：浙江人民出版社，2013.

与优化。此外，能创造的学生一定具有足够的好奇心和自由的想象力。好奇心是人类在与周围环境互动时发展起来的本能，是一种内驱力，体现在学习上是一种对知识的内在渴望，往往能引发更为持久和深入的学习。[1]想象力是创新源头，是学生通过一个事物联想到其他事物的能力。创造也和勇气有关，面对不确定性时所采取的行动，要有开放心态、尽责态度和正向自我评价。

（3）能迁移。迁移指能洞悉本质，觉察事物之间的结构化联系，能利用已有知识结构和经验迁移解决新问题。浙江大学刘徽教授对迁移有深入研究，她认为，迁移是创新的重要机制，并且迁移能力也有不同层次之分。如果新任务与原任务相似，将原任务解决方案简单运用于新任务，则是低通路迁移，这是具体到具体迁移；如果新任务与原任务不相似，学生解决问题的逻辑需要从具体到抽象再到具体，必须在理解基础上进行合理运用，这是高通路迁移。[2]我们所要倡导和培养的是学生的高通路迁移能力。

3.会关爱、会交往、会合作

社会参与维度上，我们希望完整的儿童会关爱、会交往、会合作，这是儿童参与未来生活，进行正常人际交往的必备素养。其中，会关爱是会交往与会合作的基础。

（1）会关爱。1989年，联合国教科文组织召开的"面向21世纪教育国际研讨会"提出，21世纪教育的命题是"学会关心"。波士顿大学的教育学者马丁也主张，21世纪教育追求的教养基础应该是"3C"（关怀、关切、关联）。[3]关爱越来越成为当代儿童的重要品质。会关爱，一方面指学生主动对自己以及他人的身体健康、生存环境、生活便利等方面予以关心，并愿意为所关心的对象解决问题做出种种努力。会关爱的孩子最明显的一点是，能信任与移情他人，自觉地设身处地地理解他人的感受、体会他人的困苦、欣赏他人的美好。另一方面要以包容开放的心态看待与自己持不同观点和立场的

---

[1]刘徽.面向未来的课程视域——读《四个维度的教育：学习者迈向成功的必备素养》[J].现代教学,2020(11):77-79.

[2]刘徽,徐玲玲.大概念和大概念教学[J].上海教育,2020(11):28-33.

[3]佐藤学.学习的快乐——走向对话[M].钟启泉,译.北京：教育科学出版社,2004.

第二章 定位·架构：面向未来的学校「五新行动」设计

039

人，信任他人。这一能力让人温暖，有助于危机的处理与协调。此外，会关爱的孩子能从帮助他人、关心他人中感受到幸福和快乐。爱是一种积极的情感体验，只有具备了这样一种正向情感体验后，交往和合作才能顺利开展。

（2）会交往。未来，学校活动的场所不断向社会拓展。社会大环境对儿童的人际交往会有一种文化的规定。学会交往已经是迫在眉睫的社会需求，是学生适应社会的需要。张想明等在《良性人际交往对德育的意义》一文中强调，"良性人际交往是指主体间遵循着社会认可的心理准则和规范，积极地相互沟通信息、交流思想、表达情感、协调行为的互动过程"[1]，良性交往有利于人际关系的和谐与稳定，有利于社会的进步与发展，也有利于个体的发展与完善。因此，我们关注对学生交往能力的培养，让学生能够从容应对未来复杂多变的人际关系。

（3）会合作。合作属于互动交往，但能力要求要高于交往。正如菲德尔等提出的，促进真正互动交往的最有效途径是布置学生共同完成一个真实任务。[2]合作必须是不同主体之间有共同的任务，他们的交往是有明确目的的，因此也会有分工与协作。未来充满了不确定性、复杂性，单靠个人的力量很难解决复杂问题，合作是未来工作的主要形态。完整的儿童必须要有合作能力，其中包括在团队内，具有组织引领能力、参与贡献智慧能力、合理提出建议能力，甚至是遇到分歧时，有从容化解矛盾冲突，继续开展工作的能力，这些都是未来合作能力所强调的。

未来完整的儿童的面貌应该如何？这一问题，仁者见仁，智者见智，我们不能穷尽所有去勾勒一个"完美儿童"。学校要做的就是结合学校实际，在教育本质性规定的前提下，拟定一个具有学校特色的未来完整儿童形象，通过特色化实践，以期以小见大，优化学校教育，为了儿童更好地适应并参与未来生活而努力。

---

[1]张想明，杨红梅.良性人际交往对德育的意义[J].兰州学刊，2003(3)：100-102.

[2]刘徽.面向未来的课程视域——读《四个维度的教育：学习者迈向成功的必备素养》[J].现代教学，2020(11)：77-79.

第二节　架构:"五新行动"的整体设计

在明确了面向未来的学校变革价值定位后,我们将学校变革命名为"五新行动",意指包含新导航课程、新互联课堂、新校园生活、新学校文化、教师新角色五大方面的学校变革。本节将对"五新行动"的设计原则、总体框架、推进策略进行详细解读,让读者对学校变革行动有一个系统了解。

一、"五新行动"的设计原则

学校教育无小事,特别是涉及学校整体变革的行动。"五新行动"的设计与实施,必然关系到学校办学方向、办学质量、师生发展等重要方面。因此在设计时,我们行政班子反复商榷、咨询专家,在明确具体实施框架的同时,确定了行动的设计原则,引领后续行动方向。

(一)系统性原则

随着时代的发展,未来学校的发展必定会产生一系列的变化。由此,学校的改革行动也必然是整体性的。基于这种思考,我们提出了系统性原则。

【案例2-1】　学校发展困惑

在2018年进行杭州市第三届教育科学规划重大课题申报之际,张浩强校长代表整个行政团队在专家咨询会上表示:"近年来,在我校进行的诸多研究中,我们专注于在教学改革、教师专业发展等各方面的实践反思与提高,形成了着眼于促进小学生幸福成长的载体设计与操作,以及小学低段基础性课程统整化教学的两大学校级研究成果。包括上述两项全校范围的教学研究在内，我校近5年有近50项教研成果在省、市、区的范围内获奖。然而之前的课题研究虽然获得了一定成果，具有一定影响力，但是主题比较分散，缺乏一个专业度高、纲领性强的主题统领学校的发展，容易让我们迷失方向。"

专家听取学校发展困惑后，给出的建议是，学校已有的一些经验做法非常扎实，但都仅仅涉及学校发展的某一个方面，无法形成代表学校全貌的品牌。今后应该更系统地思考学校的发展方向，从顶层架构着手，将工作串联起来，付之于新时代的意义。基于专家建议，"五新行动"从学校课程、课堂、校园生活、教师、学校管理等方面进行设计与架构。系统化的思考不是指面面俱到，所有项目同时开展，而是希望给未来的变革提供一个框架性思路，让每一项研究和实践都能在学校发展中找准定位与意义。

（二）传承性原则

学校工作始于传承，这是变革工作的基本基调。面向未来的学校变革不是另起炉灶，而是对学校工作的传承，是对学校原有工作的再梳理和再思考。学校反思追溯已有工作，发现无论在哪个时期，教育的育人本质是不变的，学生的发展始终是育人工作的出发点和落脚点。因此，传承已有的价值取向与核心文化是"五新行动"始终坚守的原则。

1. 价值取向的传承

朱永新认为，教育无论怎么变，几千年来就是两个关键词：幸福和完整。学生能够从容地对付生活中各种各样的变故，让他有一颗宁静的心灵。[1]王毓珣认为，人生的终极目的是追求幸福，而学校教育的终极目的就是帮助学生追求幸福。[2]这和我们学校一直以来秉持的"幸福教育"的价值取向不谋而合。我们今天所做的一切努力不仅仅是为了让学生掌握多少知识，更重要的是为了学生当下的幸福和未来的幸福。而要追求幸福，必须赋

---

①朱永新.未来学校的15个变革可能[EB/OL].https://edu.qq.com/a/20161202/001750.htm.

②王毓珣.教育学视角下的未来学校[M].上海：华东师范大学出版社，2020.

予学生一些"能量",让他能自主去探寻和享受。

无论是20世纪80年代的"三自能力"研究,还是90年代课堂教学中交往与合作实践研究,抑或是21世纪以"主动参与、有效思考、个性表达"为特征的幸福课堂研究、指向完整的人的主题统整课程研究,我们秉持着一贯的价值取向,即"关注每一个学生,培养学生自主学习能力、创新能力、合作能力等综合素养",这些都是为了让学生能更有力量成为自己,去追寻属于自己的幸福生活。面向未来的学校变革同样不会丢弃这些价值,并且会继续深化。

2.核心文化的传承

从学校文化层面考虑,学校变革必须考虑文化的继承。学校形成核心文化并使之成为师生的精神源泉,需要深刻的思考和长期的积淀。这种核心文化是一种氛围、一种态度、一种习惯,是渗透于一个人的生命、伴随其一生的。人们走进一所学校,看到的不仅是优美的校园环境,还有师生言谈举止中流露出的与众不同的气质,这样的气质就是学校的文化。而学校文化总是产生于一定的历史背景下,我们尊重历史,同样要尊重由此产生的文化,因为这都是一笔财富。[①]如果学校变革无视原有文化,结果只会使学校文化削弱,使改革蓝图缺乏根基。

胜利实验脱胎于百年名校,经过长期的积累,形成了以"崇文尚德"的校训,"脚踏实地、艰苦奋斗、精诚协作、荣辱与共"的胜利精神,"幸福生活每一天"的办学理念,"健康、自主、文雅"的培养目标等为要素的学校核心文化。试想,如果教师丢弃了"脚踏实地、艰苦奋斗"的精神,改革还能成功吗?我们在变革过程中一直重视这些文化对教师形象、气质的影响,通过参与式师德培训等方式,将文化内核展示在教师面前,引发教师的自省与内化。

[①]张浩强.传承与创新:新教师文化培育的理论与实践[M].上海:上海教育出版社,2013.

【案例2-2】 重温历史 继承文化

2020年7月初的暑期师德培训中,张浩强校长带领全体教师回顾了我校跨世纪的艰苦奋斗史,校舍搬迁、创办崇文、新建校区、独立办学,一个个历史性的阶段,引发了在座很多胜利老教师的感慨,牵动着他们的珍贵回忆。其中盛玲燕老师激动地表示:当时虽然在崇文创办之初调去了崇文,但最终还是舍不下对胜利团队的牵挂,又回到了"娘家"。随后,张校长请全体教师头脑风暴,"你认为最能表达我校教师文化的一个词是什么?"我们借助UMU互动平台,收集老师们的第一感受,"信念(12次)、团结(5次)、实干(4次)、奋斗(4次)、创新(3次)、协作(3次)、坚持(3次)、奋进(2次)、团队(2次)、坚守(2次)"等50个词呈现在大屏幕,甚至还有老师趣称"小强精神"。接着老师们分组选出最具代表性的三个词。我们看到了老师们对教师文化认同度高,团结、信念、实干、创新、艰苦奋斗正是一直以来我们所倡导的,更是老师们所践行的。

学校希望传递给教师这样的信息:无论学校如何发展,学校的核心文化不能丢,这是教师之所以为教师、学校之所以为学校的根本。

(三)创新性原则

学校工作必须推陈出新,这是变革工作的现实诉求。当今世界正处在大发展、大变革和大调整之中,置身于信息技术、人工智能迅速发展的世界,直面即将到来的未来,虽然学校的育人本质不变,但育人标准和推进路径不得不做出相应的改变与创新。[①]

1.育人标准的创新

人的发展培养,过去,学校提倡的是培养"能自主、会关怀的儿童",随后调整为培养"健康、自主、文雅的卓越幸福学子",面对未来变革,我们又聚焦面向未来的完整儿童,从中国特色社会主义事业发展需求出发,强调有理想、有情怀、有责任的重要性。从学生未来自我发展和社会参与角度出发,

---

①王毓珣.教育学视角下的未来学校[M].上海:华东师范大学出版社,2020.

强调能自主、能创造、能迁移、会关爱、会交往、会合作。这些都是基于学生适应未来社会生活需求而理性构想的。每一阶段的育人标准都会因时而易,这是改革能推陈出新的前提基础。

2.变革思路的突破:从部分到系统

之前几年所做的研究,有涉及教师文化的,有涉及课程统整的,也有涉及幸福教育和幸福课堂的。这些课题研究都在不同方面有力推动着学校这艘"邮轮"不断向前。然而,相互之间似乎没有太多的联系,关系也不明了。我们要进行学校整体变革,必须将学校看作一个系统,其中不同部分发挥着各自独特的作用,不同部分之间又有着紧密联系。我们必须首先认识到这一点,从整体上规划变革的推进路径。因此,这一次学校经过多番论证,设计了"五新行动"变革计划,试图以课程、课堂、生活、教师、管理开展变革。这是对从局部到整体的变革思路的突破。

二、"五新行动"的总体框架

任何教育变革或研究,都需要有合理而有深度的顶层思考。围绕着学校变革的价值定位,学校提出并践行了"五新行动",如图2-5所示。左边三项直接以学生为对象,在"五新行动"中处于核心地位,是学校变革行动的主体路径。右边两项是"五新行动"的支持体系变革,让前三项变革有所保障。下文中,我们将对三大主体路径和两大支持体系进行详细解读。

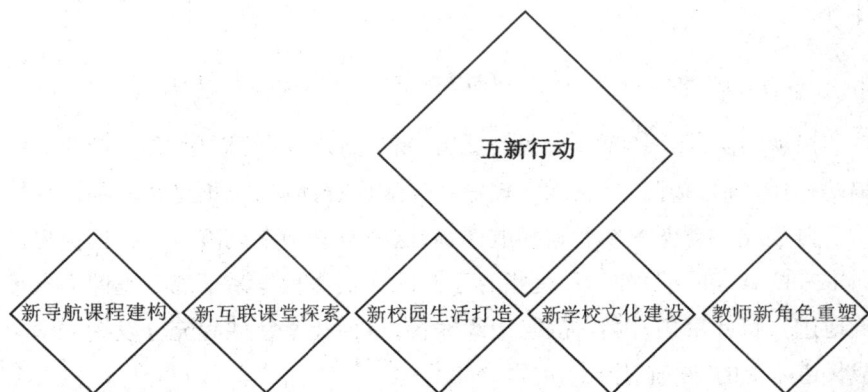

图2-5 "五新行动"的学校变革框架

（一）自主·创意：新导航课程构建

课程是学校变革的关键。学校从20世纪开始，每一个阶段的整体变革都关注到了课程这一核心要素。自20世纪90年代开始立足于课程整合改革的研究，日常活动主题化、课程化，重视教育技术与其他学科的整合；21世纪在传统基础上，以浙江省课程整合试点校为契机，开展了品生（社）的课程整合研究，对综合实践课进行了系统的规划，提出了侧重于德育的综合课、侧重于技术的综合课、侧重于研究的综合课三类课程。2014年，独立办学初期又在原先社团的基础上，在拓展性课程逐渐受到重视的背景下，开设了体艺科选修课程。十几年的探索积累，逐渐形成了相对完整的幸福课程体系，包括学科课程、综合实践课程、低学段主题统整课程、幼小衔接课程、选修课程等基础性课程和拓展性课程，如图2-6所示。

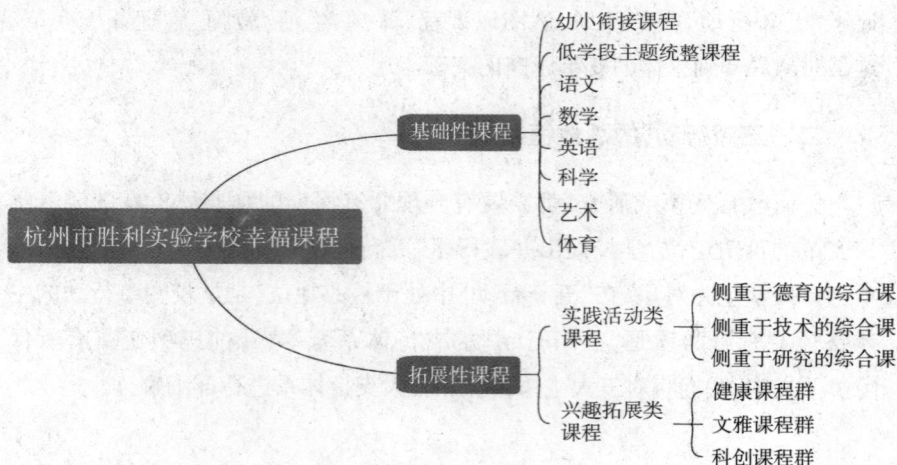

图2-6　独立办学初期学校幸福课程体系（2014年）

在新的阶段，面向未来，我们提出"新导航课程"的概念，并非指摒弃幸福课程体系而另起炉灶建设学校的新导航课程体系，也不是在幸福课程体系下再创建一类课程取名新导航课程，这一点必须在此澄清。我们提出面向未来的新导航课程改革，是指对已有的幸福课程体系下的各类课程有重点地进行目标聚焦、内容提质、组织完善，从而让幸福课程充分发挥在学生成长道路上的"导航"作用。

如何发挥课程的"导航"作用？我们用"课程即导航"这一隐喻来简单说明。随着技术的发展，导航逐渐进入大众视野，几乎每一部智能手机、每一台车里都有导航软件。导航软件有明确的定位，也会给我们提供多样的交通方式选择和不同的路径选择。反思课程的作用，课程也应该对学生的价值观进行准确的引领，并尝试多元实施路径，发挥为成长导航的功能。

因此，我们确立了面向未来的课程改革理念，就是从基于儿童现实需求的课程走向为儿童未来成长领航的课程。面对未来社会，学生最需要什么？不仅仅要有扎实的学识，我们同样强调能自主和能创造。因此，课程要让儿童在选择中学会自主，让儿童在体验中学会创意思维。为了实现这一目标，我们重新梳理完善课程体系，开展学校课程的校本化实施（见图2-7）。

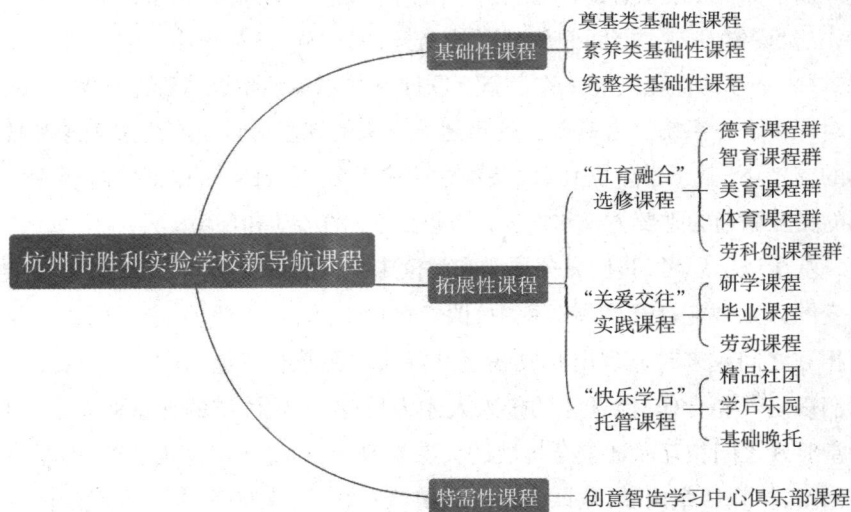

图2-7　胜利实验新导航课程体系（2018年至今）

重新梳理后的课程体系包含指向学得扎实、学有所获的基础性课程，指向学出名堂、学出特色的拓展性课程和指向学出水平的特需性课程。基础性课程分成奠基类基础性课程、素养类基础性课程和统整类基础性课程。拓展性课程包含"五育融合"选修课程、"关爱交往"实践课程和"快乐学后"托管课程。特需性课程指学校创意智造学习中心的俱乐部课程。

学校的校本化实施指以课程要素为思考维度,通过"师生共建"的课程目标论证、"思维支架"和"滚动学程"学习支架创建、"学习中心"模式和"混龄学院"模式的教学组织等环节的创造性实践,实现"能自主、能创造"的课程素养目标。

(二)合作·迁移:新互联课堂探索

课堂是学生校园生活的主阵地,学校历来重视课堂教学变革。2013年,在区域自主课堂研究引领下,结合自身办学历史和理念,着手研究与实践"幸福课堂",从学生发展出发,从"主动参与、有效思考、个性表达"三个维度来践行学为中心的幸福教育教学理念,并且设计了"常规学习空间""非正式学习空间""网络学习空间"三大空间的学习活动。[①]

面向未来,在原有的幸福课堂基础上,我们主动把握课堂未来发展趋势,立足课堂各要素之间开放互联的趋势,做好从"幸福课堂"走向"新互联课堂"的坚守与优化发展工作。新互联课堂并不单纯指课堂形态或策略,而是对课堂进行系统思考基础上的重建。未来的课堂应该是在先进理念和技术的支持下,基于学生立场,以关注学生素养发展为核心,以课堂各要素之间的交互联通为主要方式与途径,实施教与学的活动和环境。

基于以上思考,我们充分预测和解读未来课堂的应然状态,在日益复杂多变的人工智能社会发展过程中,课堂物理空间、师生活动、学习内容等要素相互之间越来越体现出开放联通的特征。在原有幸福课堂目标基础上,我们以培养会合作、能迁移的未来人才为目标,打破传统的课堂概念,提出课堂要素之间相互联通整合拓展的大课堂概念,通过学习方式变革、教学策略创新,拓宽课堂内涵,让课堂呈现出情境互联、主体互联、时空互联的课堂文化特征。

学生学习方式的多元融合是新互联课堂区别于传统课堂的最大特点。在新互联课堂上,学生尝试聚焦真实任务驱动的探究学习,基于项目的线上线下混合学习,依托同伴互助的合作学习等方式。这些学习方式并不是非

---

① 张浩强.学习并幸福着:幸福课堂建设的实践探索[M].长春:吉林大学出版社,2019.

此即彼，单独存在或运用的，只是提出的视角不同。在新互联课堂上，学生的学习往往综合体验不同的学习方式，不断形成人与人的联结、内容与内容的拓展整合、时空之间的交互。学生在这样的体验中，逐渐养成了自觉合作与迁移的能力。

课堂是学和教融合的场域。学生学习方式的变革离不开教师教学理念的翻转、教学实践的创新。学校在新互联课堂探索中，不断强调教学设计优化与教学策略的创新。教学设计优化包括教学目标设计从知识走向素养，教学内容设计从教材走向问题整合引领，教学过程设计凸显师生互动，作业设计体现精准分层。以期在设计环节把握合作与迁移目标培养大方向。教学策略创新主要指基于真实问题创设的情境互联策略、基于合作过程优化的主体互联策略和基于智能技术支持的空间互联策略。

(三)关爱·交往：新校园生活打造

校园生活是未来学校的重要组成部分，在本书中，我们将生活、课程、课堂并列为面向未来的学校三大方面。因此，生活是指除课堂之外的其他校园活动构成。与课程和课堂相对应，我们同样在思考，如何从德育教育出发，来打造具有明显区别于传统、区别于他校的校园生活新面貌。

为此，全校教师树立"人人都是育人者"的意识，在"主体间性理论"的指导下，以"学院制"形式重组校园活动组织形式，重新梳理并整合以学生为中心的各项活动，继续设计特色活动，引导学生在丰富多彩的活动内容和自主自治的生活方式体验下，在宽松灵动的生活氛围熏陶下，学会在理解他人与社会基础上关爱他人与社会；学会交往，学会对话与沟通，在面临复杂事件时能主动化解矛盾，在面临道德抉择时能唤醒道德自觉。围绕着目标，学校新校园生活的打造从以下三个方面展开，以期形成新校园生活完整画像。

一是梳理节日活动，以校园节日、传统节日两大思路系统设计节日活动，让校园生活有滋有味；二是整合体艺活动，让校园生活有动有静；三是有的放矢地整合多样校内外资源，注重给学生提供交往平台、时间和空间，让学校生活充满温暖。

(四)人本·民主：新学校文化建设

文化是一个学校的重要组成部分，主要体现为校园物质文化和精神文化。优秀的校园文化是一所学校长期积淀后所形成的财富，所以这便成了现下每一所学校费心思考和探寻的工作。在实际操作层面，学校一直坚持"幸福生活每一天"的办学理念，在人本和民主理念下，努力打造体现幸福的物质文化和精神文化，逐步创建出富有个性的学校文化，让学校成为师生幸福的家园。

物质文化层面，我们认为校园里的各种建筑、设施、媒介、环境等物质载体，赋予特定的文化内涵即形成一所学校的物质文化（也称硬环境文化）。对于物质文化建设，我们基于人本理念，秉持儿童视角，遵循儿童身心特点，关注儿童真实学习生活需求。为此我们开展"教室革命"，首创低段 Loft 教室，为未来而建专用教室，打造开放互通、便捷共享的硬环境。我们致力于"校园重建"，打造像家一样幸福的童趣乐园、自我管理设计的创意校园、凸显自我展示的个性舞台，做到学生"放学了还依依不舍，放假还想早点到学校"。①

精神文化层面，我们基于民主理念，积极塑造学校的软环境文化。任何一项学校工作的落实，除树立正确的以人为本理念外，还需要发扬民主精神，从根本上关注师生的需要，充分尊重其个体差异性，给予生命发展进步的自由空间。我们将民主理念解读为人人参与的公平、交流对话的平等、包容个性的自由，具体从班级制度文化、师生关系文化、自由文化三个方面着手建设。以期激发每一个人的主动性、积极性和创造性，让每一个人都成为自己的CEO（首席执行官）。

（五）责任·智慧：教师新角色重塑

教师是学校的基本主体之一，未来社会对学校教育产生了深刻影响，身处其中的教师必然也要面临全新的挑战和机遇。此外，我们强调学校变革要以培育面向未来的"完整儿童"为核心目的，这一诉求的达成必然指向教师培养。没有具备育人责任与智慧的教师，就不会培养出真正适应未来社会的儿童。

---

① 朱永新.未来学校的15个变革可能［EB/OL］.https://edu.qq.com/a/20161202/001750.htm.

胜利实验一直就有重视教师发展的优良传统，自2002年创办崇文实验学校后，两校分离，学校行政团队敏锐地意识到教师发展是解决困境的最佳途径，因此，以课题研究为龙头，积极探究教师团队建设、学校文化建设的新方法。先后开展了"学校管理变革中的教师团队建设研究""自主、自然、和谐、人文、合作——××小学优质教师文化的构建与研究""伞骨式培训方案下教师优质资源开发的实践研究""项目课程·多元学习：基于教师主动学习的校本培训转型研究"等省市级课题。未来，面临学习资源的爆炸、人工智能的发展、终身学习的要求、中国特色社会主义新时代的历史定位，必须从责任与智慧的角度重塑教师角色。从责任角度看，未来的教师必须树立正确的教师责任观，以立德树人为根本任务。因此要实现从学科教学者到素养培育者、从教书匠到活动指导者的转变，以此有效培养学生的自主能力。从智慧角度看，教师要有主动适应未来社会的能力，从知识传授者转变成终身学习者，从资源权威者转变成资源共享者。

围绕"责任"与"智慧"目标，学校通过同侪互助教师学习共同体构建和基于教师主动学习的校本培训转型两大路径，开展未来教师培养的转型工作。优质学术团队、师徒结对团队、移动课堂先锋队、同伴悦读团队等功能性团队逐渐在学校形成。教师培训也焕发出新的活力，呈现出课程项目化、学习多元化、过程精准化的特征。

三、"五新行动"的推进机制

在面向未来的"五新行动"中，我们逐渐尝试并探索出了一些可供借鉴和推广的工作机制，对变革过程的顺利开展具有较大的促进作用。应该说，这同样是学校变革中获得的成果。

（一）科研引领

胜利实验坚持"科研兴校"，长期以来，学校一直以求实的态度、科学的方法、研究的思路解决发展中存在的问题。只有这样，学校的阶段性建设才会有效，学校的科研成绩才会逐年提升，这是相辅相成的。本次面向未来的学校变革行动，我们也遵循了这样一种工作机制，以学校大课题进行统领，申报杭州市第三届教育科学规划重大课题，以课题研究带动变革工作。

此外，学校鼓励教师特别是课题组教师在学校大课题下申报子课题，形成具有自身个性的研究成果。例如，学校三星级班主任陈雪影老师结合学校课题，立项了教师小课题"聚焦中学段小学生自主素养培育的班队新生活研究"，围绕自主素养去打造班级的新面貌生活；田秋月老师立项教研课题"情境互联下小学数学一年级能力提升任务的设计研究"；殷晓艳老师撰写教学专题论文《以学定教·巧搭支架·互动评改——例谈疫情背景下小学习作线上教学策略》；陈丽老师将自己的新互联课堂课例进行梳理充实，撰写论文《问题驱动·支架指导·时空延伸——例谈指向自主素养的数学新互联课堂策略》；等等。他们的成果既是个人宝贵的研究积淀，也丰富了学校的课题成果。

（二）研训一体

学校的教师培训紧紧围绕学校变革，做到研训一体。提高培训实效的同时，也给全体教师了解参与学校变革提供了一个合适的平台。为了让教师尽快了解学校课题意图、理念，融入并参与到课题的实践研究中，针对全体教师的培训项目连续四个学期围绕重大课题确定主题（见表2-1）。

表2-1　针对全体教师的培训项目列表

项目名称	实施周期	负责人	研修群体	研修人数	实际学时
学教变革：基于UMU互动平台的智慧育人者培训	2019年9月—2020年6月	张浩强	全体教师	63	24
聚焦"合作学习"，助推重大课题，成就"未来之师"	2019年3月—2019年6月	张浩强	全体教师	61	16
聚焦重大课题，助力教师成长	2018年9月—2018年12月	张浩强	全体教师	63	16
聚焦重点项目，变革学教方式	2018年3月—2018年6月	张浩强	全体教师	75	13

为了让教师尽快熟悉研究思路，尽快投入研究，课题领导组邀请刘力教授为课题组教师做课题研究推进会主题讲座《走向未来学校：教育形态的转

型》,组织课题组成员进行"海报设计式"的参与式培训,解读分析完整儿童素养要点。本书中针对完整儿童素养的内涵解析,部分就来自此次参与式培训的教师的智慧。

学校变革不仅停留在课题组层面,还需要全校教师共同参与推广实践。因此,课题领导小组和科研部门定期利用校本培训时间对全体教师进行全员培训,分享课题组阶段性成果。不同层面的培训,让全校教师快速聚合在重大课题研究中,认同课题研究理念与思路,并且在日常工作中自觉融合研究,让自己成为推动学校变革的一分力量。

【案例2-3】 "学教变革:指向学生自主素养培育的
课堂行动"的教学研讨会

2019年1月27日召开主题为"学教变革:指向学生自主素养培育的课堂行动"的教学研讨会,全校教师参与。在研讨会上,老师们明确了重大课题实施的三个重要问题:为什么、做什么、如何做。活动同时也是校本参与式培训,学校教师分小组探讨和汇报,初步体验深度合作。活动最后,课题组向全校教师明确了第三阶段的研究重点。此次研讨会上,围绕"新互联课堂"的三个文化特征:情境互联、主体互联、空间互联,张浩强校长特意推荐了郑杰校长的《为了学习的合作》一书,现场集体阅读,希望老师们从中找到一些关于"主体互联"的启发,也启示老师们,任何一项研究都要从学习开始,而广泛涉猎、主动反思就是学习的有效方式。

(三)点面结合

学校变革的最终目的是促进学生适应未来生活,从有利于学生的成长角度出发,我们希望研究的每一步都对学生产生正面的影响。因此,我们采取稳步走的原则,以"点面结合"为机制展开研究。例如,进行新互联课堂研究时,最先在201和601班做关于合作策略的试点研究,所有课题组成员共同进两个班级进行观摩评价,指出新互联课堂的改进之处。接着要求新互联课堂课题组成员人人开设一节新互联课堂展示课,最终选择数学章剑老师的"多边形内角和"、黄建老师的"平均数"，语文张雪姣老师的"毕业赠言"、李珍珍老师的"红气球"、余国罡和张丹妮老师合作的"设计侦探——案发现场"作为典型案例在学术研讨活动上进行展示推广。在形成了一定的模式经验后，课题组在全校教师层面进行推广，要求所有教师在日常课堂中聚焦思维发展，运用新互联课堂策略，拓宽学习时空，创新课堂互动，发展综合素养。为此，还举办了全校性质的"新互联课堂课例评比活动"，以激发全体教师的积极性。

第三章

自主·创意:新导航课程的构建

　　习近平总书记多次强调立德树人是教育的根本任务,要求教育以培养担当民族复兴大任的时代新人为出发点。中共中央、国务院陆续出台教育相关文件,指导学校从知识教育走向德智体美劳全面发展的教育,以素养立意开展教育教学改革。课程是学校教育教学改革的核心,在人才培养上起着导航引领作用。胜利实验从独立办学之初就重点打造幸福课程体系,对课程的关注程度从未减弱。面向未来,我们不断在追问:2030年、2050年什么最重要? 到2030年的时候,学校现在的在校生正风华正茂,到2050年的时候,他们会是社会发展的主力军,那个时候什么最重要? 2016年11月,中国教育科学研究院未来学校实验室发布了《中国未来学校白皮书》,书中就指出未来的课程应具备三大特征:契合、融合和联合。其中,契合是指课程要契合未来社会对人才培养的需要,培养未来社会各行各业所需要的人才。遵循这样的价值取向,我们开展学校变革,完善课程架构与实施,提出了"新导航课程"的构想。

第一节　设计：新导航课程的架构

德国经济合作与发展组织教育与技能司司长安德烈亚斯·施莱希尔指出，现代教育面临的最大挑战是培养认知、情感和社会层面的复原力与适应能力，教育必须要为人们提供可靠的指南针和导航工具，能够让人们在日益复杂和动荡的世界中找到自己的出路。①借鉴安德烈亚斯·施莱希尔的观点，我们将课程比喻成"导航"，通过课程架构和实施，让课程为学生的未来人生领航，帮助学生主动适应和参与未来纷繁复杂的世界。

一、新导航课程的含义

新导航课程意在使基于儿童现实需求的课程走向为儿童未来成长领航的课程。那么，儿童的未来成长需要什么呢？我们以为，不管未来社会生活发生何种变化，有两个品质是十分需要的，那就是让儿童在自主选择中学会自主、学会创造。正是基于这种认识，我们明确了新导航课程的思路。

(一)"导航"隐喻

导航技术最早产生于海洋航行领域。早在欧洲中世纪时期，早期的太平洋波利尼西亚人利用星星的运动、天气、某些野生动物物种的位置或波浪的大小找到从一个岛屿到另一个岛屿的路径。随着导航技术的发展，导航逐渐运用于军事、航海、航空、网络、生活等多个领域。当然，导航技术也很多元，现在人们称的"导航"，更多的是指运用于生活的电子导航技术，如无线电导航、雷达导航、卫星导航，我们普通人最熟悉的莫过于手机导航和车

①安德烈亚斯·施莱希尔.教育面向学生的未来，而不是我们的过去[J].宋晓凤，陈钰童，译.华东师范大学学报(教育科学版)，2020，38(5):1-21.

载导航,让人们出行无忧。

不论是古代导航雏形还是现代各种导航技术,所有导航技术都涉及定位、已知目标位置和路径方向。如车载导航、手机导航能够告诉用户在地图中所在的位置以及用户要去的目的地在地图中的位置,并且能够在用户所在位置和目的地之间提供不同路线以供选择,在行进中给予必要提示,帮助用户以最佳的行程到达目的地。以生活中的车载导航为例,分析导航本意,具有以下特征。

1.定位准确

导航能准确预测与告知用户当前所处的位置并进行实时定位,从而让用户知晓当前的起点位置。

2.目标明确

导航能快速搜索所要到达的目标位置并进行标记,让用户明确目标。导航能快速分析,提供当前定位与目的地之间的距离。

3.路径多元

导航要提供满足用户需要的多元路径和不同交通方式以供选择,这就是它的使命。当输入目的地后,导航便会提供不同出行工具的方案,每一类出行工具下又会有多样路线以供用户选择。比如从胜利实验出发到浙江省科技馆,导航为用户提供了三种可行的驾车方案,用户可以根据自己的需求进行合理选择。

(二)新导航课程的定义

导航所列出的定位准确、目标明确、路径多元的特征,恰好比喻了我们希望呈现的课程状态,即课程为学生的未来人生领航,从这一隐喻出发,我们提出"新导航课程"。新导航课程不是一门(或一类)具体的课程,而是学校在进行课程完善过程中始终秉持的课程理念,这一理念体现了我们的课程期待。新导航课程理念包含明确的课程引领目标、多元的课程设置、多样的课程实施路径,从而充分发挥课程为学生未来人生领航的作用。

1.明确的课程引领目标

新导航课程理念倡导学校课程要具有明确的素养培育目标。这一目标的确定必须关注学生的两种水平:一是学生现有水平,认识学生的现有起点定位；二是未来可能达到的学习水平和必须达到的水平。课程目标就是填补两种水平之间的差异。有了目标课程设想，才能有效地将学生引领至未来所需的方向。

2. 多元的课程设置

新导航课程理念关注课程的丰富性和选择性。导航不是规定学生沿统一的道路前进，而是提供不同路线以供选择。课程也应该如此，有了明确的目标后，要有丰富的课程满足学生个性化的学习方式、学习内容倾向。从2014年的独立办学时期到2018年以来的重大课题时期，学校幸福课程体系在实践中不断完善，在基础性课程、拓展性课程基础上又增加特需性课程，每一类课程下又不断完善下属课程结构，希望最大限度满足不同学习需求。

3. 多样的课程实施路径

新导航课程理念不仅强调课程内容的多样丰富，同样关注课程实施的多样化。我们以课程要素为思考维度，通过课程目标论证、学习支架创建、教学组织实施等环节创造性实践，让课程的导航功能发挥最大效益。

二、新导航课程的基本框架

基于对新导航课程理念的思考，我们在达成一般课程目标的基础上，将学校课程的行动目标聚焦，凸显"能自主"和"有创意"的目标，为学生更好地适应和参与未来生活领航。在国家课程和地方课程设置要求下，学校创新课程体系，形成了三大类课程：基础性课程、拓展性课程和特需性课程，并紧紧围绕课程行动目标进行课程开发与实施。针对基础性课程，我们的总体思路是进行国家课程的校本化改造，而拓展性课程和特需性课程的总体思路则是进行特色化开发。这里要说明的一点是，目前包含三大类课程的体系是在学校原有的幸福课程体系基础上的完善，因基于"新导航"理念，我们将2018年重大课题研究以来完善的课程体系称为"新导航课程体系"，它与幸福课程体系一脉相承，是在传承基础上的创新。

（一）新导航课程的理论定位

新导航课程的提出，是我们基于儿童未来发展的定位，由此而生发的应然状态的理性思考。

1.课程应发挥为成长导航的定向盘功能

课程不再是系统知识的代名词,其目的不是传授知识、积累知识,学生也不再以掌握知识与技能为学习目标。课程应该发挥其在学生成长路上的导航功能,引导学生在纷繁复杂的世界中找到自己的方向,学会正确的价值选择、学会自主迁移解决问题,能够创造性地成长,成为最好的自己。课程的定向盘功能强调依据学生的需求和现有水平,随时调整引领方式与路线,以顺利指引学生前进。

2.学生应是课程的主动生产者

传统的课程,学生是接受者和消费者,以被动的身份存在。不仅是学生,甚至老师也是被动地接受教材、课程标准的要求。未来,既然课程要为学生未来人生导航,要培养学生能自主和有创意的素养,那么学生在课程中的地位也要转变甚至翻转。学生应该成为课程的主动建构者和生产者。这一认识强调以学习者为中心,学生的积极主动参与、合作伙伴互动、集体民主决策,是立足于人本主义思想、建构主义知识观和后现代课程观的,有着深厚的哲学渊源。[①]

当然,学生作为课程的主动生产者并不意味着学生参与到学校所有课程开发的整个过程中。学生作为课程的主动生产者强调两点:第一,我们希望在拓展性课程中更大胆地凸显学生的主体性,当然,这是以学生有扎实的知识基础为前提的。第二,学生应该在合适的环节参与校本课程的开发实施。校本课程的发展本身就是一个不断反思、改进的生成过程,这一过程必须依靠学生的参与来更有效地完善。学生可以在校本课程开发的第二步——课程实施过程中发挥主体性作用,例如,与教师共同完善课程目标、产生课程学习任务、收集更多课程资源、建立滚动学程、给予课程实施过程更真实的反馈与评价等,这些活动都可以充分发挥学生的生产者作用。

3.课程实施就是课程的二次开发

未来的课程绝不是一次性预设的,完全预设的课程只能培养出被动的

---

①许超,苏景春.学生作为校本课程开发参与者的必然性与途径分析[J].当代教育论坛(学科教育研究),2008(3):80-82.

学习者,应该从过去预设的知识型课程向未来创生的关切型课程转变。未来的课程是生成的、滚动的、调整的。就像导航绝不仅仅是在出行一开始就固定一条线路,而是在过程中依据主体的选择不断匹配适切的路线,依据路况环境不断调整优化路线。课程的实施由师生共同参与,师生参与过程中的生成智慧,如对课程目标的论证、课程实施的创新、研究成果的积累等形成了课程的宝贵资源,就是课程的二次开发。

(二)新导航课程的目标指向

基于新导航课程定义,真正能对学生未来人生引领方向的课程需要有明确的引领目标。因此,在对已有的幸福课程体系进行完善时,我们就关注课程目标的确立。这里所指课程目标不是某一门具体课程的目标,而是学校整体课程体系改革完善的行动目标,即学校课程素养目标。未来社会需要什么? 学生应在学校教育中养成什么素养才能在未来社会中游刃有余,用有意义和负责任的方式找到适合自己的方向? 有两个素养是我们在课程完善时特别强调的,也是我们认为能通过课程来实现的:通过课程体系的完善和课程校本化创新实施,培养学生能自主、有创意的未来素养。

1.让学生在课程参与中学会自主

未来,掌握大量知识和技能的人已经无法成为社会最需要的人才,未来社会最需要的是能够主动学习、更新自我的人,是具有自我学习能力的人。联合国教科文组织在《学会生存》一书中强调,教育应该较少地致力于传递和存储知识,而应该更努力地寻找帮助学生学会自主学习的方法。[①]王毓珣指出,未来学校的课程应该是学生由学会走向自主学习。[②]我们几乎可以达成共识,能自主将是未来教育和课程关注的重点。这种自主的素养意指学生能主动设定目标,能进行反思并负责任地采取一系列行动的综合素养,我们的课程必须对此做出回应。会做选择和会迁移是自主的最显著特征。

其实早在2014年独立办学之初学校构建幸福课程体系时就提出"满足学生选择"的理念,要让学生学会选择。今天看来,满足学生需求,让学生学会选择就是自主的外在表征。未来的课程必须从学生出发,让学生自己决

①联合国教科文组织国际教育委员会.学会生存[M].北京:教育科学出版社,1996.
②王毓珣.教育学视角下的未来学校[M].上海:华东师范大学出版社,2020.

定要学习什么、如何学习以及何时何地学习,这样才能培养学生独立的价值观和世界观。为了让学生能够有充分选择的机会和体验,课程必须更有体系,更丰富,有多样化的课程门类以满足学生的个性化需求。我们在具体某一门课的实施中,也要更具人文性,让学生自己做主。

会迁移的学生看待世界的视角不同于其他人,他会用整体的眼光看待事物,会主动联想。为了让学生养成主动迁移解决问题的能力,养成自主反思规划任务的能力,课程必须提供这样的空间和机会。例如,在课程内容设计上采取整合统整思路,让学生能在大概念或主题下有机会迁移,而不是积累相互毫无关系的知识;在课程实施上,将学习过程设计成学生为主体的动态成长过程,而不是教师把控的灌输过程。

2.让学生在体验中养成创意思维

未来学校的课程不仅要综合反映基础学科知识,更重要的是渗透创新思想,为学生的学习提供主动探索的空间和机会,突出方法指导,加强学习内容和学生生活经验的联系,使学生的学习真正成为一个主动的过程、创新的过程和个性化的过程。[①]日本学者强调课程的创造作用,认为“教育课程,是以培养青少年胜任未来社会生活的创造性能力为课题的”。[②]为什么创新越来越成为课程的要义?未来学校的课程要考虑社会需要和个人发展,既能促进未来社会发展,又能顺应学生发展天性、个性与特性,满足学生合理发展诉求,两者匹配才能有效实现为学生未来人生领航的目的。创新是民族进步之魂,是推动社会发展的不竭动力。未来,国家要强大,人类要发展,必须依靠创新。另外,对于参与未来的人才来说,创新是其立于不败之地的前提,只有那些拥有无限创意,并能将创意实现的人,才能适应未来社会。“未来需要创新能力、适应力和持久力,简单机械的技能很容易自动化、数字化”[③],因此,我们的课程要让学生在体验中养成不易被他人甚至“人工智能”

---

①廖哲勋,田慧生.课程新论[M].北京:教育科学出版社,2003.

②筑波大学教与学研究会.现代教育学基础[M].钟启泉,译.上海:上海教育科学出版社,1996.

③方向,盛群力.2030学习罗盘:设计未来时代的学习[J].开放学习研究,2020,25(2):18-26.

替代的创意思维，能够创造新价值。具体从以下几个方面着力。

第一，在课程建设和开发过程中，对学生的个性和需求给予重视与包容，设置多元化课程，学习内容上给予学生更多选择性和自由性，人只有在自由的状态下，才有可能迸发创意想法。第二，在课程实施过程中，营造创意情境调动学生主动学习情绪；引导创意想象，提供创意实践机会。设置多样的实施路径，让学习的方式和时间更具灵活性、人本性和生成性，人只有在面对具有调整空间、反思机会的课程时，才会主动参与，进而发展创意思维，做出创造性行为。我们要让课程成为一个动态的生成过程。

(三)新导航课程的基本理念

新导航课程，顾名思义，就是基于对学生未来成长需求所设计的课程。我们认为，这样的课程应该是既包含基础学科的课程，也包含培养学生未来成长需求的特定课程。

三、新导航课程的内容阐释

在新导航课程中，三个类别的课程各有其独特的价值指向，并根据课程的价值指向拥有相应的课程内容。

(一)基础性课程：学得扎实、学有收获

基础性课程，顾名思义，在整个新导航课程体系中发挥着最基础的作用。无论素养目标如何变化，我们始终认为，学生的未来发展必须有坚实的基础，这一基础包括良好的身体素质、扎实的知识储备与技能等，只有保证了基础，才能有效培育综合素养，获得长远的发展。因此，基础性课程是为儿童的未来生活奠基的，属于课程体系中的压舱石。对于基础性课程，我们重点指向学生学得扎实、学有所获。具体而言，分成奠基类基础性课程、素养类基础性课程和统整类基础性课程。

1. 奠基类基础性课程

奠基类基础性课程以保证落实国家课程标准规定的小学生必备知识能力要求，以分科课程形式开展，课程内容、课时相对固定，包括语文、英语、数学、科学、美术、音乐、道德与法治、综合实践、信息技术。在奠基类基础性课程的实施上，教师不直接开发课程，但面向未来，实施指向自主的学习方式变革,让学生在常态课堂上尝试合作探究,借助信息技术培养学生的思维,形成主体互联和时空互联基础上的自主学习。实施以责任培养为重点的学科德育,让学生在分科学习中不仅获得知识、技能与方法,更重要的是帮助学生树立正确的价值观,让知识与能力在个人发展和社会进步上发挥最大作用。

2.素养类基础性课程

基础性学科课程采用国家审定教材,基于课程标准实施教学,保证学生掌握基本的知识与能力。与此同时,学校尊重学生在学科素养上的水平差异,因材施教,结合学生实际,对教材内容进行校本化处理,开发满足学生水平差异需求的素养类基础性课程,并配套校本资源开发,实施差异教学,希望人人都能学有收获,主要包括语文阅读素养课程和数学思维素养课程。

(1)语文阅读素养课程。《义务教育语文课程标准(2011年版)》指出:九年义务教育阶段的语文课程,必须面向全体学生,使学生获得基本的语文素养。语文课程应激发和培育学生热爱祖国语言文字的思想感情,引导学生丰富语言的积累,培养语感,发展思维,初步掌握学习语文的基本方法,养成良好的学习习惯,使他们具有适应实际需要的识字写字能力、阅读能力、写作能力、口语交际能力,正确地理解和运用祖国语言文字。同时,语文课程还应通过优秀文化的熏陶感染,提高学生的思想道德修养和审美情趣,使他们逐步形成良好的个性和健全的人格,促进德、智、体、美诸方面和谐发展。然而,以上这些目标的达成,仅仅依靠严格执行教材内容无法有效实现,整齐划一的教科书没有给学生留下个性化选择的机会,也没有提供进一步提高语文素养的平台。因此,学校从2015年7月开始开发并实践校本语文阅读素养系列课程,全面关注学生语文素养的形成,让学生自主选择。语文阅读素养系列课程大纲如图3-1所示。

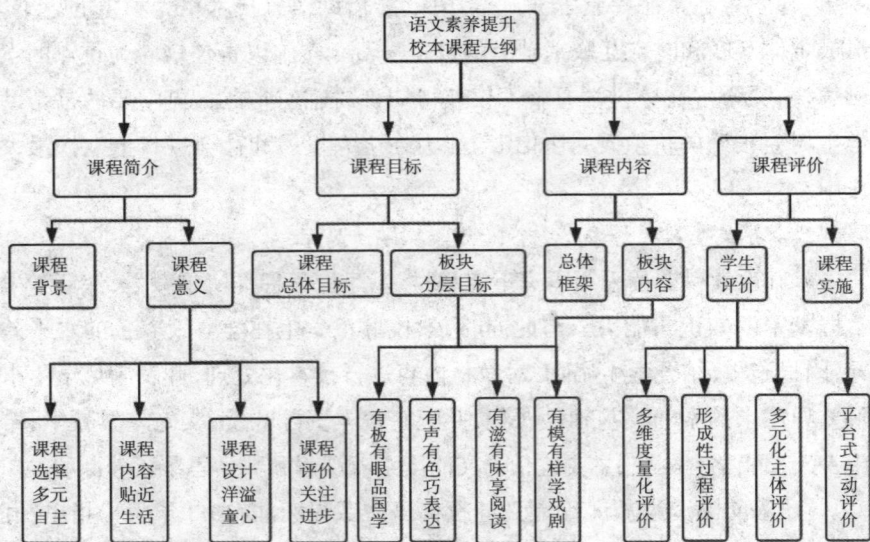

图3-1　语文阅读素养系列课程大纲

本课程的总体目标是通过语文阅读素养系列课程的学习，促进学生认识传统文化的博大精深，汲取祖国传统文化的精髓，厚植爱国主义情怀；促进学生的个性表达与有效思考，丰富学生的课外阅读生活，培养良好的阅读能力；促进学生语言积累、阅读能力、交往表达、演讲表演等语文素养的综合发展。本课程共分为四个小课程项目，分别为"有板有眼品国学""有声有色巧表达""有滋有味享悦读""有模有样学戏剧"，均设置细化序列目标。三到六年级纵向每个小课程形成一个序列，内容目标呈螺旋上升状态。学生可以根据自己的喜好选择其中一个小课程项目，年级组根据选课人数进行水平分流调整，双向选择形成固定小课程班级。学生在校6年，可以选同一课程序列，在一个课程中学精学深，提升素养；也可以选择不同课程进行学习，在多种课程学习中提升素养。该课程是对国家语文课程进行有机调整和二次开发，通过转变教学模式、学习方式、评价方式，让语文课堂走出书本，走向学生生活，充满童趣，洋溢童心。

（2）数学思维素养课程。《义务教育数学课程标准（2011年版）》指出，"数学课程应致力于实现义务教育阶段的目标，要面向全体学生，适应学生个性发展的需要,使得人人都能获得良好的数学教育,不同的人在数学上得到不同的发展"。这一表述对数学课程进行差异分层实施提出了明确要求和目标。课标还重点强调了"数学活动应激发学生兴趣,调动学生积极性,引发学生的数学思考,鼓励学生的创造性思维。要使学生体验从实际背景中抽象出数学问题、构建数学模型、寻求结果、解决问题的过程"。这一表述针对数学课程的内容做了解释,数学课程不仅教授现成知识与技能,还注重培养数学思维、数学方法与思想。同时,作为教师,要通过课程的校本化实施,来调动学生的数学学习积极性,而因材施教、给学生独立思考的空间、启发式学习等都能达到学生思维培养的目的。基于对《义务教育数学课程标准(2011年版)》的深入理解,学校数学组从2015年7月开始,着手开发数学思维素养课程,通过结构化的内容架构,水平层次分层,让学生能找到适合自己的学习内容与方式,获得针对性发展。

基于分层教学的教育理念,本课程的总体目标旨在培养不同学生的解决问题能力、观察力、思考力等。我们开发了数学思维素养课程A和B两个水平层次课程(见图3-2),A层次课程针对学优生,B层次课程针对普通学生以及学习相对困难的学生。每周从数学周课时中划出一课时,为素养课程时间(隔周语数素养轮换)。学生在开学初自主选择进入其中一个层次课程班,年组依据选课人数进行选课走班。因此,在我们学校,不是所有数学课都与同一批同伴学习,而是每周有一节课与跟自己数学学习水平层次相仿的同伴共同探讨、共同进步。这是学生自主选择的结果,与其学习生长点匹配,学生也更愿意投入。

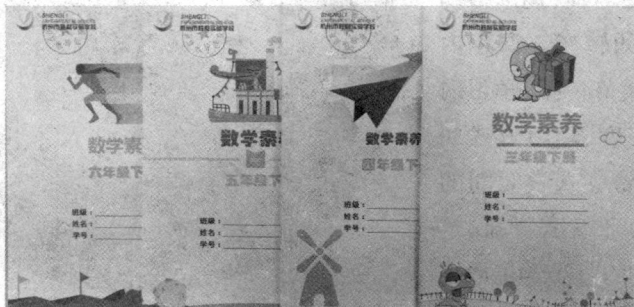

图3-2　数学思维素养课程部分年级练习册

3.统整类基础性课程

针对国家规定的基础性课程,除了设置分科的奠基类基础性课程、水平层次分层的素养类基础性课程外,学校还对基础性课程进行另一种思路的校本化开发与实施,那就是从学科间整合角度开发统整类基础性课程。对于小学生而言,不仅要有扎实的学识作为基础,还需要有良好的态度与习惯打好未来人生的基础底色。我们着眼于学生的完整成长,以完整的育人视野去培养完整的人,全面关注学生综合素养的提升。统整类基础性课程就是以此为目的所设置的。具体在低学段开展,以学生未来生活所需的习惯态度等为引领,围绕主题提出跨学科的本质问题或概念,整合重组国家基础性课程内容,让学生在大概念的引领下进行学习,如幼小衔接课程、低学段主题统整课程。

（1）幼小衔接课程。从幼儿园进入小学,学生面对陌生的环境、陌生的伙伴、陌生的课程等会产生紧张与不适感。做好幼小衔接对于学生今后的身心健康发展、学习品质培养等有着重要的意义。学校从2013年开始尝试设计"9月幼小衔接课程",将整个9月作为新生入学适应月,力求"放慢脚步、等待儿童,激发兴趣、培养习惯,控制难度、科学衔接",整体围绕"衔接"大主题来整合一年级上册各学科知识,让新生幸福启程。

9月幼小衔接课程的总目标是创设安全、富有童趣的学习氛围;激发上学自豪感和学习兴趣;养成良好的行为与学习习惯;逐渐推动学习方式的转变。课程内容定位为美好情感、学习内容、习惯态度、学习方式四个维度。随着入学时间的推移,分为环境适应篇、学习适应篇和9月小学生活展能篇三个篇章(见图3-3)。

图3-3　胜利实验9月幼小衔接课程结构图

环境适应篇:打破一开始就实施分学科教学的固有模式,基于校园生活的完整性,让学生在活动中获取整体的校园生活经验,在游戏、体验、交往中完成入学第一周的衔接教育。

学习适应篇:第二周为学科主题整合,按课表上课,让新生慢慢进入分科上课的状态,缓缓接轨知识学习。基于学校培养目标、现有教材、校本资源、教师特点等多维度的考量,学校开发了全学科整合的校本化学习适应课程:"儿歌里的数字""有趣的形状""好玩的游戏"等,围绕主题开展全学科整合教学。第三、四周为学科协同课程,各学科协同做好习惯养成教育,每周一个重点习惯进行培养。例如,第三周为课堂倾听习惯,所有教师在不同的课堂上共同关注倾听。第四周则共同关注大胆发言习惯。

9月小学生活展能篇:将第一个月的每周五设为"幸福童玩日"作为9月小学生活展能篇。如走进"低碳科技馆""Do都城""自然博物馆""我是祖国小战士",童玩与创意活动有机结合,童玩与立德树人无痕对接,童玩与展能评价同时进行。让新生在适应新环境的过程中爱上小学生活,并在潜移默化中习得文雅习惯与规范。学生在第一月结束后通过游园等活动形式感受到自己这一个月以来的巨大收获和成长,提高学生的成就感。

(2)低学段主题统整课程。学校自2014年起就对低学段基础性课程进行校本化设计与操作,低学段主题统整课程以学生完整的生活和经验为依托,以全课程主题统整的形式,各学科协同开发实施。不同于9月幼小衔接课程,低学段主题统整课程在一、二年级四个学期中持续进行,期初、期中、期末共计12次课程,整合了包括语文、数学、英语、科学、体育、美术、音乐、道德与法治等多门课程。提倡还原学生的真实生活,关注学生的习惯、合作、实践能力,力求培养完整的人。从传统节日、学习关键事件、关爱世界和他人等维度设置主题,契合孩子生活和心理。如"团圆过中秋""小'鲜肉'·大爱心(植树节)"都来源于节日主题。如"我的新朋友""一分钟大体验"等都为低学段学生面临的关键事件。"我的新朋友"是来源于一年级学生刚入小学,和新同学交往的需求;"一分钟大体验"是一年级学生面临养成良好学习习惯(节约时间、不拖拉)的任务,以及整合数学认识钟表等学科内容(见表3-1)。

表3-1　低学段主题统整课程目录

年级	一年级上	一年级下	二年级上	二年级下
期初	★我是小学生啦	▲学会关爱·献出爱心	●团圆过中秋	▲小"鲜肉"·大爱心
期中	▲我的新朋友	★一分钟大体验	▲劳动最光荣	★品家乡美食·承传统文化
期末	●欢喜过大年	★身边的数字	●新年大闯关	★奇宝夺兵在行动

（注：表格中，★为学习关键事件主题，▲为关爱世界主题，●为传统节日主题）

　　课程的改变势必带来评价方式的改革。我们一改传统的结果评价方式，让学生置身于真实世界或模拟情境中完成一项或几项任务，教师通过观察学生在真实情境中的表现进行直接评价。评价内容不再是单学科知识的掌握情况，如语文的听说读写，数学的计算、应用等，而是打破学科界限，关注人的发展，对低学段学生最重要的习惯态度进行分析，从四大维度"我能参与合作""我能认真倾听""我能清楚表达（表现）""我能快乐实践"来评价。四大维度的评价标准也并非一成不变，而是依据不同课程内容有针对性地设置与调整。

　　（二）拓展性课程：学会选择、学出特色

　　相对于基础性课程的奠基性、固定性、普及化等特征，拓展性课程是依据学校特色、地域文化、课程总体行动目标，为更充分地满足每一个学生的个性化学习需求而设计的课程，更突出灵活性、兴趣性、活动性、层次性和选择性，重点指向让学生在课程的全程体验中学会选择、学出特色，在多元选择中学会自主。具体包含"五育融合"选修课程、"关爱交往"实践课程、"快乐学后"托管课程。

　　1.基于"五育融合"理念的选修课程

　　学校"五育融合"选修课程，一方面以学生兴趣为导向，尊重学生个性发展需求，让学生有更多选择的机会，学会选择，找到适合自身的爱好特长；另一方面依托"五育并举"理念，以学生完整成长为指引，从完整的人的培育角度，增强课程结构性，让教师明确课程开发的方向性与目的性。我们从横向和纵向架构选修课程体系。

（1）横向：课程群落化。我们依据学校特色设置了"德育课程群""智育课程群""美育课程群""体育课程群""劳科创课程群"。其中，"劳科创课程群"就是结合学校创新教育特色，依托创意智造学习中心，结合了劳动教育、创客教育等已有课程进行的课程群梳理。

（2）纵向：课程递进式。我们希望，学生不仅能学会从众多的课程中选择自己喜爱的，更能从喜爱的课程学习中学出特色、学出深度，而不是浅尝辄止。因此，学校在每一个课程群中精心思考设计，针对不同年段开设同系列递进式课程。递进式课程充分考虑学生的水平层次差异，由低、中、高学段教师协同开发，相互衔接，做到合理科学。

以表3-2中2020学年第一学期的选修课程设置为例进行说明，目前在部分课程中做试点：如德育课程群中的"养正学堂"低、中、高学年段都有开设，课程对学生的价值引领方向不变，都希望学生能有理想、有情怀、有责任，但依据不同年龄段学生的接受程度，选取不同学习材料和不同学习方式实施。如智育课程群中的"数学游戏"和"数学实验一、二"之间也有递进关系。"数学游戏"更适合低段孩子爱玩好动的天性，倾向于让学生知晓和体验游戏。"数学实验"则需要学生更多自主操作去探究或验证结论，培养学生的数学高阶思维。如体育课程群中的"玩转小篮球"就是为中高学段"篮球"课程做预热和准备。如美育课程群中的"汉字妙妙屋""翰墨轩""汉字之美"，对学生书法技能要求越来越高，对书法素养要求也越来越综合。低学段的"汉字妙妙屋"是通过有趣的故事了解汉字起源，通过书写指导练习，学会端正地写汉字。中学段的"翰墨轩"更注重软笔书法技能的学习。高学段的"汉字之美"则不再停留于书法技能，而是引导学生从审美欣赏、书法文化、书法生活等多角度了解和体验汉字之美，从而提升学生整体素养。如劳科创课程群的低、中、高学段课程则是选修课程递进式模式的典型代表。低、中、高学段所有课程都强调动手操作和主动思考，低学段课程难度低，以体验操作为主；中学段课程会要求运用一些简单的技术与工具参与简单小制作；高学段课程则要求综合运用技术与工具，提出问题、自主解决问题，以此培养学生面向未来的创意思维。不仅在选修课程中如此，劳科创课程群依托学习中心与基础性课程、特需性课程联结，形成更广范围内的递进式课程模式（在下一节课程实施中会具体阐述如何借助学习中心开展劳科创学习）。

表3-2　2020学年第一学期基于"五育融合"理念的选修课程设置

课程领域	一、二年级	三、四年级	五、六年级
德育课程群	★养正学堂(低) 优能游戏屋	★养正学堂(中) 爱心研学营	★养正学堂(高) 沟通练习室 非遗小达人
智育课程群	★数学游戏 小书虫阅读 儿童剧	★数学实验一 英语悦读 朗读者 思维导图	★数学实验二 电影读书会 古诗文悦读 学英语玩编程
体育课程群	★玩转小篮球 体适能 团队游戏	★中段篮球男 ★中段篮球女 动感啦啦操 排球	★高段篮球男 ★高段篮球女 足球 排球
美育课程群	★汉字妙妙屋 沙画 超轻黏土 石头画 涂色创作 古诗吟唱 小笛手 校园音"悦"	★翰墨轩 陶艺 神奇热缩片 篆刻 英语戏剧 非洲鼓 口琴 趣味版画	★汉字之美 物创美术 玩转纸艺 篆刻 我是歌手 巴乌
劳科创课程群	★纸电路 小牛顿实验 桌游小达人 小小发明家	★科技制作 ★3D打印笔 DIY手工 头脑奥林匹克 Scratch&Math	★创意智造 ★木工工坊 ★智能机器人 ★物联网实验

（注：打★课程为各课程群中形成递进系列课程）

"五育融合"选修课程统一安排在周一下午,每周两课时。为了让"五育并举"理念真正落到实处,对学生起到引领导航作用,也为了进一步指导学生如何依据个人发展做出合理选择,我们依托选课技术支持,引导学生在小学6年12次选择中(每学期一次),每一个课程群至少选择一门课程,多余的选择机会则依据自己的兴趣爱好选择其中的一个课程群或一个课程系列进行深入学习,而不是在五六十门(每学期会有微调,课程群框架不变)选修课程中随意选择。学校的引导,在提高学生选择能力的同时,也能帮助学生获得1~2项特长。

2.基于"关爱交往"的实践课程

传统的综合实践类课程注重学生操作能力培养,引导学生探究自然、体验生活、了解社会。学校也将这些目标定为实践课程目标,但我们还提出了"关爱交往"目标,希望学生在实践课程中学会关爱身边的人、身边的物、身边的自然,养成与人沟通交往的能力。我们认为,这是学生参与未来社会的重要品质,必须带着爱去从事社会工作,去贡献自己的力量,这样才是有意义的。基于这样的目标思考,基于关爱交往的实践课程具体分成研学课程、毕业课程、劳动课程等特色化课程。

(1)研学课程。学校的研学课程充分发挥了场馆学习的优势,是借助校外具有地域特色的场馆文化而设置的实践课程。这是对校内常规课程和正式空间学习的补充与拓展。不同的场馆拥有不同的学习资源。如:低碳博物馆、自然博物馆等都有丰富的科学学习资源;丝绸博物馆、剪刀博物馆等具有杭州地方特色,蕴含了丰富的杭州传统文化资源;于谦祠、章太炎故居、苏东坡纪念馆、盖叫天故居、岳飞墓等是引导学生走近英雄、了解英雄、缅怀英雄、学习英雄很好的平台,可以激发学生热爱祖国、热爱家乡、热爱生活的情感。为了充分挖掘各场馆丰富的资源,让学生在研究中学习,在学习中真正实现"关爱交往"目标,学校学生处组织各年级骨干教师,专题讨论研学课程的场馆选择及各场馆学习的分目标、内容、路线、评价等内容,将传统的春秋游活动纳入研学课程中,分校史认同、职业体验、生态主题、人文历史主题、融合教育五大板块设计研学课程,并采用"大手拉小手"混龄交往的形式开展,如表3-3所示。

表3-3　研学课程场馆安排表

第一学期			第二学期	
9月 校史认同	一年级 曲院风荷(寻访崇文书院)		3月 职业体验	二年级 Do都城
10月 生态主题	一&五 自然博物馆	一&五 植物园+韩美林美术馆	4月 人文历史主题	一年级 于谦祠+三台山
				二年级 章太炎纪念馆+太子湾
	二&六 湘湖+跨湖桥博物馆	二&六 八卦田+南宋官窑博物馆		三年级 苏东坡纪念馆+花港观鱼
				四年级 盖叫天故居+花圃
	三&四 良渚文化+良渚文化博物馆	三&四 西溪湿地+西溪湿地博物馆		五年级 岳飞墓+曲院风荷
				六年级 杭州革命烈士纪念馆+禁毒馆
11月 融合教育	三年级 杭州市爱心教育体验基地		5月 融合教育	四年级 杭州市爱心教育体验基地

　　在进行研学课程设置时,一般情况下,所选场馆至少要容纳两个年级,满足"大手拉小手"的最低人数。因此,每次开展场馆学习的人数至少300人。这已经远远多于传统意义上的"班级人数"。为此,在开展场馆学习之前,会要求学生以班级为单位对场馆学习资源、场馆游览路线进行集体的准备,并引导学生在有限的时间内与伙伴商量,对学习路线、学习内容做出选择。研学的学习体验从校内就开始,一直延伸至场馆。在研学课程中,教师退到了学习的后面,学生成了学习的主人,他们通过混龄互助,开展人际关系、行为习惯以及知识学习。我们将人际交往、行为习惯置于知识学习之前,希望通过这样的机会,学生能找到值得学习的伙伴,实现精神的自由生长。

（2）毕业课程。毕业季不只有毕业典礼，还有毕业课程。学校以课程的思想去完善六年级学生的毕业生活，设计了系列毕业课程。通过毕业课程设置引导学生回顾小学生活经历，用创意方式表达自己的毕业情感，从而引导学生关爱老师同伴、关爱家人、关爱学校、关爱学弟学妹，并且学会创意思维。以2020级毕业课程为例，毕业课程的主体活动持续两个月，前期准备提前至第一学期期末，后续延伸至"20年后"的自我回顾，这不仅仅是一次毕业课程，更是一次人生洗礼。课程包含"一份胜利果实""一封写给未来的信""一次爱的表达""一份影像档案""一本毕业纪念册""一台露营晚会"六个一模块，如图3-4所示。

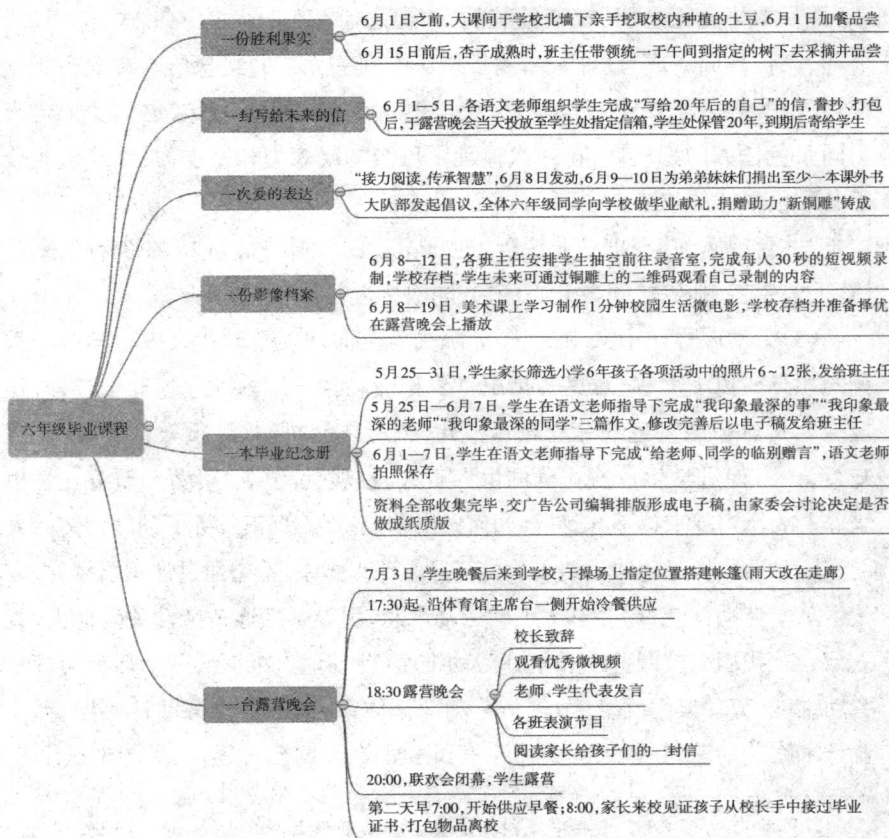

图3-4　2020级毕业课程框架图

"一份胜利果实"通过劳动实践,开展劳动教育,传递母校对学子的关怀,培养学子对母校的感恩之情。

"一封写给未来的信"通过想象,回顾过往,畅想未来,表达学生对未来的美好向往与个人规划。

"一次爱的表达"是一种混龄交往,给学生更多传递爱、表达爱的途径,让学生带着爱意进入未来的人生阶段。

"一份影像档案"是通过统整学习,整合美术、摄影、语文、信息技术等学科内容,以主题任务为驱动,引导学生运用创意表达对母校、对老师、对同学的感激和留恋,展示自己的才艺和技能,挑战自我。

"一本毕业纪念册"转变传统的"买纪念册、互动留言"的形式,由学生、老师、家长共同完成,设计一本属于班级的独一无二的纪念册。在纪念册制作过程中,融入了语文习作体验,让学生在真实情感下习作,也调动了全班不同角色任务的积极性,再一次体现了班级的凝聚力和行动力,让学生充分感受到班集体的浓浓爱意。

"一台露营晚会"把毕业课程推向高潮,在热闹的氛围中,在少有的露营体验下,生生、师生之间敞开心扉,共同回忆往,一起畅谈未来。

(3)劳动课程。《中共中央 国务院关于全面加强新时代大中小学劳动教育的意见》(以下简称《意见》)指出:"要把劳动教育纳入人才培养全过程,积极探索具有中国特色的劳动教育模式,创新体制机制,注重教育实效,实现知行合一,促进学生形成正确的世界观、人生观、价值观。"[1]劳动教育在学生培养上的作用越来越不容忽视,如何做出学校特色,真正发挥劳动教育铸就人的作用? 学校将劳动课程纳入学校新导航课程体系,希望通过课程引领,提高学生基本劳动技能,树立学生正确劳动观念,引导学生通过劳动关爱他人、关爱社会。我们从校园劳动和家庭劳动维度(劳动地点维度),劳动活动与日常劳动维度(劳动典型性维度)创新劳动课程体系,分成全校劳动日课程、无作业日家庭劳动课程、包干区劳动课程和家庭劳动10分钟建议,见图3-5。

---

[1]中共中央,国务院.中共中央国务院关于全面加强新时代大中小学劳动教育的意见[EB/OL].(2020-03-26). http://www.gov.cn/zhengce/2020-03/26/content_5495977.htm.

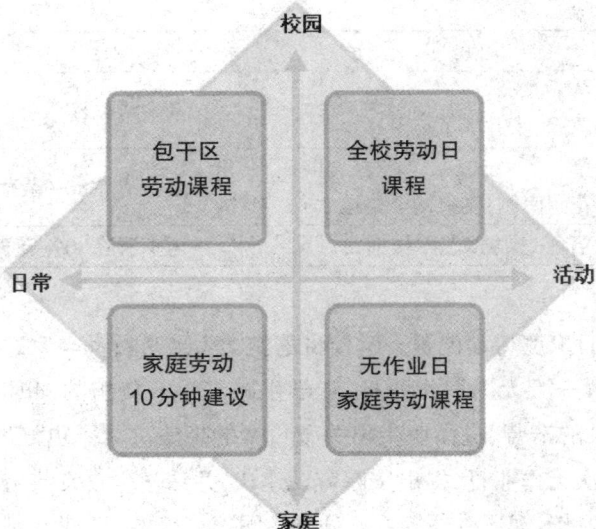

图3-5　劳动课程框架图

全校劳动日课程。每月一次,分年级开展不同类型的劳动活动。通过全校劳动日课程,规范校园劳动,让学生从典型劳动活动中习得基本劳动技能,在集体劳动中感受劳动乐趣。各年级安排如表3-4所示。根据年龄特点,一、二年级从事简单清洁劳动。三至六年级劳动要求提高,参与学校公共空间劳动,引导学生爱护校园环境。

表3-4　每月全校劳动日课程安排

年级	任务	要求
一年级	清洁课桌	清洁自己的课桌和椅子,保证桌面、抽屉、桌脚、椅面、椅背、椅脚干净无污渍
二年级	清洁地下餐厅桌椅	清洁餐桌、凳子,保证桌面、桌脚,凳面、凳脚干净无污渍
三年级	清洁洗手间	1.清洁所在楼层所有洗手间 2.水台、龙头、水池干净 3.镜子无水渍

年级	任务	要求
四年级	除草 西花园北侧:亭子至滑梯	至少清除80%杂草
五年级	除草 西花园南侧:气象站至菜地	至少清除80%杂草
六年级	除草台&操场&艺术楼前	至少清除80%杂草

无作业日家庭劳动课程。学校将落实学生减负行动与家庭劳动教育结合,每月设置一天无书面作业日,让学生减轻课业负担的同时参与家庭事务,体会家长的辛苦,进而萌生出关爱长辈的想法。为了更好地实施,学校针对每月一次无作业日,提出家庭劳动建议,并请学生自发将劳动场景通过图片、视频、习作、现场讲述等方式分享给同伴。表3-5为学校针对每月无作业日提出的家庭劳动建议。

表3-5　每月无作业日家庭劳动建议

年级	4月	5月	6月
一、二年级	会使用洗衣机清洗衣物	会使用电饭煲煮饭(粥、米饭)	会使用微波炉加热食物或者进行烹饪
三、四年级	能与家人合作完成饺子馅的制作	会做一道面食(饺子、馄饨、面条)	向家长学做一道家乡美食
五、六年级	根据家庭一周购入食物的大致预算以及膳食均衡要求,设计一周菜单	亲手为家人做一顿晚餐,可以简单些,但要做到膳食均衡要求	称一称家人的体重,算一算BMI指数,为家人的健康饮食写一份简单的个性化建议

年级	9月	10月	11月	12月
一、二年级	手洗一双袜子	会洗菜	整理书包、会理书桌	学系鞋带
三、四年级	手洗一套校服	会做一个凉菜	整理床铺、会叠衣服	学叠被子
五、六年级	手洗一双鞋子	会做一个热菜	整理房间、会套被套	学理衣柜

包干区劳动课程。每个班级承担校园环境的其中一部分,一日两扫,中午和放学后打扫包干区属于学校日常劳动。包干区劳动课程的目的是让学生在日常劳动中学会负责。因为任务相对固定,每位学生要清楚自己的劳动任务和标准,这是担责任的一种表现。同时在包干区劳动中,通过班主任引导、指导,将劳动教育日常化,让学生获得基本劳动技能,养成坚持劳动、爱劳动的良好习惯。

家庭劳动10分钟建议。《意见》指出,学校要对每天校外劳动时间做出规定。结合学生实际,我们提出家庭劳动10分钟建议,建议学生每天回家帮助家里做力所能及的家务劳动。可以做哪些家务劳动呢? 每月无作业日中的劳动建议就是参考的依据,通过每月习得的劳动技能,运用于日常生活中,真正从常态化的劳动中培养勤俭、奋斗、奉献精神,获得创造美好生活的基本能力。

3.基于"快乐学后"的托管课程

近年来,社会要求开展小学生放学后托管的呼声日高,杭州市政府将解决学后托管作为民生实事项目之一。学校积极响应,承担责任,着手开发、设置相关托管课程。"快乐学后"托管课程借鉴选修课程模式,将选择权交给学生和家长,满足学生个性化需求。不同于选修课程,"快乐学后"托管课程需求不仅是学生层面的学习内容和兴趣需求,还有家长的看护需求。因此,本课程给家长和学生以更多选择权,不仅仅是学习内容上的选择权,更是学习时间上的选择权。我们设置了精品社团、学后乐园和基础晚托三种类型,希望家长安心,学生乐学。

精品社团由学校体艺综合老师担任课程教师,针对学校艺术特长生的培养目标,专为有一定潜力和基础的学生而设置。学后乐园开放给所有学生,不仅有校内资源,也利用校外丰富专业资源供学生选择,如跆拳道、管弦乐、足球等。基础晚托则是基于家长基本的看护需求,解决家长接送困难的基本托班,学生可在该时间段内阅读、作业、游戏等。课程时间为每天下午4:00—5:30,学校利用图书馆、创意智造学习中心、艺术教室、科学教室、体育馆等功能空间开展课程,保证课程质量,如表3-6所示。

表3-6 "快乐学后"托管课程设置

时间	课程
周一	绘本阅读、儿童绘画、硬笔书法(一年级)、快乐足球(一年级)、快乐足球(二年级)、羽毛球
周二	绘本阅读、儿童绘画、硬笔书法(二年级)、跆拳道、科学小实验(一年级)、科学小实验(二年级)、鼓乐队、儿童戏剧、竹笛、星空合唱团、物创美术、女子篮球、男子篮球、女子足球、男子足球、啦啦操、模型社团、创意智造、智能机器人
周三	笛子、小提琴、大提琴、羽毛球
周四	绘本阅读、儿童绘画、硬笔书法(二年级)、体适能、小篮球(一年级)、小篮球(二年级)、轻舞飞扬、管弦社团、科技社团、编程入门、速写社团、书法篆刻
周五	男子足球、小主持、科技三模、体适能
周一至周五	基础托管高学段、基础托管低学段

（三）特需性课程：学出水平、学出名堂

我们的课程行动目标是学生能自主、有创意,体现胜利实验学生的自主面貌和灵活创意思维,仅仅依靠基础性课程和拓展性课程还不足以达成目标。因此,我们思考开发第三类课程,即在基础性课程和拓展性课程基础上的特需性课程。特需性课程专为那些有一定潜能并有强烈学习需求的学生而设,让学生的合理学习需求得到满足,学出水平、学出名堂,这是"面向人人"理念的精准化体现。我们的设想是在不同领域都可以设置特需性课程,基于实际,目前在创意智造学习中心进行尝试,开设了学习中心俱乐部课程,重点指向学生在创意智造上学出水平、学出名堂。

（1）学习中心俱乐部课程目标。通过自主学习,对学生的创意思维和自主学习能力进行导航引领。创意思维具体指向足够的好奇心、自由的想象力、强烈的批判力。自主学习能力具体指向能主动挖掘问题,提出解决方案,规划解决路径和进度,主动反思与改进等。

（2）学习中心俱乐部课程实施。俱乐部课程将选择权交给学生，但与一般的选修课程在管理方式上有所区别，由学生自主申报，采取阅览室运营模式，不预约、不签到，只要不影响其他课程学习，任何时候都可以进入学习中心自主学习。因为是兴趣驱使，学生在此自发组建小组、自主管理团队（遵守学习中心管理规定）。

（3）学习中心俱乐部课程教师作用。基于课程目标，教师在俱乐部课程中完全"退居二线"，将最大的自主权还给学生，学生是学习真正的主人。教师只是众多课程支架中的其中一种。俱乐部课程资源和支架丰富便捷。如：教师利用UMU互动平台为学生提供线上课程资源（包括公益微课100余节），有困难，上平台搜索关键词即可学习教程；教师提前发放《项目操作手册》给学生，帮助学生将研究过程思维可视化，合理规划学习；利用学习中心空间为学生提供纸质教材和教程，学生可随时翻阅学习；利用学习中心的功能布局，给学生提供开展探究活动的专业空间；同时教师自身也是宝贵资源之一，当学生自主学习、合作探究无法解决时，还可以找指导教师求助。

从上面对新导航课程中三类课程的介绍可以看出，新导航课程力图让学生"在课程参与中学会自主、在课程体验中养成创意思维"。三大类课程（包括下属分支课程）从不同层面、不同维度为学生提供丰富多元的选择，为学生的未来发展提供多种可能，并从课程内容、课程实践等角度，鼓励学生创意思维，提供学生各种空间去表达创意、发挥创意。

第二节　运作：新导航课程的实施

从新导航课程体系的构建到课程行动目标的实现，其中有一个永远不可回避的桥梁——课程实施。为学生未来人生领航目标的实现不仅依赖于课程架构的科学性和丰富性，同样需要多样的课程实施路径。在将新导航课程落实过程中，我们灵活设置课时，如奠基类基础性课程和素养类基础性课程采取标准的35分钟课时，统整类基础性课程采取半天或一天时间来充分开展。"五育融合"选修课程或"快乐学后"托管课程则更多采用长课时80～90分钟。而研学课程、毕业课程、劳动课程等则更具灵活性，依据实际拉长课时或缩短为不同的短课时进行。当然，这些安排都是在保证课时总量不变的前提下进行。除了常规在课时设置上落实新导航课程外，我们逐渐提炼总结出一些可供推广借鉴的课程校本化实施的创新路径，并将其以课程要素为思考维度进行串联，通过课程目标论证、学习支架创建、教学组织实施等环节创造性实践，让课程的导航功能发挥最大效益。

一、课程目标：基于师生共建的论证

新导航课程的理念之一即学生是课程的主动生产者。课程应该从预设型走向生成创生型。这种生成，从课程目标制定始就要有所体现，这样才能真正发挥学生的主动性，引导学生朝着自己认可的课程目标和方向主动学习。因此，我们提出新导航课程中基于师生共建的课程目标论证，就是指经过师生协商，接受学生论证，最终确定符合实际、可操作的课程目标。从而让学生意识到自己有表达课程需求的责任，有确定学习方向的权利，充分发挥学生的创造性，提高学生的自主能力，具体有目标论证会和创意海选会两种方式。

（一）目标论证会

学校"五育融合"选修课程、"关爱交往"实践课程等拓展性课程实施前，拟以教师制定课程目标框架，师生共同讨论目标和评价指标的形式，开展课程目标论证会，提高课程实施效果。为了提高选修课程质量，学校从2019学年第二学期开始，建议选修课教师利用选修课开课第一节课，与学生协商课程目标。可以采取"教师提供目标框架，学生填充"或"教师提供目标列表，学生反馈是否可行"两种方式，并且共同预设评价指标（见图3-6）。

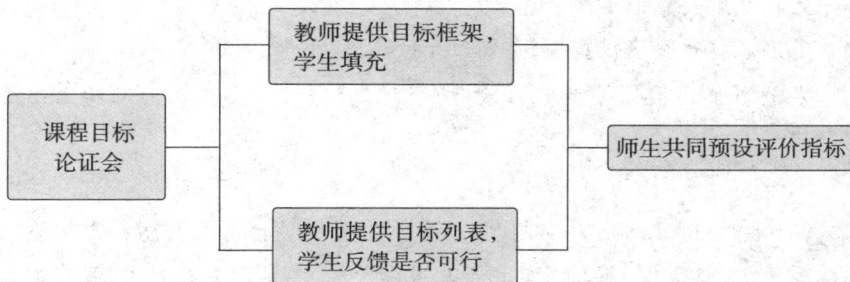

图3-6　课程目标论证会一般流程

从图3-6可以看出，课程目标论证是指通过学生提出自己的学习目标需求，最终确定师生共同认可的课程目标。显然，这样确定的课程目标具有更强的可操作性。

【案例3-1】　选修课"沟通练习室"目标论证会①

"沟通练习室"从2017年至今已经开展了近3年的时间。顾名思义，"沟通练习室"是对有主动沟通需求的学生进行沟通技能的训练。期望学生通过团体游戏、聆听名人故事、小剧场表演、制作沟通技巧宣传视频等方式，尝试主动进行人际交往，并在与人沟通产生困难时可以从容面对、理智解决，即"助人自助"。早在课程刚设立时，课程目标还较为单一，教师也着眼于学

①此案例来自学校苏丹老师。

生如何处理自己的沟通问题，学生主动性发挥不够。课程实施至今，课程目标已经从专注于解决学生自己的沟通问题，到学会帮助别人解决沟通问题，再到拍摄沟通技巧宣传视频等。这源于一次课程目标论证会。

课程主讲苏丹老师，经过前期课程实施，计划对课程目标与内容进行扩展，期望学生通过课程体验不仅会自主沟通自身问题，还会帮助他人进行沟通。因此，她将目标框架定为沟通自助和沟通助人两大目标，具体沟通中的"自助"和"助人"希望获得什么技能，需要学生现场讨论而定。

学生接收到任务后，相互讨论，纷纷提出自己的建议。

生1：我觉得我们要学会尊重别人。

生2：我觉得宽容很重要，不要斤斤计较，很小气。

生3：可能我们想不通的时候，多替对方想一想，站在他的立场上想想问题。

············

在讨论如何帮助别人沟通时，一个学生提到了自己的困惑：其实，看到同学闹矛盾，我很想去帮忙，但我不知道说什么，感觉双方都有理，我害怕到时候反而把我也绕进去了，真的就是剪不断理还乱了，所以我有时候会当作没看见。

其他同学纷纷点头。

苏丹老师：可见，如何调解他人矛盾是大家都存在困难的地方，希望通过我们的课程来提高，是吗？语文、数学课程期末都有一张试卷进行考核，那我们的课程最后如何来评价我们学习的效果，你们有没有什么好的建议呢？

自己考自己，同学们积极性更高了。

生1：我们也可以做一张卷子，看看最后谁得分高，谁就是金牌调解员！哈哈！

生2：我们这个课跟语文、数学不一样，光是做张卷子好像体现不出我们的特色呢！

生3：我看到创意智造课的同学，他们都自己录制作品介绍视频，我们可不可以也录视频，但我不会做视频，有点难，我们还要学做视频。

苏丹老师:诶,这个可以有! 我怎么没想到。录制视频这些技术问题你们不用愁,这不是我们课程的重点,老师会给予你们支持,或者请创意智造课的同学来给你们制作,交给我! 你们要做的就是思考如何把视频剧本做好,如何表达你们的意思! 让更多的人看了你们的沟通技巧宣传视频后知道如何沟通。

....

第一章 很高兴认识你		第一章 很高兴认识你
◎结交新朋友		◎结交新朋友
第二章 直面沟通问题		第二章 直面沟通问题
◎我的人际关系与沟通问题		◎我的人际关系与沟通问题
第三章 沟通中的"自助"		第三章 沟通中的"自助"
◎ [由你来定]		◎做一个受欢迎的人
◎		◎学会尊重
◎		◎学会宽容
◎		◎换位思考
第四章 沟通中的"助人"		第四章 沟通中的"助人"
◎ [由你来定]		◎学会倾听
◎		◎如何提建议
◎		◎学会调解
◎		◎校园调解员选拔
第五章 收获与展望		第五章 收获与展望

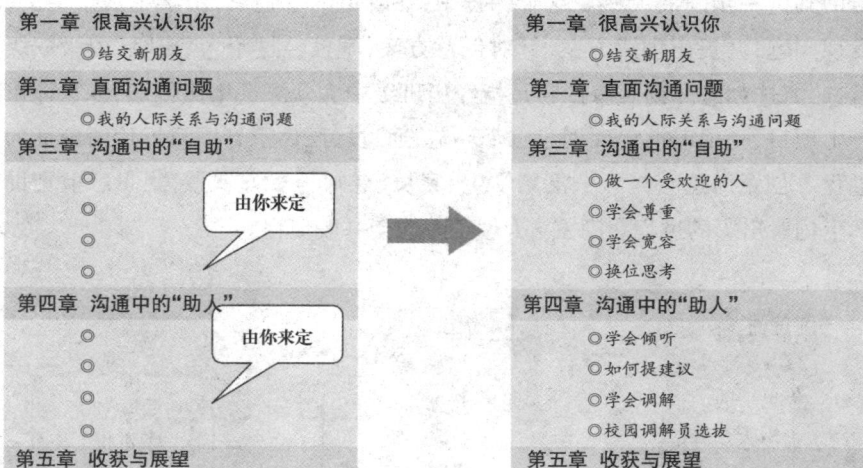

视频学会倾听　　视频学会宽容　　视频换位思考　　视频做一个受欢迎的人

从上面的案例中我们看到,整场课程目标论证会,学生成了目标制定的主体,苏丹老师仅仅在学生出现困难或方向偏差时适时介入,为学生提供可靠支架。最终的评价预设:课程结束,完成两项任务,每人参与一场校园金牌调解员考试、每个小组递交一个沟通宣传视频。据苏丹老师课后回忆,她预设学生会从"自评、他评、打星"这些角度来评价,但结果出乎老师预料。

学生考虑的评价方式更有创意，也更符合课程特性。课程结束后，学生制作的沟通技巧小视频被展示在学校每周二、周四的小海燕电视台中，或有特别需要的班级与团体中，切实帮助有需要的学生解决沟通问题。以上就是目标论证前后的对比和学生小组录制的宣传视频。

（二）创意海选会

学校为有特殊天赋、特殊潜能、特殊兴趣的学生量身定制特需课程，以帮助其进一步发展天赋。这个课程中，在既定的主题下，由学生观察生活，发现问题，并提出创意方案，针对创意方案，学校经过个人、班级、校级三级遴选，海选创意。创意海选会是指经历班级中大众海选生成创意、专家评审产生项目、立项审批实现创意三个环节，通过层层评审开展目标价值论证的过程。创意海选会是一个汇聚学生、家长、老师等多方智慧，集思广益帮助学生创意出彩的过程。图3-7为创意海选会一般流程。

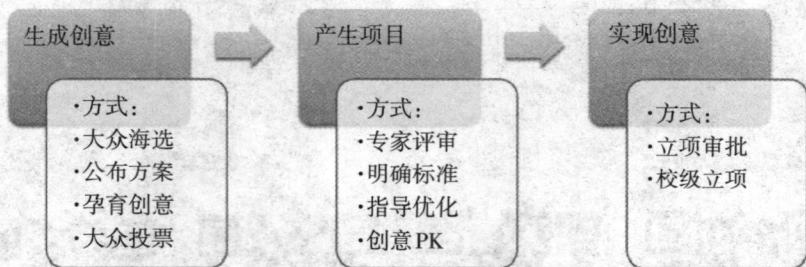

图3-7　创意海选会一般流程

从图3-7可以看出，创意海选会从创意的生成到形成正式的项目，参加者不仅有教师，还有学生，甚至家长。显然，这样的海选能够充分调动学生参与活动的积极性。

【案例3-2】 "关怀世界·幸福你我"创意智造大赛

2018学年，学校为全校学生开发了以创意智造大赛为载体的特需性课程，让所有学生有机会参与创意智造学习，并在学习中挖掘自身潜力和兴趣,感兴趣的学生不断深入,而没有兴趣的学生可以在大赛的不同环节选择退出,这些权利都交给学生。这次课程或大赛的主题由学校层面确定,即"关怀世界·幸福你我",希望学生通过特需性课程体验学会关爱身边的人、事、物,这是学校的课程期待。但具体的课程问题、课程目标、课程方案都由学生通过创意海选会来确定。

"关怀世界·幸福你我"

杭州市胜利实验学校创意智造大赛活动方案

一、活动背景

为配合我校"新生活项目"、"行走德育项目"、红领巾创客"大孩子"培养项目等重大课题的实施开展,营造学校全员创意智造的创客教育学习氛围,探索家校合作新模式,特举办"关怀世界·幸福你我"创意智造大赛。

二、活动主题

关怀世界,幸福你我!

创造来源于关怀!让我们着眼身边世界,从生活、学习中的亲身体验出发,寻找你需要关注的人、事、物,给出创意方案,并合作实现它。

三、活动对象

杭州市胜利实验学校三至六年级全体学生。

四、展评方式

每班推荐1~2项创意作品,参加小海燕TED演讲。优秀作品将在幸福日颁奖并展示。

五、导师团队

李雪慧、钱丹、唐伯荣、余国昱、祝超俊、王司闫、赵皆喜、李菲菲、赵小凤、各班主任、家长导师。

六、活动流程(附后)

◆**一级遴选:大众海选,生成创意。**第一步,活动的发动环节,要达成人人知晓、人人参与的目标。学校首先在校园网和班主任处公布方案,明确创新活动主题、背景、活动对象与流程等,方案中要求三至六年级学生每人必

须参与一个创意产生的过程。第二步，孕育创意。学生使用观察、访谈、思维导图、头脑风暴等方法或工具去生活中寻找问题，发现身边的同学、老人、家人等需要帮助的地方，并按照"缘由和需求、界定需要解决的问题、初步形成创意方案"的方式定义问题，每一个人积极参与其中。第三步，投票海选。由班主任收齐学生的创意方案，在班级层面线上线下公布。全班所有同学担任每一个创意的大众评委，进行投票海选，最终选出最受欢迎、最优秀的五个创意点子记录在《项目操作手册》的选题指导单中。

《项目操作手册》封面

◆**二级遴选：专家评审，产生项目。**二级遴选相比海选时更具有导向性，对创意的要求也更高。主要由班主任带领下的班级家长导师团助力。第一，明确评审标准。从形成产品的机会、经济价值、可行性、团队支持能力、体现关怀五个方面评判，让学生后续优化时更有方向。第二，家长导师分组指导。家长导师对评选出的五个创意进行一对一指导，为创意PK环节做准备。主要从如何优化创意描述、如何进行现场演讲等处着手。第三，创意PK。五个创意在全班同学面前现场演讲，表达创意，并且由家长导师团担任专家评委评选出最优的1~2个代表班级进入学校三级遴选，成为创意智造项目。

◆**三级遴选：学校立项，实现创意。**前两级遴选都在班级层面展开，而三级遴选则在学校层面进行。针对每班提交上来的创意，学校邀请核心导师团成员和外聘专家再次进行审核，批准通过，才予以立项，进入创意实现的智造环节。

从案例3-2可以看出，在创意海选的过程中，学生始终是活动的主导者。他们不仅是创意的设计者、提出者，还是创意的评选者。这样的一个活动过程真正体现了生本，体现了学生是学习的主体。而家长的参与更体现出活动的开放性。

二、学习支架：基于自主学习的两大计划

早期教育，知识更新缓慢，被人类挖掘的知识总量少，因此，早期教育的课程目标是学会和掌握。谁拥有更多的知识，就更受人尊敬，因为这是他人无法企及的。在这样的课程观下，书本和教材是最重要的，把书本吃透就基本达到目的了。"但随着知识走向激增化、拓展化、网络化、终身化、综合化、智能化和定制化，仅仅将课程目标定位在学会和掌握已经不够了。"[1]按照新导航课程的理念，必须从学会走向会学。学生通过课程体验，学会自主学习、终身学习，即使离开学校这一正规教育环境，也能通过独立、合作开展学习活动，不断更新进步。

基于这样的思考，课程仅提供预设的教材已经不够，我们借用维果茨基的社会文化学"脚手架"理论，提出新导航课程要想方设法为学生提供学习支架，以支持学生自主学习。通过学习支架的创建，把管理学习的任务逐渐由教师转移给学生自己，最后撤去支架。在支架教学中，教师引导着教学，使学生逐渐学会如何从事更高认知活动，一旦他获得了这种学习方法，便可以更多地对学习进行自我调节。那么学习支架由谁来提供呢？假设学生自身也可以成为学习支架的提供者。我们从思维支架提供和学习资源提供两个方面开展两大计划："思维支架"计划和"滚动学程"计划。

（一）"思维支架"计划

"思维支架"计划指在课程实施过程中，教师利用图表等可视化工具，为学生提供贯穿课程学习全过程的导引。提供思维支架的目的是让学生能获得思考问题、解决问题的框架指引，最终撤掉支架。因此，在课程思维支架设计时，要依据学生主体，避免过分"绑架"学生思考。我们将"思维支架"计划分解成图示支架和表格支架。

1.依托图示支架，提升思维品质[2]

图示作为一种构建在视觉思维上的人们认识事物的工具，有着其他思

---

① 王毓珣.教育学视角下的未来学校[M].上海：华东师范大学出版社,2020.
② 张浩强.学习并幸福着：幸福课堂建设的实践探索[M].吉林：吉林大学出版社,2019.

维工具不可替代的优越性。人们往往会从图形中得到较为清晰的信息。因此将图示引入教育领域，服务教学是一种趋势。以图示为学习支架有助于学生适应未来社会对信息的管理。未来社会是一个信息化社会，纷繁复杂的信息从四面八方而来，掌握一定的方法，对信息进行快速有效的处理，对提升学习工作效率意义很大。图示支架帮助学生在信息海洋中找到方向，有效导航。我们在课程的实施过程中，教师尝试通过图示解决重难点的突破问题，打通学生学习的通道，从而逐步实现"由扶到放"的过程。如"概念伞""双泡图""思维导图"等。

用"概念伞"来设计练习，重在培养学生的概括能力，将所学知识纳入以往的知识体系，建立起学习系统的同时，又促进了发散思维的形成，这种看似矛盾的练习设计对提升学生概括能力发挥出多重作用（见图3-8）。

《跨越百年的美丽》课堂练习　　　　　　　　　《我最好的老师》课堂练习

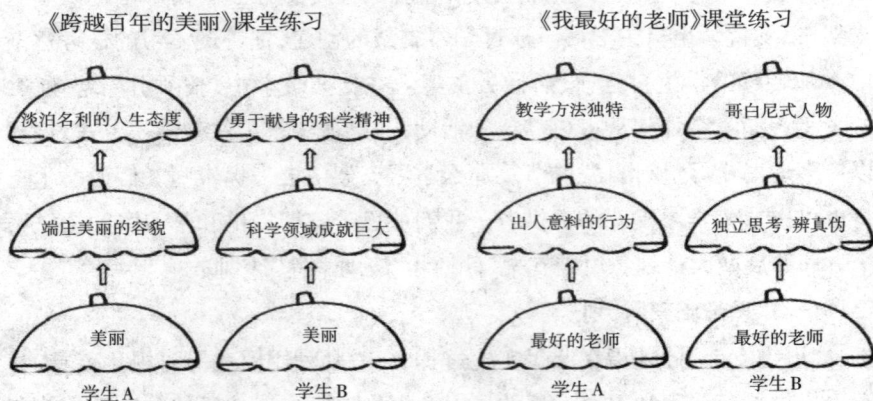

图3-8　概念伞

"语言是思维的外壳"，语言鉴赏的最高层级是发展独立阅读能力，自主建构独特的文本意义。在教学《金钱的魔力》一课时，通过课前调查发现，学生对于老板和托德这两个人物有一定的认识，但比较笼统，且出现了偏差。学习课文时，就此设计了双泡图帮助学生进一步分析认识人物特点。图3-9为学生课堂的学习生成。中间的三个"泡泡"着重对人物特点共性的认识，而两侧的"泡泡"则倾向于对人物个性化的认识。从中我们可以发现，从刚开始的自主研读课文填写双泡图到合作学习后的修改，学生在双泡图中间圆圈中填写的对于老板和托德共性特点的词语更为准确,而在双泡图两侧的圈中填写的词语也更体现出了人物的个性特点,从修改的情况来看,学生通过学习文本,对人物特点有了进一步的认识,词语的运用也更为丰富。值得一提的是,通过图示学习,学生除对人物特点有了一定的认识外,还对写作手法有了比较,发现描写托德时主要运用了神态描写,而描写老板时则主要运用了语言描写。共性为两者笔法都辛辣且夸张。以上双泡图的设计,突破了对人物特点认识的误区,促进了学生的深度阅读,又为后续的续写故事提供了有力支撑,真可谓"一举两得"。

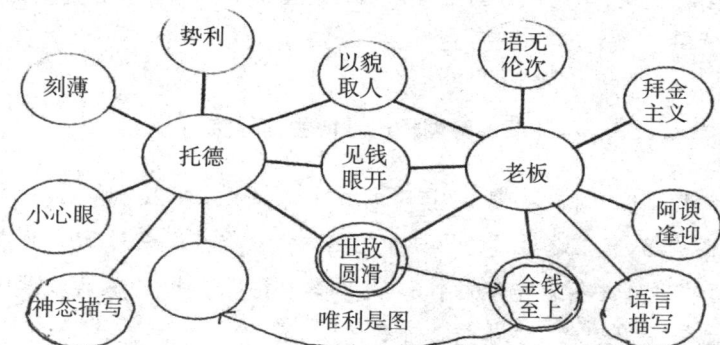

图3-9 双泡图

图示支架帮助学生将思维可视化,能直接作用于学生的感官,促进知识的理解;同时将知识结构化、系统化,帮助学生建立知识之间的联结,促进学生的自主迁移。

2.利用表格支架,学会自我规划与反思

除了图示支架在基础性课程中运用较普遍外,在拓展性课程、特需性课程中,基于学习的项目化特点,我们倡导为学生提供表格支架,并建议将表格整理成手册,形成操作手册支架,避免学生在较长时间的非正规自主学习中迷失方向,降低学习效率。如"关爱交往"实践课程、研学课程,学生需要和不同年龄的同伴外出学习,那么学习什么呢?需要注意哪些方面?如果没有一个指引,学生的研学只是走马观花地参观,没有"研究"的味道。

【案例3-3】 跨湖桥博物馆、Do都城的研学单

　　跨湖桥博物馆是二、六年级孩子的研学地点。跨湖桥博物馆的来源、意义理解，对于二年级孩子来说比较困难，老师通过研学单的设置，引导二、六年级孩子共同完成。而Do都城研学单则包含三部分内容：首先是基本信息，包括自己和同伴信息；其次是需要认真去观察场馆，获得场馆主题信息；最后是对同伴的评价，需要学生在正常活动过程中观察同伴言行。有了研学单作为学习支架，学生能方向准确地明白外出的意义和需要注意的点，提高了学习效率。

湘湖跨湖桥遗址博物馆寻宝

　　同学们，你们好！欢迎来到"跨湖桥文化实证中华八千年文明"的跨湖桥遗址博物馆，相信这里面的历史和文化肯定让你印象深刻，增长不少的知识，老师这里也准备了些趣味小题目，答案就在展览中，赶紧去找找吧。（答题纸在离开参观结束后交小组负责老师）

【本答题纸由小组合作完成，按照正确个数计算得分】

1.汉末童谣曰："天子当兴东南三余之间"。"三余"之中，_____即萧山。

　　A. 余暨　　　　　　　　B. 会姚　　　　　　　　C. 余杭

2.2006年5月28日，跨湖桥遗址被国务院公布为全国_____重点文物保护单位。

　　A. 第一批　　　　　　　B. 第二批　　　　　　　C. 第六批

3._____，"跨湖桥考古学术研讨会暨《跨湖桥考古报告》首发式"在萧山举行，国内考古界权威人士郑重地向新闻媒体宣布了"跨湖桥文化"的命名。跨湖桥文化的命名，标志着一个崭新的考古学文化概念正式诞生。

　　A. 2006年12月　　　　B. 2005年12月　　　　C. 2004年12月

4.湘湖，隔_____与西湖南北对称，被称为西湖的"姐妹湖"，是"人间天堂"又一颗明珠。

A. 西小江 　　　　　B. 浦阳江 　　　　　C. 钱塘江

5.跨湖桥遗址位于萧山城区西南约_____的城厢街道湘湖村。遗址西南约3公里为钱塘江、富春江与浦阳江三江的交汇处,在此形成曲折之形,往北再折向东流入东海。

A. 400公里 　　　　　B. 40公里 　　　　　C. 4公里

6.跨湖桥遗址的第二次抢救性考古发掘从2001年5月正式开始,至_____底结束。发掘面积为300多平方米。

A. 7月 　　　　　B. 8月 　　　　　C. 9月

7.跨湖桥时期已经出现了家养_____,这是国内目前发现的最早的。

A. 羊 　　　　　B. 牛 　　　　　C. 猪

8.跨湖桥遗址发现的木弓作为弓的特征十分明确,弓柎完整,特别是采用_____的边材料制作,外捆扎树皮增加其强度,说明当时的制作技术已经比较成熟,被国外学者称之为"中国第一弓"。

A. 松木 　　　　　B. 桑木 　　　　　C. 柳木

9.跨湖桥遗址出土的独木舟,用整段_____挖掘而成,经测定是世界上最早的独木舟。

A. 马尾松 　　　　　B. 水杉 　　　　　C. 花梨木

10.橡子窖藏发现于跨湖桥遗址1990年第一次发掘区,共有_____。坑内都存有大量的橡子。

A. 1处 　　　　　B. 2处 　　　　　C. 3处

答题者:_____、_____、_____、_____、
_____、_____、_____、_____

祝你们在愉快参观的同时获得丰富的知识!

胜利实验学校六年级组
2019年4月

Do都城·职业大体验

我是（　）年级（　）班的（　　　　），我和（　）年级（　）班的（　）同学一起前往Do都城，体验各种职业。

1. 我和同学一起体验了（　）种职业，其中我们最喜欢的是：

_____

2. 我和同学相处时，我喜欢他/她的一些优点有：

_____

_____

3. 我和同学相处之后，想给他/她提出一些小建议：

_____

_____

评价项目		评价标准	评价
活动准备		知道Do都城的概况，对想参与体验的项目有计划	自己评
活动过程	文雅	保持安静，不喧哗	同学评
		文明行路，不追跑	
		耐心排队，守秩序	
	自主	互帮互助，能照顾同学的感受	
		和同学一起积极参与职业体验活动	
活动收获		填写任务单。撰写有质量的活动日记	老师评

Ⓐ 完全做到，活动中始终保持文明有序，是一个文雅、自主的小海燕。

Ⓑ 较好做到，活动中大部分时候保持文明有序。

Ⓒ 基本做到，活动中有些时候保持文明有序。

Ⓓ 有待改进，活动中有明显的不文明言行。

【案例3-4】《操作手册》过程导学让思维可视化

学校特需性课程和部分选修课程如"创意智造""创意编程"等课程实施中为学生提供一本完整的《操作手册》，《操作手册》给学生中长期项目活动提供了操作支架，让学生的思维过程可视化，便于课程老师针对性调整指导策略，同时便于参与者随时互动交流想法、自主反思调节、监控行为。《操作手册》包含选题指导单、项目分工表、方案优化表、作品设计图、流程设计图、制作过程图文记录、作品原型测试、反思总结共八个模块。每一个模块都给学生提供了尽可能多的可视化支架。学生可依据《操作手册》厘清思路、提前规划。

◆选题指导单。选题指导单从产品机会、社会价值、经济价值、可行性、团队支持能力五个方面做出评估，让学生在生发创意时有了明确方向。

◆项目分工表。最大的亮点是各个小组成员有了明确的分工和岗位职责，如"艺术总监""技术总监""摄像师""作家""演说家"等岗位，一方面让学生真实体验了设计师团队做项目的过程；另一方面各司其职的身份保证了项目科学高效地推进。分工表指导学生如何进行合理分工。

◆方案优化表。在核心环节给予学生细致的指导，并且对小组团队合作提出了文明的要求，如"禁止批评他人提出的想法"等，引导学生在相互尊重的前提下展开合作。

◆作品设计图。这个环节将学生的思维可视化，学生把自己脑海中的想法通过绘画，运用数学、美术等知识展示出来。这是学生碰到困难最多的环节之一，也是践行想法的第一步，最初的想法在老师和同伴的共同努力下，不断优化、更改，将自己的想法呈现出来。

◆流程设计图。学生根据设计图提前规划，预设项目需要的步骤、流程、达成的阶段性目标等，是学生把想法变成现实的一个中间桥梁。

◆制作过程图文记录。摄影师、摄像师、小作家们在整个过程中全程跟进参与，记录项目中的点滴为及时调整、修改方案提供了证据，同时也为后期展示环节提供了过程性的资料。

◆作品原型测试。通过"作用效果、哪些可以被改进、存在哪些问题、好的主意"四个问题让学生对原型测试环节了然于胸，为后期的改进优化提供支持。

◆反思总结。指导学生从作品、过程、团队、结果四个方面思考。并且给学生提供了思考四路径：I like（我喜欢）、I wish（我希望）、I wonder（我想）、I will（我会）。明确的矩阵思考图，让学生的反思更有效，作品的迭代完善也更顺利。以下就是《操作手册》的部分内容。

项目组成员分工信息表		
项目主题		
班级	班主任	
家长导师		
小组成员		
	姓名	职责分工
组长		项目总负责
艺术总监		外观造型、图纸设计
技术总监		程序、硬件调试
摄像师		照片记录
摄影师		视频摄制与微电影剪辑
作家		撰写图文记录稿
宣传		PPT制作
演说		演讲路演
协调外联		预算、设备申领、招商
导师团队		

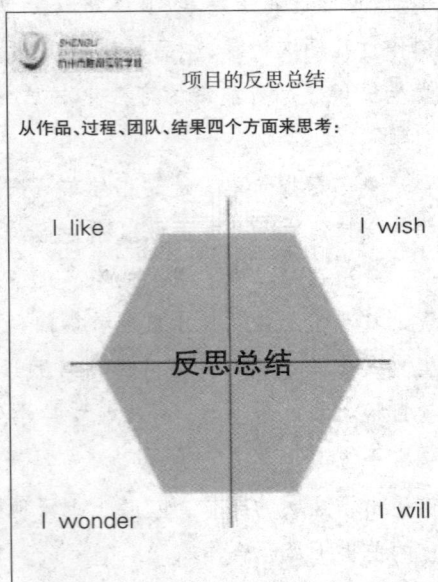

注：人员分工可重叠，可机动变换。

项目的反思总结

从作品、过程、团队、结果四个方面来思考：

I like　　I wish
反思总结
I wonder　　I will

（二）"滚动学程"计划

课程的一大要素是资源。资源合理提供，也是课程实施有效性的保证。新导航课程除了常规的教师提供丰富多元的资源外，重视学生学习过程中产生的成果、问题带来的课程价值，鼓励学生参与资源创建，从资源支架角度，打破"教程"式的课程资源预设，创建"滚动学程"资源。项目学习所形成的学习成果，经过整理，充实更新已有课程资源，为学生后续的学习提供支持。此计划在素养类基础性课程和特需性课程中使用。

1.素养类课程中的"滚动学程"

素养类基础性课程按水平层次走班,我们充分利用A班学生的学习成果,指导学生录制成微课视频,分享给A、B班部分学生使用。哪一部分学生适用呢?即使我们已经按水平层次进行差异教学,但相同水平层次之间也存在差异,如B班有学生会出现"学有余力"的现象,而A班也会有学生出现"学习吃力"的现象,这时候就可以在课堂上利用PAD观看视频进行自主学习活动。图3-10为二年级下册数学思维素养A班学生录制的微课,共51节,教师将其上传至UMU学习平台,成为线上课程,供B班学生自主学习。

图3-10　二年级下册数学思维素养A班学生录制的微课

2.特需性课程中的"滚动学程"

学校创意智造学习中心的特需性课程吸引着越来越多的学生加入,学员增加,但教师和教材资源却不可能无限增加,如何保证资源让课程常态化运行?我们采取"资源取材于学生"的思路,请前期加入特需性课程的学生创建学习资源,将他们的成果作品通过"招投标"形式,选取优秀作品纳入后一学年的课程资源,并邀请学生担任课程导师。学生的学程是滚动生成、不断更新的。

【案例3-5】 "探秘学习中心"课程资源创建项目[①]

学校设有面向全校学生和全区学生开放的创意智造学习中心,针对低年级学生对创意智造学习中心非常好奇却又了解不多的实际情况,学校特需性课程学员在余国罡老师的带领下开展了为期两周的项目学习:探秘学习中心。

情境任务:通过电子书和微课制作,向全体学生介绍学习中心,告诉学生在创意智造学习中心可以学到什么,该如何规范使用学习中心,揭开学习中心的神秘面纱。

学生通过调查问卷,确定了小组的研究主题。在自主学习、作品制作与体验、成果撰写与制作、成果分享等环节,学生灵活调用线上课程资源与线下中心资源,服务项目学习。下图是教师录制的线上资源二维码。

小组成员通过自主学习线上资源,帮助自己完成作品制作,并开始着手录制电子书和微课,学生经过两周项目学习开发了一门线上课程"探秘学习中心"。通过网络支持,学生生成课程资源,建立滚动学程,学生成为课程的生产者。下图就是学生录制的学程资源。

---

①该案例来自学校余国罡老师。

1	视频	探秘创意智造学习中心项目回顾 必修 22人参与 0	预览	分享	分配	大屏幕	编辑	更多
2	文档	项目成果——电子书《探秘创意智造学习中心》 必修 13人参与 0	预览	分享	分配	大屏幕	编辑	下载 更多
3	视频	项目1：开源硬件初体验 必修 11人参与 0	预览	分享	分配	大屏幕	编辑	更多
4	视频	项目2：人工智能之Pepper机器人 必修 14人参与 0	预览	分享	分配	大屏幕	编辑	更多
5	视频	项目3：云朵灯 必修 17人参与 1	预览	分享	分配	大屏幕	编辑	更多
6	视频	项目4：激光切割初体验——做一个徽章 必修 6人参与 0	预览	分享	分配	大屏幕	编辑	更多
7	视频	项目5：3D打印初体验 必修 9人参与 1	预览	分享	分配	大屏幕	编辑	更多

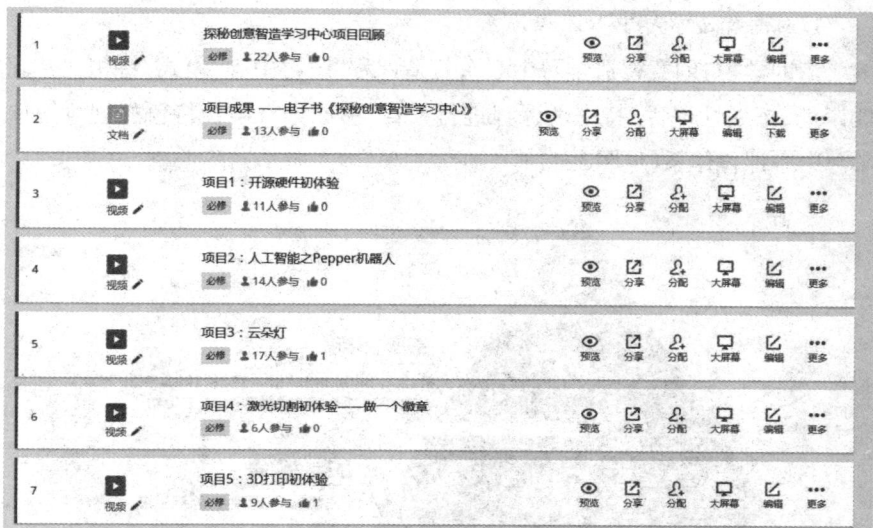

从以上案例可以看出,学生在创意智造学习中心的学习过程中,不仅是一个学习者,同时也是一个学习资源提供者。学生在学习者—提供者—学习者角色的循环往复中积累了滚动学程。

三、教学组织:突破传统的两种模式

在新导航课程实施理念下,课题拟突破传统的同龄班集体学习的课程教学组织模式,打造更能促进学生课程参与,引领学生自主和创意思维培育的学习模式,同时提升学生的交往能力,具体尝试形成了"学习中心"模式和"混龄学院"模式。

(一)"学习中心"模式

学校从2018年开始,在区域推进学习中心建设行动的指引下,建成"创意智造学习中心",占地400平方米,包括头脑风暴路演区、3D打印区、木工制作区、制作调试区等功能区域。但对于学校新导航课程运行来说,创意智造学习中心不仅仅是一个实体空间的存在,更是一个汇聚多元课程资源与工具的立体集成空间。

1.创意智造学习中心课程体系

借助学校"创意智造学习中心"，打造课程"学习中心"模式，将相关基础性课程、拓展性课程、特需性课程进行聚合，形成具有学校特色的创意智造学习中心课程体系（见图3-11）。

图3-11 创意智造学习中心课程体系

（1）基础性课程。主要是指学校的基础性课程"信息技术"的校本化实施。将原有三至六年级全部四年的"信息技术"国家课程进行分类重构，在三、四年级完成。五、六年级的"信息技术"课程时间则重点进行创意智造学习中心的基础性课程学习，主要有"算法思维""开源硬件""外观封装""综合运用"（见图3-12）。其目的是让更多学生参与进来，让更多学生感受到创意不是遥不可及，而是可以发生在任何一个人身上的，激发他们的创新热情。其中"三维建模""开源硬件"已经同时开发了公益微课并出版了教材。

图3-12 创意智造学习中心基础性课程

（2）拓展性课程。学习中心课程体系中的拓展性课程属于学校"五育融合"选修课程的劳科创课程群，是学校整体选修课程体系的一部分。目的是为对创新活动感兴趣的中高年级学生提供更多元的学习机会与平台，希望学生在选修课学习中能有初步的创意造物能力和创新意识，逐步培养他们解决问题的综合能力。主要课程有"机器人""Scratch&Math""科技制作""纸电路""创意智造""3D打印笔""物联网实验""木工工坊"（见图3-13）。学生在每学期期初自主决策，并在这一学期的每周一下午进行一次探究。同时，为支持创意智造学习中心内创新活动的开展，保证学生经历完整的创意产生到运用的过程，学校召集各学科老师担任微课堂讲师，开设"技能微课堂"，内容包括微电影制作、报告文本写作、专利申报培训等，供学生选择性学习。

图 3-13　创意智造学习中心拓展性课程群

（3）特需性课程。下属"创意俱乐部"一门课程，与一般的选修课程在管理方式上有所区别。由学生自主申报，采取阅览室运营模式，不预约、不签到。在学习中充分为学生提供自主安排的空间，自发组建小组、自主管理团队。如"校园拐角防撞器"项目就是在特需性课程中完成的。

2.创意智造学习中心运行机制

以上课程体系依靠学习中心运行机制落实，从功能布局、课程资源、运营机制三个方面来惠及资源与工具，吸引更多的学生因为兴趣和需求参与课程，满足学生浸润式学习体验（见图3-14）。

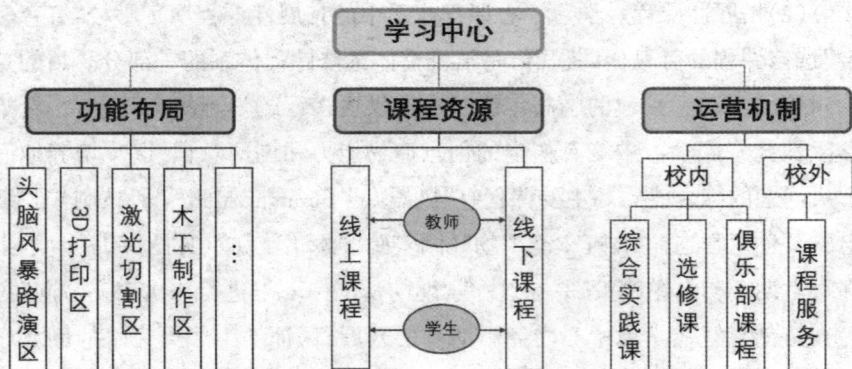

图3-14　学习中心运行机制

（1）功能布局上，学习中心依据项目学习的基本环节，提供了头脑风暴路演区、人工智能学习区、3D打印区、激光切割区、木工制作区、制作调试区、作品展示区、物料陈列区等学生学习更多种选择。提供前沿的学习支持硬件和软件系统，供学生创意编程、微课学习。这样的功能布局让课程教学组织更具灵活性，不同学习方式在学习中心都能得到实现。更值得一提的是，我们在实施课程时，秉持着学习展示无处不在的理念，打破传统的围墙，让校园成为学生作品孵化的大空间，将整个校园纳入广义的学习中心空间。

（2）课程资源上，学习中心课程资源丰富多样，线上线下资源二维互补，师生共建。满足不同学生随时随地学习不同内容的个性需求。除线下三类课程外，线上课程包含"探秘物联网编程""Tinkercad 三维建模""Tinkercad Circuits 电子电路""Tinkercad Codeblocks 程序建模""纸电路入门""基于scratch的人工智能入门""徽章板编程"100多节和学生生成的网络微课若干，都通过UNU互动学习平台免费开放。

（3）运营机制上，上城区教育局为了促进区域教育资源的优质均衡，打造了首批12个区域学习中心样板。以学生的个性化发展为出发点，通过建立高度互动的学习空间，让学生能发展自我，享受到最优质的教育资源。学校的创意智造学习中心就是其中之一。学习中心秉持服务区域的宗旨，针对校内校外开展课程服务。校内通过三级课程体系，胜利实验的学生想学随时可以加入。校外通过区域学习中心运营机制和线上免费公益微课，服务更多学生。

"学习中心"模式的课程教学组织实施,通过中心将资源、工具和学生汇集,学生成为课程的创造者和生产者,学生从学习者变成了课程导师,从独立学习变成伙伴学习,合作互助自然产生。

(二)"混龄学院"模式①

学校从2018年开始尝试以混龄形式开展部分德育活动,如春秋游活动。2020学年正式提出在校园中实行"学院制"管理模式,打通年级界限,按现有班级序号,把同一班级序号的一至六年级分成四个学院,共同参与学校课程、活动的开展。至此,学校同时存在"年级制"管理和"学院制"管理模式,分别在不同活动中发挥作用。这些学院以成员共同讨论确定的形象标志的名字来命名,并拥有自己的努力目标。每个学院的班主任就是他们的院长,大家推选的一名学生代表就是学院副院长。这样的模式有利于发挥学兄学姐在学弟学妹成长中的作用,也可以让不同年级的同伴相互之间学会交往(见表3-7)。

表3-7 学院制管理下各学院基本情况表

	崇文学院	尚德学院	格致学院	诚正学院
名誉院长	施燕	赖韵安	张琴	陈丽
执行院长	叶子扬	王小燕	郭立敏	苏丹
副院长	陈××	徐××	董××	李××
各学院成员	101	102	103、105	104、106
	201	202	203	204
	301	302	303	304
	401	402	403	404
	501	502	503	504
	601	602	603	604

---

① "学院制"概念来自学校李雪慧副校长主持的杭州市2020年度美好教育专项课题"混龄教育背景下小学美好学生'铸魂之旅'的路径设计与实践"。

那么，学院制管理在课程实施上有什么具体优势呢？"混龄学院"模式在"关爱交往"实践课程、"五育融合"选修课程、特需性课程中使用。不同于传统的课程实施，所有课程，学生都被固定在同一个行政班级中学习，"混龄学院"模式下的教学组织，给课程实施提供了更多可能。通过混龄组织教学，让学生在课程体验中学会自我管理和反思，学会主动合作交往，学会迁移反思。我们以研学课程的具体实施来说明运用"混龄学院"模式开展课程教学组织实施的优势。

在落实研学课程时，我们充分考虑到小学生"喜欢模仿""乐于表现"等年龄特点，采取学院制开展。请各学院院长组织安排本学院内哪两个班级一起到指定场馆学习，而具体两个班如何进行结对，是一对一结对还是多对多结对则由结对班级自定。因为一个单一学院内都是不同年级的班级，必然进行混龄交往，同伴互学。学院院长对每一次场馆学习"同伴互学"的内容都有相应的教育与指导。希望在活动进行过程中，同伴之间能从各方面取长补短，自愿形成学习伙伴，发挥各自的优点，共同进步与提高。

"混龄学院"模式下，学生喜欢模仿年龄比自己大或能力比自己强的同伴，另外，相对年长的孩子也能在帮助比自己弱小的同伴、与他们一起活动时获得自身更好的发展。这些发展涉及多方面，如人际交往、行为习惯、知识技能学习等，学生通过学院制混龄学习，实现精神的自由成长（见图3-15）。

A 人际交往 行为习惯 知识技能学习 ... B

图3-15 "混龄学院"模式下同伴互学示意图①

①张浩强.学习并幸福着：幸福课堂建设的实践探索[M].长春：吉林大学出版社，2019.

【案例3-6】 一、五年级开展"自然博物馆"的混龄学习①

离出发还有5分钟时间，崇文学院501班的大哥哥、大姐姐在老师的带领下来到101各教室门口，认领结对的小伙伴。101班的孩子很认真地坐在位置上等候。

"姐姐，我在这儿。"听到叫自己，一位胖胖的小姑娘向一位可爱的一年级男孩走去，拉着男孩的手走出了教室，回归到队伍里。

"哥哥，我在这儿。"一位看起来有些好动的男孩跑向正在喊他的男孩，手拉手一起出来了。大男孩自然地将小男孩的包接了过来。

因为已经是第三次活动，又因为距离上次活动将近两个月，大小朋友再次手拉手都有些激动。

"你快排好队，我们准备出发了。"在同学整队时，哥哥提醒身边好动的小弟弟。

"水杯自己保管好哇！不然等下口渴没水喝了。"又一位大姐姐提醒身旁的小妹妹。

"姐姐，你的东西掉了。"另一位小男孩捡起脚边的一支笔递给他的大姐姐。

…………

40分钟后，大家来到了自然博物馆。老师根据之前的活动方案下发了相应的学习任务单后，学生开始了自由的学习过程。大小朋友根据自己的兴趣爱好，互相商量决定场馆内的学习内容和学习时间。

"恐龙是中生代时期(2.3亿年前)的一类爬行动物，矫健的四肢、长长的尾巴和庞大的身躯是大多数恐龙的写照。它们主要栖息于……"在地球生命故事厅里，两个脑袋正凑在一起，哥哥正认真地对小伙伴读着旁边的文字介绍。

---

①张浩强.学习并幸福着:幸福课堂建设的实践探索[M].长春:吉林大学出版社,2019.

在案例3-6中，大小伙伴在活动正式开始前就已经建立了学习的联系：大哥哥帮小弟弟背包，大哥哥提醒小弟弟排好队，大姐姐提醒小妹妹保管好自己的水杯，小弟弟帮大姐姐捡起掉在地上的笔等，都是同伴之间发生的温暖行为，这涉及关爱他人、自我约束、自我管理等层面的优秀品质与精神。教一个人学会关爱世界，有温暖的灵魂，正是学校研学课程的重点，也是教育的目的所在。

第四章

合作·迁移:新互联课堂的探索

　　学校围绕着素养培育,不断进行着教育教学改革的实践探索,其中最核心的是聚焦学生学习主阵地——课堂的研究。面对未来,应该重新思考和定义课堂。指向善合作、会迁移的未来素养目标,我们提出打造具有情境互联、主体互联、时空互联的显著交互特征的新互联课堂,转变学习方式,让学习呈现出多样融合的新样态。当然,学生翻转课堂离不开教师的教学,本章将从新互联课堂学习新样态和教学策略两个方面来呈现学校的课堂变革探索成果。

第一节　变革:新互联课堂的学习方式

"课堂"概念由来已久,然而课堂内涵外延随着时代的不同留下了特定时期的特定烙印。在17世纪前叶刚兴起班级授课制时,主要指聚集人员进行各类教习活动的讲堂或学堂,内涵指向物理建筑。而现代意义上,课堂的内涵拓宽,不仅指物理建筑,更指向依托物理空间的教师施教于学生、学生学习相关知识与技能的活动,这时的课堂内涵还有师生教学活动这一层含义,但仅仅囿于学校场所内。未来,面对5G技术、大数据、人工智能、学校社会高度的嵌入式融合,课堂将会呈现怎样的内涵与形态? 应该打造具有哪些特征的未来课堂? 值得我们思考和探索。

一、新互联课堂的提出

不论是国家还是市区级政府部门,都高度重视未来时代背景下教育的发展,特别是对课堂提出了畅想和要求。我们站在教育一线,应该重新思考课堂的价值和定位。

(一)课堂面临的挑战

人们习惯于将课堂作为知识传递的主要场所,将课堂学习与知识联系起来。我们就从知识的产生、传播、应用角度来讨论课堂正在面临的挑战。早期的知识产生速度非常缓慢,而现在知识更新的速度已经呈几何级增长。袁振国教授曾引用知识学家的统计,"一百多年前知识增长速度是50年更新一次;到1950年,知识更新速度缩短到15年;而现在,知识增长速度3年就要更新一次"。[1]知识增长速度的加速,受到知识传播方式的变化影响。

---

①东钱湖教育论坛.袁振国:学习方式变革的思考[EB/OL].湖畔问教微信公众号,2020-12-7.

过去知识的传播方式单一,靠纸质媒体和口耳相传方式。如今知识的传播更多元,新媒体传播逐渐取代了传统报纸杂志类纸质媒体。知识传播越来越碎片化,短视频、推文都会便捷地涌到身边,但这些信息和知识又不完全是完整的,需要接收者自己去理性判断、辨别和取舍。知识的应用也发生了变化。以往,掌握知识是最主要的学习任务,现在越来越倾向于运用知识解决问题。而生活中遇到的问题都不是人为分科的,具有综合性与复杂性,运用知识解决问题也需要人具有综合能力。

基于这样的时代背景,知识的综合运用越来越受到重视,人的学习方式和目的必然会受到影响,学习的主阵地——课堂也将发生变化。中共中央、国务院在2019年6月23日发布《中共中央 国务院关于深化教育教学改革全面提高义务教育质量的意见》,其中就大篇幅地强调要强化课堂主阵地作用,切实提高课堂教学质量。其中一些关键信息如下:"注重启发式、互动式、探究式教学,引导学生主动思考、积极提问、自主探究,融合运用传统与现代技术手段,重视情境教学;探索基于学科的课程综合化教学,开展研究型、项目化、合作式学习……"杭州市提出深化基础教育改革建设"美好教育",其中在《杭州市"美丽学校"建设实施意见》(杭教〔2014〕5号)中就强调美丽校园离不开美丽课堂,而美丽课堂的构筑工程需要从打造优质课堂、人文课堂、开放课堂三条路径着手。例如,"要充分调动学生学习的自主性和积极性,实现课堂教学目标和过程的最优化;促进教师、学生、课程、环境与技术等因素之间相互作用;注重课堂时空的延伸与拓展……"

(二)面向未来的课堂

王枬在2019年专门从学校时空的角度,阐述了未来的课堂时空将发生巨大变化,将会从"区隔时空"走向"互联时空",从"同一时空"走向"个性时空",从"单一时空"走向"多元时空"[1],这给了我们一个尝试未来课堂的全新视角。2018年11月,中国教育科学研究院未来学校实验室发布《中国未来学校2.0:概念框架》,其中对面向未来的课堂有一段概述:未来课堂是学生生命成长的精神家园,未来课堂是突破时空的立体学习场,未来课堂是信息技术

---

[1]王枬.未来学校的时空变革[J].全球教育展望,2019,48(2):64-72.

助力教育教学的实践场域,未来课堂是各学习要素高度互动的活动社区。①借鉴这一相对权威的表述,我们提出了面向未来的课堂应然特征。

1.以生为本的自主能动目标

我们首先从目标入手,思考面向未来的课堂,应该有以生为本的自主能动目标。一方面,以生为本意味着在认识课堂目标和处理课堂各要素时,要站在学生的立场上,尊重学生的自由,顺应学生的身心发展规律,用学生的眼光去审视世界,用学生的耳朵去聆听世界,用学生的心灵去感受世界。另一方面,以生为本还意味着要信任学生,相信他有自我成长的能力和意愿,相信他有发展的潜能,相信他能从容应对困难。

以生为本是课堂的根本使命,在此信念基础上,未来课堂的目标应该走出"知识习得"的限制。课堂目标不再聚焦于知识的传授,而是学生的整体成长,走向素养。人的素养是一个内在具有相互联系的系统构成,包含知识,也包含更复杂的能力和自我管理。在课堂目标上,我国基本朝着"双基""三维目标""素养"这样的路径发展,这就是目标的走向,走向关注人的素养培育,重点关注能力和自我管理层面,使人的素养更丰满立体。未来的课堂,不仅关注学生认知领域的发展,更加会重视其人际领域、自我领域的发展。学生是一个有思想、有欲望、有情绪的生命体,生命体的特征就决定了学生是有能动性的。课堂的目标就是把这种自主能动性显性化,可培养化。例如,在课堂上给予学生充分的自由,让他们能交流、能合作,在交流合作中自我反思、自我评价、自我否定、自我澄清,这些是未来的课堂所要关注的自主能动性。

2.回归生活的实践场域

生活是指人类为了生存和发展而进行的所有活动以及对这所有活动的主观经验。②有人的地方就有生活,生活也只依赖于人的存在而存在。作为学生,在学校里度过的时间非常长,一天至少有8小时在学校度过,学生生涯的1/3在校度过,学校与生活无法割裂。杜威提出"教育即生活",强调了教

---

①王素,等.中国未来学校2.0:概念框架[R].北京:中国教育科学研究院未来学校实验室,2018.

②项贤明.论生活教育与学校教育的逻辑关系[J].教育研究,2013,34(8):4-9.

育在儿童生活中的作用。陶行知提出"生活即教育",强调教育源于生活,生活是教育的基础和资源,生活需要教育。两位教育学家都主张关注教育与生活的关系,切忌割裂。但我们还需要深入思考,为什么要强调教育和生活的紧密联系呢? 为什么未来的课堂要归回生活呢?

这就关系到一个非常关键的词:迁移。未来的课堂确立的是素养目标,是自主能动的目标。自主能动的一个典型表现是学生能够自我迁移,将所体验到的活动经验自主自觉地迁移运用到新的问题情境中,从而解决问题。未来的世界更多元复杂,教师在课堂上无法穷尽所有问题和情境,因此学生必须学会迁移,从而创造性地解决问题。在有限的课堂场景中,回归学生的生活,创设来源于生活的情境非常重要,这是学生能自主迁移的前提。

在此基础上,回归生活的课堂的重要标志是真实。未来的课堂是学生真实生活的缩影,我们可以看到来自社会、家庭生活的真实物品成为课堂资源,看到学生进行着真正激烈的讨论,他们的作品也真正可以运用于生活。课堂越来越尊重学生真实的体验,学习跟广泛的世界进行连接,通过真实的情境,赋予学生真实的角色任务来迎接真实的挑战。[①]

3.要素高度互动的活动社区

"互动"一词在英文中出现较早,是相互影响和相互作用的含义,我们认为还应包括"相互联系"这一层含义。因此,课堂的互动是指课堂内各要素之间相互影响、相互作用、相互联系。有了交互,课堂就"活"了起来。面向未来的课堂,是多个要素之间高度互动的活动社区,互动将成为课堂呈现的核心方式。高度互动体现在以下几个方面。

面向未来的课堂存在要素多维度互动。传统课堂关注的互动维度较窄,主要局限于人与人之间的互动。而面向未来的课堂是一种泛在技术支持的课堂,技术、设备等在课堂上已经不容忽视了。因此,未来的课堂存在不同要素之间的多维度互动,包括人、技术、资源、环境四个维度的全方位互动。[②]这些要素若两两组合,则有六个维度的互动,此外,还有多要素之间联

---

①陆云泉.构建面向未来的生态智慧教育[J].教育家,2019(44):55-57.
②叶长青.未来课堂的互动研究[J].中国信息技术教育,2012(11):80-84.

动。我们举几种常见的互动：第一，人与人之间的互动，包括师生互动、生生互动。这是课堂的灵魂所在，即使是传统课堂也存在人人互动，但面向未来的课堂互动更直抵心灵深处、更自由自主。在这里，人与人的互动还包括坐在教室里的人与虚拟世界的"对方"进行互动，这就要借助技术的支持，而这也是未来不容忽视的课堂互动。第二，人与环境之间的互动。一方面包括人和正式学习课堂内的教室环境的互动，教室内的课桌摆放、装修、布置等应该是舒适的，给学生以充分的安全感；另一方面指人与非正式学习时空的环境的互动，包括社区环境等。第三，人与资源的互动，指人与传统意义上的教材的互动，人与课堂上实时生成的数据资源的互动，人与虚拟世界资源的互动。第四，人与技术的互动，指技术进入未来的课堂已成常态，而学生和技术之间的关系也逐渐和谐融洽，不需要花费时间在如何使用技术来帮助学习的演示指导上，学生和教师能自如地根据需要随时选取技术，进行人机互动。第五，资源之间的互动。未来的课堂，资源不局限于课本，生活资源能随时进入课堂，利用真实情境，学生和教师能自如地将教材知识与生活有效联系，跨学科资源也能通过主题、概念、任务、素养等自然地融合，学科界限打破。

面向未来的课堂要素的高度互动还表现在互动的形式多样化。未来课堂上既有可以直接观察到的显性行为互动，如师生之间的问答、生生之间遇到困难的互助，也有情感和思维的互动，这类互动不外显，却是能让学生真正投入课堂的首要前提。学生在课堂上感受到了来自教师、同学的关注和关怀，感受到了环境带来的人性化便利，则更愿意投入课堂。如果以互动媒介为标准，则又可分成言语性互动和非言语性互动。言语性互动体现在人与人之间借助语言的交流，非言语性互动体现在人与人之间的眼神表情的交流，人与技术、人与环境之间的数据、信息、图像等互动。

面向未来的课堂各要素之间的互动呈现出流畅、便捷、灵活的特征。这就让课堂能容纳更多的对话和合作，更多的自主探究，产生更多的学习数据与信息。教师则可以通过技术，快速实时掌握学生学情，及时调整，这就是流畅互动的体现之一。未来课堂将会因互动的便捷实时性而更高效、更聚焦。

4.开放联通的延伸拓展时空

王枬认为,所谓"开放"多指打开、释放、解除限制等。开放意味着消除隔阂、不再封闭,意味着百花齐放、兼容并包,意味着多元融合、混合互联。[①]从这个意义上来说,未来的课堂将是一个开放联通的无限延伸拓展时空。

空间维度上,课堂与校内其他空间开放联通,校园内的任何空间都可以成为学生学习的课堂,未来将看到三五成群的孩子带着笔记本在校园里探究、讨论,也许他们是带着一个伟大的任务在寻找答案。课堂与社区空间开放联通,未来社区的场所可以成为学生特定主题的学习场所,第二课堂场馆学习将成为常态化。借助技术与设备、借助通信网络,课堂与虚拟空间联通,实现虚实互补。空间开放其实承载的是资源的互通有无。大自然的资源、生活资源、虚拟世界的资源都自然地流向课堂,流向学生。"课堂将如同海绵一样最大可能地吸收社会的能量,传统的边界空间完全开放给社会,与城市日常生活融为一体,从而使得孩子们得以随时接触和体验真实的世界,并在真实的世界中学习。"[②]

时间维度上,课堂节奏指向个体,解除了大一统的限制。学生根据自己的实际情况把握学习成长的进程,随时学习。因为空间的开放、资源的流通,课堂的时间也可无限延长和拓展了。这里并不是指学生学习负担加重,而是指学生有更多元的选择,决定自己在什么时间学习。也就是说,未来,传统的那种"正式学习"时间将被压缩,也被要求提高效率,而"非正式学习"的时间则增加了。

面向未来的课堂特征并不只有以上几点,随着社会的发展进步,课堂定会不断突破我们的想象,朝着有利于学生个体完整发展的方向演变。学校在践行课堂变革时,需时刻抓住育人的根本任务,以未来的眼光自由畅想课堂,为课堂的演变预留空间,并脚踏实地地实践畅想。

---

①王枬.未来学校的时空变革[J].全球教育展望,2019,48(2):64-72.
②袁野.未来的"学校"[EB/OL].师培联盟,2020-7-27.http://mp.weixin.qq.com/s/2RheoguU8i_EsNVXOTgwcA.

二、新互联课堂的含义和特征

基于对未来课堂的思考，我们提出了构建新互联课堂的命题，并将其作为学校课堂转型的努力方向，引导师生的教与学方式变革。

（一）新互联课堂的含义

真正基于学生未来成长需求提出素养目标后，学校用"新互联"这个独具未来意义的词来定义学校面向未来的课堂变革。学校提出的新互联课堂内涵突破传统狭义的"互联网"课堂，指以学生会迁移和善合作为主要目的，以物理空间、师生活动、学习内容等要素相互联通整合拓展为核心特征，帮助学生在自由和联通的环境下进行自我选择、自我调节与建构的教与学的环境和活动。这里所指课堂概念突破传统教室40分钟课堂，特指大课堂概念。基于以上思考，学校打造的新互联课堂包括情境互联、主体互联和时空互联三个方面。

1. 情境互联

情境互联指学习与真实情境相互联系沟通。这里强调的是情境的"真实性"，包括两个方面：一方面，学习与真实生活情境互联，学习的问题或资源来源于真实生活；另一方面，学习与真实的学习经验情境互联，学习的问题或资源来源于对所学经验的延伸疑问和困惑。情境真实互联，一是能够提高学生的主动投入程度，即学习的驱动性；二是能提高学生的迁移程度，即学习的迁移性。

2. 主体互联

主体互联指课堂上人与人相互联系，包括师生互联、生生互联。我们强调师生、生生之间真实的交流互动，包括信息的交互、情感的沟通，从而达到共同成长的目的，因为学习不仅仅是获得知识，更是与人交往的过程。主体互联典型的体现即合作学习。教师面对传统合作学习时会有顾虑，认为分组不够科学、指导不够到位、时间浪费看不到效果。新互联课堂的合作致力于打消这些顾虑，强调通过合作策略运用、合作技能指导、合作支架提供等方式来打开合作学习的"黑匣子"，让人人参与学习，人人学会依据问题解决的需要主动与人沟通，获取信息和资源，主动与人分工，获得能力、情感上的进步。

3.时空互联

时空互联指向课堂物理时空的互通开放,突破限制。一方面指课堂内外的空间互通,包括线上虚拟空间自然地引入线下课堂,通过互联网与智能技术,将社区、校外空间与课堂空间相互联通,打破界限。另一方面指传统的课堂内时空弹性可变。依据学习任务和需求,个体学习和合作学习共存,希望学生能在充分自主自由的时空中体验解决问题的过程,从而能有机会自我反思、调整,适应不同时空的学习。学校在打造空间互联的课堂时,更多地借助于信息技术支持,实现课堂时空的不断延伸和拓展,实现学习的泛在性。

(二)新互联课堂的目标指向

面向未来的课堂,需基于未来的发展背景和学生需求,在尊重学生的前提下进行系统探索。每一所学校都要找到适合自身的切入口,去践行未来课堂的畅想。很多学校都将素养培育作为课堂改革的目的,只是改革的方式方法和路径不同。胜利实验学校选择了新互联课堂来实现助力学生未来成长的改革目标。课堂承载着很多培养人的任务,我们认为,未来学生最需要且可以在新互联课堂上实现的素养目标是:通过新互联课堂探索,拓宽课堂时空,创新课堂互动,养成学生会迁移和善合作的未来素养。其中,会迁移指向个体发展,善合作指向社会性发展。

1.让儿童在课堂中自由穿梭,养成"高通路"迁移

课堂问题的真实性与综合性创设、课堂内容的系统性呈现、学习方式的选择都对学生的迁移能力产生影响。浙江大学教授刘徽特别强调,如果仅仅是"刷题"的课堂,学生只能获得浅层的"低通路"迁移能力。而如果是创设贴近生活的情境,学生在此情境中体验获得的概念、方法、经验则可以达到"高通路"迁移,这种迁移能力更加灵活。[1]我们的课堂目的指向灵活的高通路迁移能力。学生只有在相互联通、开放、灵活的课堂中自由遨游穿梭,经过切实体验后,才能学会迁移。迁移能力是学生适应未来社会的重要学

---

[1]刘徽."大概念"视角下的单元整体教学构型——兼论素养导向的课堂变革[J].教育研究,2020,41(6):64-77.

习能力,面对复杂多变的环境,会迁移的人懂得如何将积累的经验通过转换运用于新情境,而不会迁移的人只剩焦虑和盲目。

2.让儿童在课堂中自由互动,学会有意义的合作

未来的学习是高度综合的学习,并且是融入了人的社会性发展的综合学习。课堂所要培养的不仅是学会独立学习的人,还是学会通过与人合作顺利解决综合性问题、获得自身成长的人。有意义的合作更强调合作的需求是真实发生的,合作的任务设置是合理的,合作过程是有指导并且真实有效的,合作能力的提高是可视的。因此,我们要通过课堂变革探索,让学生养成终身受用的有意义的合作能力,便于他们适应未来,参与未来。

(三)新互联课堂的学习样态

针对课堂上学生学习和教师教学两种活动,我们都认同,课堂上首先应该关注的是学生的学习。因此,学校新互联课堂实践中,学生的学习方式呈现新样态。

1.多样化

新互联课堂实践中,我们大胆探索,让学生在课堂学习中有机会体验不同的学习方式。于是,线上学习、线下学习、独立学习、合作学习、探究学习、接受学习、体验学习、实践学习等多样化学习方式并存于课堂中,我们不排斥任何一种方式,不同的内容适合不同的学习方式,学生也正需要在不同的体验中获得综合性能力与素养。

2.融合化

学习方式的多样化并存,必然带来学习的融合化。未来理念与技术的更新越来越快,有效的学习方式越来越频繁地更换使用,不同的学习方式有着不同的优势与劣势,不可能完全摒弃其中一种而使用另一种,往往是两种或多种方式融合使用,以达到最优效率。新互联课堂的学习目标不再是单一掌握知识,而是养成综合的能力素养,会迁移、善合作,就是需要学生在混合式的学习体验中养成,且融合程度越高的学习样态,对于学生的素养培育越有效。本节为了方便阐述,我们总结出一些在新互联课堂中使用较多、较典型的学习样态,这种样态不同于单一的学习方式,学习样态更具融合性。

三、新互联课堂的学习方式变革

新互联课堂的提出，是着眼于学生今后成长的需要。由此也必然引发学生在课堂学习中的一系列变化，尤其是学习方式的变化。

(一)基于项目的线上线下混合学习

关于混合学习的研究非常普遍，定义也很多。国内比较权威的是何克抗教授的界定："混合学习是把传统学习方式的优势与E-Learning(即数字或网络化学习)的优势结合起来。"[①]这一定义十几年前就出现了，十几年后，如果还是仅仅局限于此，那么混合学习方式必然会被淘汰。新互联课堂的混合学习更多的是基于项目的混合学习，与项目学习、个体性学习、泛在学习、合作学习等紧密融合，成为一个特色化的学习样态。新互联课堂中基于项目的线上线下混合学习一般流程如图4-1所示。

图4-1 基于项目的线上线下混合学习一般流程

从流程中可以看出，该学习样态有一条项目主线：确定主题—自主学习—作品制作与体验—成果撰写与制作—成果分享。这条项目主线打破了传统的课堂时空，在一个固定的教室内已经无法完成完整的项目，项目周期

①何克抗.从Blending-Learning看教育技术理论新发展(上)[J].中国电化教育,2004(3):5-10.

也延长至一整天或几周，甚至一个月。每一个环节都可以进行线上线下混合学习。但在自主学习、成果撰写与制作和成果分享环节，混合学习更明显。这一类学习样态，特需性课程的课堂学习中较常见。基于项目的线上线下混合学习具有以下不同于一般的混合学习特征。

1.有明确的项目情境

不同于疫情期间全国停课不停学背景下被动的线上线下混合学习——仅仅是将线下的听讲变成线上微课听讲，学生没有明确的任务情境统领学习。基于项目的线上线下混合学习，有明确的项目情境，学生需要围绕情境任务选择开展线下或线上学习活动。带着任务的线上线下混合学习学生投入程度更高，且更能发挥其主观能动性。学生也能从浅层的随时随地自由学习走向更高级的自主自觉学习。

2.学生担任多种角色

基于项目的线上线下混合学习在不同环节，学生所进行的学习活动不同，担任的角色也不同。在自主学习环节，学生扮演学习者角色，根据需求汲取知识与信息，以解决项目问题与困惑。但在成果撰写与制作、成果分享环节，学生又创造性地担任学习资源的提供者、学习导师，将自己的经验录制并发布到线上，供更多的学习者学习。在这个过程中，学生的合作与迁移能力在潜移默化地形成。

3.基于需求交替进行

从图4-1中可以看出，我们的线上线下学习没有固定的先后顺序，而是与学习者的学程需求紧密结合，基于需求交替进行。当自主学习完后在进行线下实际制作过程中又发现问题，重新进行线上线下自主学习，直到问题解决。

总之，新互联课堂中基于项目的线上线下混合学习有明确的需求和目的，将充分利用项目学习、混合学习的优势进行互补，提高学习效能。

【案例4-1】 "探秘学习中心"项目中的线上线下混合学习

学校创意智造学习中心投入使用已经一年有余，现已逐步成为区域内较有影响力的学习中心之一。创意智造学习中心在设计之初，就计划将物联网技术与空间环境的布置有机整合起来,如月球灯、云朵灯、物联网灯控系统等。同时,学习中心配备了齐全的开源硬件、数字化工具,如3D打印机、激光切割机等。但遗憾的是,由于年级课程安排等客观原因的限制,并不是所有学生都对这些有趣的功能和玩法、先进的设备有所了解,学生(特别是低学段学生)对学习中心有什么、能做什么,都太好奇了。

因此,余老师和特需课程的学生商量,有没有什么办法解决这个矛盾。最终确定的情境任务是:通过电子书和微课制作,向全体学生介绍学习中心,告诉他们在创意智造学习中心可以学到什么,揭开了学习中心的神秘面纱。

开始开展项目学习,经过前期调查走访,学生选取了以下六大主题。在这个过程中,经历了小组组建、调查分析、确定主题、筛选项目、自主学习、文本撰写与微课录制等重要环节,凝聚了小组成员全部心血。

项目	涉及主题
猜数游戏	Pepper 机器人
呼吸灯	初探物联网
Arduino/Micro:bit和掌控板	开源硬件初体验
呼吸灯	云朵灯是怎么回事
制作徽章	激光切割机
制作南瓜灯	3D打印

在项目过程中,学生没有集中听老师讲解(因为大家的项目不同,所需要的知识基础不同),因此,余国罡老师采取"提供资源、自主学习"的方式,将可能需要用到的学习微课上传UMU互动学习平台(注:该平台是学校新互联课堂开展线上学习的主要平台软件),将创意智造学习中心阅览区公开给学生,引导学生通过线上线下学习,来解决制作过程中的困惑,先尝试、再学习的翻转式学习方式让学生的学习更有针对性。

探秘创意智造学习中心 成果发布

yo3436.umu.cn

除此之外，学习中心还给学生提供了便捷的软硬件资源支持；学生开展小组讨论，尝试独立开展项目作品的制作；他们在失败中吸取教训，在合作中取长补短。成果展示环节，学生将全班众筹完成的电子书与他们自己录制的各项目主题发布在网络空间，反哺网络资源，去帮助更多对学习中心感兴趣的同学。学生发布在UMU平台的微课资源，扫描二维码即可见整个项目学习成果。

从上面这个案例中可以看出，在"探秘学习中心"项目中，学生通过项目体验，经历线上线下混合学习，既掌握了相关知识技能，也体验了如何运用这些知识技能来解决实际问题，并迁移实现。这里，学生不再是学习的消费者，他们充分发挥主体性，生成学习资源。

（二）源于真实问题解决的探究学习

探究学习是指学生主动建构个性化知识库，把个人想法引入讨论中，确定学习经验中的重要概念，并改变自身态度和行为的学习。[①]探究学习是学生的主动学习，但这种主动学习并不是为了寻求一个正确答案，而是为了解决一个真实问题。因此新互联课堂倡导的探究学习样态是基于真实问题解决的，我们希望学生的探究经历是真实的，他们能在这种经历中获得提出问题、解决问题的能力。基于真实问题解决的探究学习具有以下特点。

1.基于学生立场

基于真实问题解决的探究学习，问题肯定不由教师提出，而是来源于学生。整个学习过程也以学生的行为为主体，教师只做适当引导，学生自主发现问题、分析问题，提出解决问题的方案，实现其协作沟通、主动迁移能力的提升。

2.源于真实问题

我们特别强调新互联课堂中的探究学习必须源于真实的问题，而非教师创设的一个假的"真问题"。真实问题可以来源于生活，也可以来源于问题。这里特别要解释一下"问题来源于问题"，好的问题能引起学生的认知冲突，

---

①陈亚星.自主·合作·探究：学生学习方式的转变[J].华东师范大学学报（教育科学版），2018（1）：22-28.

引发学生深入探讨,在探讨之后又会产生新问题,这样的问题让学生有持续学习的内驱力,不需要外在奖励刺激,问题本身就是一种奖励与刺激。

【案例4-2】 学院制足球联赛催生真实问题的探究学习①

学校举办学院制足球联赛,美术老师和学生探讨,一场规范的球赛必须有哪些?学生提出,需要门票、运动员奖牌、奖杯、海报、啦啦队、口号、解说员等,这些如果由广告公司做或聘请专业人士,体现不出各学院的特色,于是问题产生了:我们能不能自主设计门票?能不能自己做奖牌?能不能自己设计海报?能不能自己解说?等等。于是全校学生在这样的真实问题引领下,开始分工制作,有些年级设计海报、有些年级设计门票、不同学院为本学院制作加油卡。以下就是学生设计的一些足球赛的相关衍生产品(奖牌、加油牌、离队纪念、门票、海报)。

每一个设计都有一个故事。如运动员奖牌,由四年级孩子承担,经过投票,最终404班王同学的设计稿胜出。设计稿在创意智造学习中心的切割技术支持下完成了奖牌的基础款。每一块奖牌在切割之后,还需要王同学带着临时组建的四年级团队成员和创客社团的成员一起,用牙刷清洗缝隙中的白色粉末,再用毛笔画上金、银色,以区分冠亚军。学生在美育、劳育、智育、德育的融合中获得成长。设计师王同学的感言让人动容:"有些事物朴实无华的样子才是它最好的样子。"四年级的学生,通过这样的探究能感悟到"大道至简"的设计真谛,这就是我们所追求的美好教育。还有一个小组是为足球赛解说做准备的,小组成员着手收集足球赛资料、足球史、世界足球大事件、观看解说视频学习如何解说等。

足球赛结束后三个星期,六年级队员面临毕业离队,学校体育老师想送队员一个离队纪念礼物,求助于创意智造学习中心。中心特需性课程学员接到设计任务后,利用激光切割机,依托所学知识,设计出刻有离队队员姓名和编号的球衣摆件,受到"客户"点赞!

---

①该案例由综合教研组老师和余国罡老师提供。

学生为足球赛制作的相关衍生产品（奖牌、加油牌、离队纪念卡、门票、海报）

　　学生的问题源于真实的校园生活需求。奖牌的设计由学生在美术课上通过欣赏、观察探索奖牌特征，自主设计。制作则由创客社团学生在创意智造学习中心探究而来，学生需要考虑奖牌制作出来会面临哪些挑战，自己能接受挑战吗？图标如何矢量化？如何进行CAD设计？如何进行激光切割？如何做好用户调查与反馈？这些问题不仅需考虑周全，还需要逐个突破解决，这些都给了学生无限动力。

【案例4-3】 数学四年级下册"多边形内角和"核心问题产生①

　　1. 我们之前是如何研究得出"三角形内角和为180度"这一结论？
　　2. 四人小组回忆交流"三角形的内角和"的研究过程。

------

①该案例来自学校章剑老师。

3.学生随机汇报,教师记录,并梳理成研究方法的思维导图。边画思维导图,边总结。先根据两块三角板的内角和是180°,猜想任意三角形的内角和都是180°,然后运用不同方法验证,比如撕、折、拼、量、分割等,通过验证得出结论:任意三角形的内角和都是180°。最后,我们应用得到的结论解决一些问题。

4.出示"三角形内角和"数学小报。学习一个知识我们要经历这样的过程,同学们还把这个研究过程制成了数学小报,我们一起来欣赏一下。

5.沟通迁移,如果按这样的研究思路,你还想研究什么?

四边形内角和、五边形内角和、六边形内角和……多边形内角和。

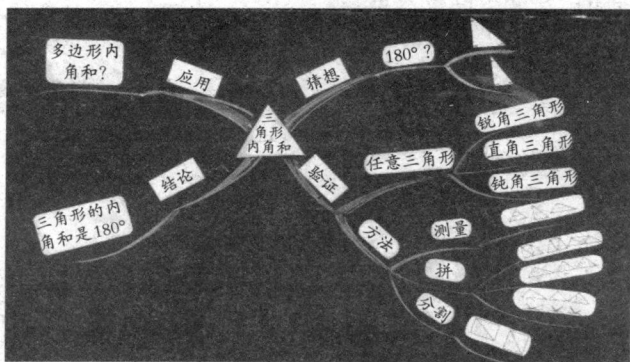

学生的已有学习经验和学科本身的学术性问题就是不可忽略的真实存在情境。在课堂上,通过回忆、质疑等方式呈现已有学习经验,从而自然生发出新问题,这是已有经验和新内容的充分互联。这时候引出的探究问题不是教师强加的,而是学生自然生成的真问题,自我的反思、方法的迁移、认知系统的自主建构都在新旧互联的过程中有所养成。真实问题下的探究学习,三角形内角和的探究过程自然地迁移到了四边形、多边形内角和的探究中。在此过程中,学生进行了方法的迁移,碰到类似问题后,也能自觉地将一个问题由难化易,由繁化简,利用已有经验解决新问题。

(三)依托虚拟现实技术的体验学习

未来的学习肯定不再仅仅是烧脑的学习,必然需要更多地调用身体一切感官的直接经验的学习——体验学习。王毓珣指出,未来的体验学习指学习者在虚拟或现实的情境下通过动手实践等方式获得新经验的过程。[①]他指出了新背景下体验学习的特征：那就是虚拟或现实场景皆可能发生体验学习。我们的新互联课堂理念与他不谋而合。传统的场馆和学校课堂时空界限分明，相互独立。场馆学习，必须走出校园，进入各博物馆、图书馆才能实现。而运用虚拟现实技术，则可以将远距离的场馆通过网络"搬"进教室，将场馆学习场域随时开放，并为学生的学习带来沉浸式与交互式的体验。虚拟现实技术在辅助教师进行引导教学以及辅助学生进行知识迁移方面都有突出的作用。[②]特别是在美术、科学、音乐等学科教学中，若需要开展博物馆、科技馆等浏览体验活动，则可通过虚实结合实现时空互联，提高学生的活动体验性，从而提高投入意愿。

【案例4-4】 五年级上册美术《飞天》"全景漫步，寻找飞天"环节[③]

敦煌，位于我国甘肃省，是古代"丝绸之路"的重镇，也是中西交通的"咽喉之地"。印度佛教沿着丝绸之路传到中国。在公元336年，有位僧人经过敦煌鸣沙山时，发现金光笼罩，宛然千佛现身，觉得这是一块福地。于是在山里挖了一个洞，便住在这里修禅，这就是第一座石窟。此后，这个地方经过千年开凿，形成了700多个石窟。有些石窟是僧人的起居室，有些供着佛像。你还想了解什么呢？让我们一起来到数字敦煌莫高窟博物馆看看吧！

学生用iPad打开链接https://www.e-dunhuang.com/cave/10.0001/0001.0001.0254，进行第254窟全景漫游。走进洞窟，展现在我们眼前的是一尊彩塑佛像。在洞窟的右边还有几尊小佛像。这一面墙是千佛像。在洞窟的左侧还画着一些佛教故事，深入浅出地阐明佛教义理。

来到敦煌莫高窟，大家肯定想看看飞天。因为飞天是敦煌的形象大使，那么，飞天在哪儿呢？请大家划动手指，仿佛让自己置身于莫高窟之中，找一找飞天藏在哪儿？

---

①②王毓珣.教育学视角下的未来学校[M].上海：华东师范大学出版社，2020.
③该案例来自郑蕾蕾老师。

原来飞天都是小小的，藏在一些角落里。如中心塔柱窟，在屋顶上的藻井上。

《飞天》属于五年级"欣赏·评述"学习领域。提高学生美术欣赏能力是小学美术教学的重要目标。而传统美术欣赏课多由教师说、学生听的"一言堂教学"或师生共同观看教学视频的"观影式教学"为主，这两种教学方式都缺少学生自主参与体验的过程。美术课程标准强调，通过学生自主参与美术活动来体验和感受活动的价值，从而形成自己的艺术和价值观念。我们几乎不可能带孩子去敦煌上《飞天》这一课，但敦煌莫高窟博物馆所发布的洞窟高清数字化内容及全景漫游，让学生在美术课堂中就能实现博物馆的奇妙之旅。本环节中，老师运用"数字博物馆"这种全景式信息技术，实施空间互联策略，学生在 iPad 上可以 360 度全景漫游，随意放大图像；数字博物馆还配有专业解说，更让学生有身临其境的感受。学生在博物馆中寻找自己的期待，他们找到飞天是小小的，藏在角落里，这好比装饰纹样中的角花。这样的发现是他们通过自主浸润式体验探索得到的，这种学习方式更能激发学生的求知欲望。

(四)促进意义建构的主体合作学习

合作学习作为新课程改革所倡导的最重要的学习方式之一，一直是教育界所关注的。对合作学习的研究从未间断，不同的研究者有不同的研究视角，对合作学习的价值也是众说纷纭。即便如此，我们还是要提出新互联课堂的合作学习。第一，善合作一定是学生未来参与社会的必备品格之一；第二，我们希望新互联课堂上的主体合作学习呈现的是一种有意义的合作。学生能依据不同类型的学习任务，选择不同的合作策略，对应优化步骤，将小组合作学习有序推进，让每个人在合作中既保留个性思考，又能实现主动参与，而不是七嘴八舌议论一番。学校参考运用了郑杰团队的 35 种合作策略，如坐庄法。①

---

① 该资源来源于郑杰合作学习研究团队成果。

坐庄法

1. 学生主持

2. 轮流发言

3. 组成4~6人小组

4. 独立思考：每个小组成员都将独立思考后形成的答案写在纸上

5. 邀请与回答：由一名成员负责主持(坐庄)，主持人邀请到某一成员时，该成员进行回答；主持人在听取了所有成员的意见后进行汇总，并对每一成员发言时的优点进行总结和赞美

6. 汇总与分享：小组内汇总所有信息，由汇报员或任一成员向全班汇报

适用于：	合作技能：
探究性和创新性的学习活动	鼓励他人参与
需要举出实例的学习活动	表达赞美
需要对所学知识进行回顾的学习活动	

除了坐庄法外，还有发言卡、两人互查法、接力法、三步采访法、切块拼接法、一人走三人留法、MURDER法、组际评价法等，将这些合作学习策略有选择地运用于课堂。有时候，在同一节课中，学生能体验和不同人合作的过程，也能体验根据不同学习任务进行不同形式的合作，所养成的合作沟通能力是灵活的，能随时间、环境的不同而适时调整，他们能够清楚地知道如何与人沟通，如何倾听尊重，如何提出建议……这才是合作能力的真正提升。

【案例4-5】 浙教版五年级下册数学"长方体表面积的应用"[①]

本课以设计美国游学伴手礼包装的真实问题为驱动性问题，引导学生进行如下三个合作活动。

1. 综合排序法：确定小组研究任务

任务一：给一个铅笔盒做包装盒，至少需要多少纸板？

任务二：做一个能装4本书的手提袋，至少需要多少纸板？

---

①该案例来自学校张琴老师。

任务三：给一份餐具礼品换一个抽拉式套壳，至少需要多少纸板？

2．**一人走三人留法**：小组合作完成一项任务

合作要求：观察物品、商量方案、动手操作、准备汇报。

每组派一名代表到与本组任务不同的小组参与活动，活动结束后回到本组，分享经验。

基本步骤：①观察物品，观察长方体物品的包装特征。②商量方案，铅笔盒包装盒需计算6个面，餐具套壳只计算4个面，课外书手提袋计算5个面。③人员分工，测量员、计算员、检验员、汇报员。④动手操作，先测量长方体的长、宽、高，再计算面积。⑤准备汇报，整理语言，思考展示方式。

3．**组际评价法**：评价与小结

每组可以由一名同学向外组的任一成员提问，被点到的同学代表本组回答问题，由提问者对回答做出评价，接着再由这名回答者向外组的任一成员提问，以此类推，直到疑点都被解决。

案例中共出现了三种合作学习策略。在确定小组选择的任务时，采用"综合排序法"，组内四人分别对三个任务倾向进行个人排序，由组长综合排序后公布得分最高选项，确定本组选择的任务选项，提高了每一名成员的想法在小组决策中的权重。选定好任务后，采用"一人走三人留法"，完成该项任务。每组派一名同学参与到与本组任务不同的小组中去，通过活动了解其他任务的包装方案、测量方法和计算结果，活动结束后返回本组，向组内同学介绍。通过这样的方法，每一小组至少获得了两项任务解决的方法，一项是直接经验，另一项是间接经验。在小组汇报后，采用"组际评价法"。通过这样的方法评价，各组同学对三项任务的解决了然于胸。这样多元的合作方法运用，调动了每一个孩子的参与积极性，让学习主体的互联成为可能。每一个孩子都能在互动中获取信息与资源，从而发生个性化的成长。

课堂变革是否成功的标志是学习方式是否进行了转化。我们认为，在新互联课堂上，学生呈现出多样化、融合化的学习状态，课堂已然发生了变化。这样的变化离不开教师教学理念与行动的落实，为了促进新互联课堂学习样态变革，学校教师积极参与，主动探索教学策略。

第二节　转型：新互联课堂的教学策略

从教学设计与过程维度提炼学校指向学生会迁移、善合作素养培育的教师教学策略实践，分别是教学设计优化策略和教学过程互联策略。本节将通过案例具体呈现策略实施，以期读者能清晰地看到为什么新互联课堂上能呈现出面向未来的学习新样态。

一、教学设计优化策略

教学设计是一个系统的过程，包含学情、目标、内容、过程、评价等环节的设计，我们的设计优化策略也从这些维度施力。

（一）基于学生的教学目标设计优化

新互联课堂素养目标框架与三维目标最大的不同在于，进行分项目标设计前，必须有素养目标的总描述。即将"学生在真实情境下主动迁移解决综合性问题的能力与品格"与学科素养融合，并在整体上进行把握。有了素养预期目标的描述后，为便于课堂教学的落实，分知识理解、能力获得、自我管理养成三个层次进行目标设计。这三者不再是单纯的并列关系，而是建立在基础之上的递进关系（见图4-2）。

传统的教学目标设计，很多教师简单地从自己擅长的"教"的角度出发考虑，依据教材编写、教参指引、课程标准等内容来制定教学目标，进而设计教学活动。这是典型的从教出发的"输入型"逻辑。然而，新互联课堂的目标指向学生未来素养，以学生为行动主体，因此教学设计也应该从学生的角度思考。目标制定的依据应该来源于学生实际需求，把握精准学情，这是从输出结果来考虑目标。

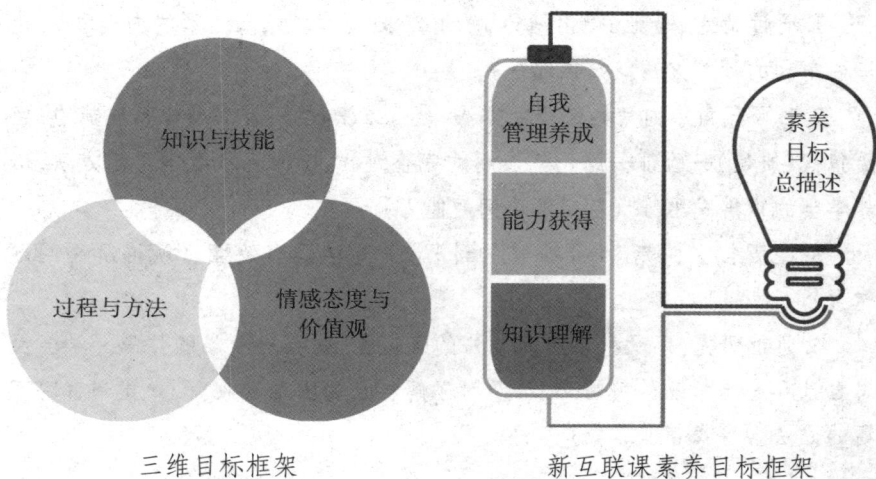

三维目标框架 　　　　　　　　　新互联课素养目标框架

图4-2　教学目标从三维目标走向素养目标

【案例4-6】　数学四年级下册"多边形内角和" 新互联课堂素养目标的来源[①]

教师在设计"多边形内角和"之前进行了前测:通过调查发现有1/4的学生已经知道n边形内角和的计算方法,有将近2/3的学生会计算多边形内角和。如果将这节课定位在掌握n边形内角和的计算方法上,课堂对学生的成长推动不大,因此,定位在多边形内角和的研究方法,在学生已经储备了一定研究方法等知识技能的基础上,这节课旨在培育素养,重在让学生在真实自然的情境下主动探究"多边形内角和"这一学科问题,并在探究过程中体验数学严谨的研究方法(猜想—验证—结论—应用),有问题寻求小组成员帮助,学会小组分工研究,提高效率。

素养总目标:在真实的三角形内角和回忆过程中,产生探究真问题,能主动通过合作探究、方法迁移、类比推理等方式解决多边形内角和的研究问题。

①该案例由学校章剑老师提供。

1.通过猜想、验证、得出结论，了解四、五、六、七、八边形的内角和，n边形内角和的计算方法。（知识理解）

2.回顾三角形内角和的研究方法，进行方法迁移，发展类比推理能力；经历猜想（质疑）—验证—结论—应用的完整过程，感悟基本数学思想方法，培养学生的审辩式思维。（获得解决问题能力）

3.经历自主探究、小组合作的过程，提高学习有效性。（获得解决问题能力）

4.通过研究，感受数学研究方法的普适性，提高对数学的热爱。学会反思自己和小组活动的关键环节，及时了解自己的困难和收获，并找到解决问题的方法。（自我管理养成）

案例4-6标题我们没有标注版本，因为教师决定补充"多边形内角和"，并非某一版本教材要求，也非课程标准要求，而是出于自身对学生学情的敏感分析而主动设计的，这不仅体现的是一位教师精湛的教学技艺，更体现的是教师先进的教学理念。目标来源于学生，问题来源于学生。学生是一切教学的出发点和归宿。

（二）大问题串联的教学内容设计优化

教学内容（或学习内容）是指为了达成教学目的需要的一些资源，从某种意义上来说，是实现目标的重要媒介。学习内容可以来源于教科书、网络虚拟空间、现实生活就地取材、教师，甚至学生自身已有的经验等。这些学习内容自身不会助力目标的达成，需要经过精心的选择、设计、组合等操作，才能发挥作用。传统的内容设计几乎是教材至上，教师按照教材的顺序授课，将知识点逐一"落实"（更多的是事实性知识的记忆）。而新互联课堂在进行内容设计时，将通过创设情境，利用大问题进行引领整合，以激励学生深入思考探究，发展自主迁移推理的能力。大问题引领下的内容设计，不再是事实性内容的简单呈现，而是突破学科、单元、模块等的界限，需要学生在思考、解决问题的过程中自行重组、联系。这就是学生在互联情境下的自主学习。

【案例4-7】 "认识速度"一课的大问题设计^①

"速度、时间和路程"为浙教版三年级上册的新课内容,传统的设计应该是基于新授课定位,通过情境创设,大家来探讨什么是速度? 速度与时间、路程之间的关系是什么? 怎么求速度? 如何运用? 但黄老师在课前做了调查,了解学生起点,发现学生已有关于速度的一些非常丰富的生活经验。于是大胆尝试改课,通过设计两个大问题来引领学习内容。这两个大问题分别是:

1.你觉得什么是速度?

2.看到100/2=50,你能想到什么,你会根据这个算式编题目吗?

黄老师让学生课前自主探索,可以运用能想到的办法去探索,包括上网查资料、请教长辈、同学讨论等。

课堂上,不再是教师手把手分析,而是通过作业讲评的形式展开。在辨析欣赏中,学生逐渐明晰速度单位的意义,理解了速度的意义就是单位时间内的路程(这个单位时间不一定是一分钟、一秒钟、一小时,而可以是规定的任何时间)。通过编题,沟通了单价、速度、工效之间的联系。而所有这些都是学生自己发现的,黄老师只是做了一位"旁观者"和"提问者"。

黄老师迈开教学设计的大步子,尝试将课的设计进行"大翻转",自主探索在前,讨论辨析在后。通过两个大问题引领,把之前的碎片化知识进行串联,学生能辨析地理解速度单位,能沟通单价、速度、工效之间的联系,从数量关系上讲,都涉及了分总关系,是分总关系在不同生活情境中的具体化。这样的沟通对于学生理解速度、时间和路程之间的关系更方便。学生在这样的大问题引领下,思维方式也在发生变化,原来很多知识都是可以相互串联与迁移的。

---

① 该案例来源于学校黄建老师。

（三）凸显师生互动的教学过程设计优化

教学过程是学生学习和教师教学双方行为充分展开的过程,核心是发挥学生的主体性作用,体现学生的主动性和积极性。当然,教师在教学过程中的指导、组织作用不可忽视。因此,新互联课堂的教学过程,凸显主体之间的互联,不再仅仅涉及单一主体的活动,而是尽可能让师生、生生之间进行互动,让学生在充分的讨论交流合作中获得共同的成长。

【案例4-8】 语文六年级下册"毕业赠言"学习活动设计①

活动一:明确毕业赠言"写什么"

任务驱动:在写之前,先弄明白毕业赠言到底可以写些什么。结合两则赠言材料,合作研究,看看这两则材料对你写毕业赠言有什么启发(材料分别来源于书本和学生自己写的补充材料)。

合作任务:探究毕业赠言的内容。

合作要求:1.用坐庄法发表自己的观点;2.在合作单上记录组员观点;3.准备汇报。

活动二:明确毕业赠言"怎么写"

任务驱动:选择一则赠言说说你的感受。

合作任务:表达你对某一则赠言的看法。

合作要求:1.采取专家研讨法,选择相同赠言的学生围在一起。五人左右围在一起,如果某一则赠言选择的学生多,就分成两组或三组。2.相互陈述想法。3.每组派代表汇总汇报。

教师在教学过程中设计了两个合作活动。活动一,学生以四人小组为单位,利用软白板,用坐庄法完成探究活动:毕业赠言可以写什么。坐庄法即庄主主持小组内各项事宜,指定发言顺序。保证人人都能开口发表观点,且照顾学习能力较弱的同学,可以指名由他们先说。活动二,学生探究毕业

---

①该案例来源于学校张雪姣老师。

赠言可以"怎么写"时,采用的是"专家研讨法"。专家研讨,就是班级内的学生可在教室内自由走动,选择研究内容相同的伙伴组成临时专家组进行研讨,打破了固有小组模式,选择赠言相同的学生组成新的紧密团体——专家组,共同深入分析本组的赠言,然后推选出最能代表本专家组研讨水平的同学进行展示。在同一节课中,学生能体验与不同的人合作的过程,也能体验根据不同学习任务进行不同形式的互动。

(四)分层分类的作业设计优化

作业是教师和学生用于评估学习是否达到预期目标的有效方式。胜利实验教师都有一种自觉性,即主动设计分层分类的校本作业,来助力不同学习水平的学生在课堂上进行自我评估反思。学生通过针对性练习,找到自己的薄弱处,再通过教师的个性化现场指导、微课讲解推送或同类习题推送等方式来达到理解和运用的目的。我们所说的分层分类作业,一方面指学校提前设计好的整套的校本作业本。以数学学科为主要代表,数学教师整合往年的多本配套作业本,删减重复和低价值的练习,精简为一本作业本,内含分层题组,供不同层次学生使用。另一方面指就某一次课堂学习而言,教师利用信息技术支持,推送定制化练习给学生。

【案例4-9】 数学五年级下册"最大公因数最小公倍数"作业设计

第一关👍

1.一张长方形纸,长60厘米、宽36厘米,要把它裁成同样大小的正方形,并使它们面积尽可能地大,裁完后没有剩余,正方形的边长可以是多少厘米? 能裁多少个正方形?

2.六一儿童节,少年宫儿童乐园准备了一批气球送给前来游玩的小朋友。

(1)如果3个一组、4个一组或5个一组地数,都正好数完,没有剩余。你能知道这批气球至少准备了多少个吗?

(2)如果这批气球的个数在200~250,你能知道气球有多少个吗?

第二关 👍👍

1.阿姨买了一些糖,5颗一包多4颗,6颗一包少1颗,8颗一包多7颗,这些糖至少有几颗?

2.两个数的最大公因数是42,最小公倍数是2520,且两个数的和是714,这两个数各是多少?

第三关 👍👍👍

甲每秒跑3米,乙每秒跑4米,丙每秒跑2米,三人沿600米的环形跑道从同一地点同时同方向跑步,经过多少时间三人又同时从出发点出发?

案例4-9来自数学思维素养课程"最大公因数最小公倍数",课堂有合作探究环节,案例中所列习题是给学生经历过合作探究后自我挑战用的。学生可以共同挑战第一关,那些学习能力较强的学生可以自主探究第二关、第三关。但并非每一个学生都需要挑战到第三关,我们允许学生有差异。

二、教学过程互联策略

当完成教学设计之后,教师最重要的是如何把教学设计落实到教学过程中去,使新互联课堂真正得以实现。

(一)基于真实问题创设的情境互联策略

这类策略强调两点:情境的真实性和情境的问题化。一方面,我们认为真实性的情境,能激发学生学习的兴趣,提升学生的学习动机,并使他长期保持。另一方面,如果将情境呈现问题化,能很好地将已学知识、生活经验、不同学科的知识内容与当前的学习进行意义关联,促进学生的思维发展,促进学生日后的情境适应性并自发迁移。因此,我们从如何提高情境的真实性和问题化来思考与尝试不同的策略。

1.真实性策略

真实性策略是从情境互联的特征和类型出发。真实的情境具有以下特点:高遇见性、研究操作性、恰当抽象性。高遇见性是指该情境不仅真实存在,而且是学生经常遇到的。如校园生活情境、家庭情境等,这样的情境能让学生明显感受到学习的意义。研究操作性指该情境或问题对于小学生来说是可以通过自主学习、合作学习等在老师的指导下进行探究并解决的。恰当抽象性指该情境可以反映一个问题的原型或本质。我们分析真实情境的类型：情境可以来自学生真实世界的生活，也可以来源于学科本身的学术性问题，如上位、下位、相似等知识都可成为研究情境。还有一类是角色情境，这种情境虽然相比直接的生活情境也是虚拟的，但赋予学生真实世界的角色并努力履行角色功能。大量该角色领域的信息进入学习场景，学科资源的融合也显得水到渠成。

（1）从课堂走向生活，创设真情境促进主动参与。未来的生活情境和遇到的问题往往是复杂的，且没有现成的答案。只有学生不断体验真实，感受学习与生活之间密不可分的关系，今后才能自然地、得心应手地迁移处理问题。不仅在课堂的引入环节要创设生活情境，而且整个课堂都应该浸润在生活中，实现与生活的无缝对接。

【案例4-10】 在"美国游学准备"中学习"长方体表面积的应用"①

"长方体表面积的应用"是浙教版数学五年级下册第95~96页内容，在"长方体的表面积"之后学习。作为一节练习课，巩固知识与技能的同时，在教师的精心设计下，出现了以下真实场景。

每年暑假学校都会组织五年级学生去美国游学，前些日子已经确定了参加名单，我们班哪些同学参加？你们打算带什么礼物送给美国的结对家庭呢？

生1：中国特色的餐具、杭州特产藕粉、课外书、文具……

生2：别忘记要包上胜利实验特色的包装纸。

你们想得真周到！这里有一盒青花瓷餐具、一个铅笔盒、一套四大名著（如下页图）。学校委托咱们班的同学考虑计算下，如果要给这些礼物进行包装，至少得需要多少印有学校Logo的包装纸呢？有了你们的数据，学校再

---

①该案例来自学校张琴老师。

去采购包装纸。

生1：我们来包一包试试看！

生2：不用真的包，我们只要用学过的长方体表面积计算的知识来算一算。

师：这是个聪明的办法！需要分工吗？

生：小组合作吧！每个组挑一样礼物，这样就会快一些。如果不同的组挑的礼物一样，我们还可以校对计算是否正确呢！

三个物品虽都是长方体，但因为物品的不同特点，包装要求自然也不同了。于是产生了三个不同任务：

任务一，给长方体铅笔盒做包装盒，是需要计算长方体6个面的。

任务二，给4本书做一只手提袋，是需要计算长方体5个面的，而且不同的摆放方法需要的手提袋的长宽高尺寸是不同的。

任务三，给餐具做一个抽拉式的套壳，需要计算长方体4个面。

五年级学生参加美国游学是学校常规活动，上本课之前，学生处刚刚结束游学报名活动，"美国游学"是近期学生谈论的焦点话题。参加游学的同学给对方带小礼物并做精美包装在情理之中，本课以此为切入口，选择了长方体形状的物品请学生计算包装纸的面积，就是长方体表面积知识在生活中的应用。在这个情境下，一共有三项任务。每一项任务都不是简单的公式套用计算，而是要经历分析、讨论、计算、合理性评估等过程，是一项综合性的问题解决活动。学生将自己完全置于情境中，积极主动地分析选什么礼物给外国朋友更能体现中国特色，做怎样的包装更符合学校特色，爱国爱校精神油然而生。在热烈的讨论后，学生有迫切解决问题的需求，在真实的情境下解决综合性问题,有助于问题解决能力的发展和周全处事习惯的养成。值得一提的是,在理念的促使下,最终学校也采用了该班学生的数据结果。

(2)从学生走向职业,赋予真角色增强身份代入。爱模仿是小学生的天性。学生喜欢模仿成人的行为,因为他们对成人有一种天生的崇拜,渴望成长。因此,在新互联课堂上,教师通过赋予学生一些未来社会角色,包括职业角色、家庭角色等,虽是虚拟,但能增强学生的身份代入感,从而让学生积极地参与问题解决。如我们在创意智造选修课上,学生成为项目组成员,并不是以组员的身份加入的,而是以艺术总监、技术总监、摄影师、摄像师、作家、外联等成人化的职业身份加入的,每一个岗位都有其特定的职责。这让学生感到新奇,并且有一种此任务只有我能胜任的自豪感,进而主动为整个项目做出贡献。

【案例4-11】 设计课程"设计侦探"节选①

"设计侦探"是以艺术设计方式为真实生活需要帮助的人设计物品,解决问题的自编内容美术课,该课属于美术教学的设计应用领域。同时,作为浙江省设计课程的实验学校,"设计侦探"系列课程由信息技术老师和美术老师共同承担开发与实施任务。教师在"设计侦探"第一课的教学中,就创设了以下角色情境。

要成为大侦探不仅得有睿智,还必须有过人的胆识,今天这节课,就让我们一起来做做设计侦探。同学们,你知道什么是设计侦探?设计侦探到底要侦查什么?如何成为一名优秀的设计侦探呢?最终,师生共同总结出:作为设计侦探,要能利用多元的方式观察生活场景,能敏锐地发现问题或困境,能迅速有效地提出解决方案。

课堂开展设计侦探一系列活动,以培养学生运用科学理性与艺术设计的综合性思维,发现问题、解决问题。

---

①该案例来自学校张丹妮老师、余国罡老师。

案例4-11中，两位老师在课堂初始，就设计了"侦探"这样一个对孩子充满吸引力的角色情境，让学生自觉地去思考搜寻侦探的必备品格。学生把自己和侦探的品格自然地对照起来，带着一种角色使命感更积极地参与后续的项目学习。

【案例4-12】 劳动与技术三年级下册"活动小屋模型的设计与制作"的设计改变[①]

原始设计：四川汶川地震、青海玉树地震给灾民带来了巨大的影响。地震后受灾家庭无家可归需要临时房屋——活动板房。什么是活动板房？有什么特点？如何来制作？

修改设计：2020年中国抗击新冠肺炎疫情期间，你们听说过火神山医院、雷神山医院吗？你知道建造这两座医院分别花了多少时间吗？这么大一座医院，为什么能在这么短的时间建成？居家抗疫期间，你一定和爸爸妈妈当过这两座医院的"云监工"，现在请你作为"云监工"代表，结合教材"活动小屋模型的设计与制作"内容，向大家汇报一下这两座医院所使用的房屋结构特征、注意事项。

在原先的引入部分中，创设的情境是地震后受灾家庭无家可归需要临时居住的房屋，从而引出活动板房。情境虽然是真实的，但是很难和学生的自身经历产生联系，毕竟印象深刻的四川汶川地震、青海玉树地震都已经过去10多年了，大多数孩子没有真正经历过。但是火神山医院、雷神山医院的建设是2020年抗击疫情期间的一大热点，很多学生都在假期里当过"云监工"，让学生作为"云监工"的代表，这一角色任务让学生自主回顾居家期间的经历，容易获得学生的共鸣，从而激发学生的学习兴趣。

2.问题化策略

问题化策略是从情境互联的呈现方式出发。课堂上的情境若简单呈现，则仅仅是一个情境或简单故事，长久之后会显得乏味。而如果将情境改

---

①该案例来自学校祝超俊老师。

编,以问题形式呈现,能让学生通过对问题答案的求索,把已学知识、生活体验与当前学习内容形成有效的意义关联,这是学生好奇心的本能所驱使的。因此,围绕一些挑战性的问题组织课堂不同环节,是促进学生持续参与的有效方法。

【案例4-13】 "科赫雪花"练习设计[①]

学校数学教师田老师设计了一个真实问题:你相信一片雪花的周长大于宇宙直径吗?

看似这一问题只要回答"是"或"否",却需要学生自主探究来支撑自己的结论,田老师设计了如下支架练习,帮助孩子寻找"证据"。

1904年,瑞典科学家科赫画出了雪花构造模型。雪花的基本构造是基于天然冰分子的六边形,我们可以自己动手画一个"科赫雪花",然后再来研究雪花的周长。

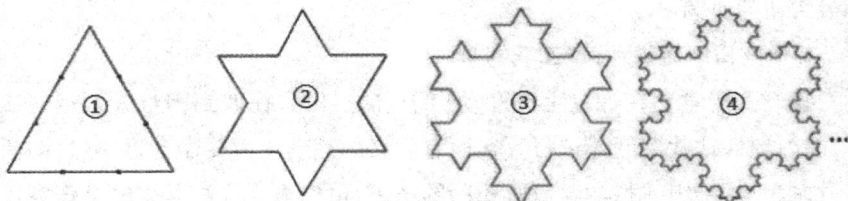

传统的课堂练习是脱离情境的枯燥机械操练,学生只是教师命令的执行者。而田老师的练习源于一个真实问题,将雪花和宇宙直径联系在一起,一大一小明显的对比,足以吸引学生眼球。当学生投入进来后,纷纷找寻雪花周长大于或小于宇宙直径的证据。于是,田老师的练习设计就体现出了明显的价值。学生不会感觉自己在操练,而是会自豪地认为自己在努力解决问题。经过这样的体验,学生会养成主动运用数学去解决问题的习惯与能力。这就是新互联课堂中练习的理念,我们不围绕知识点去设计机械性的练习,而是围绕问题去设计支持学生问题解决的活动。

___

①该案例来自学校田秋月老师。

（二）基于合作过程优化的主体互联策略[①]

主体互联的教学是由课堂上每个个体互动所形成的意义链和关系链构成的。这里强调几点：一是主体互联包含课堂行为主体之间的互联，包括师生、生生互联，而学校在研究中为了深入聚焦，提高研究的有效性，重点针对生生互联开展研究。二是新互联课堂的生生互联，不同于传统的合作学习，我们希望主体互联真实、自然和有效，而非某一次"作秀"式的互联。因此，教师的策略也不仅仅在某一次课堂内发挥作用，而是关注"功在平时"。三是新互联课堂上，教师要揭开合作学习的面纱，打开"黑匣子"，实施过程精准指导。全国合作学习推广专家郑杰说过："良好的习惯需要刻意地训练。"学生的合作学习指导就要遵循详细明确原则、小步骤原则、过度练习原则，以此来逐渐提高互动能力。

这一大类策略，让我们不再将生生合作看作一个单一环节，而是充分展开过程，细化分解为团队建设、合作目标、合作任务、合作过程、合作评价等环节，针对每一个环节优化需求，创新实施教学策略，以真正帮助学生学会积极沟通与协调。

1.保障团队建设，打好互联基础关

我们希望学生在课堂上的互动出于自主自愿，在遇到困难或希望交流时，能习惯性地找到同伴进行真实而有意义的互动。而要做到这一点，团队建设尤为重要，组建科学、合理、稳固的小组，可以大大提高学生的合作意愿和效率。因此，在学校开展新互联课堂研究初始，我们就重点关注了各班学生合作小组的团队建设，这是课堂生生互联的基础。团队建设一般包含组建、维持、调整三步。

（1）操作指南助力小组组建。借助学校21世纪初的《小学课堂交往与合作研究》，制定了《合作学习小组组建操作指南》，建议每班由班主任领衔，学科教师协同，做好合作小组的组建，包括小组组建、小组文化建设、小组合作工具准备。

---

①主体互联相关案例部分来自学校张雪妓老师的课题成果《三单助学：指向学生思维能力培养的小学语文合作学习活动的实践研究》，为学校重大课题子课题。

【案例4-14】 杭州市胜利实验学校《合作学习小组组建操作指南》

一、小组组建

1. 确定小组规模：低学段为2~4人，中、高学段为4~6人。全班各组人数基本一致，人数如有多余，酌情插入其他小组。

2. 组内异质分组：班主任和任课老师确定异质指标及各指标间重要性排序。一般按1:2:1比例确定，兼顾身高、性别、视力等情况。

3. 敲定每组名单：可借助ABC等级或分数定义各指标学生水平，确保各组平均水平大体相当。针对个别有需要的学生进行一对一谈话。

4. 合理安排座位：各班根据班级人数、小组数等因素自行安排座位形式。

5. 定期调整：按"组内异质，组间同质"原则一学期调整1~2次。

二、小组文化建设

6. 创建小组形象：取小组名、确定组训、设计小组标志和小组目标等。

7. 组员分工岗位设置：给小组每人编号，便于后续活动开展；设置岗位，如协调员、纪检员、代言人、速记员、计时员、庄主、外交员等；确定角色轮换机制，如指定、轮流、转盘随机产生。

8. 确定行为规范公约：组织学生讨论，根据讨论和班级实际情况，确定行为规范公约。部分公约建议有显性的合作学习工具外显。

9. 确定奖励机制：确定小组活动记录反馈形式，如直观学习进展统计图、奖惩记录表，并张贴在教室显眼处。确定个人活动记录反馈形式，由小组自主讨论决定，明确个人责任。

10. 确定奖励形式：给予优胜小组和优胜个人具有象征意义的奖励，确定定期反馈时间。

11. 小组文化建设时间保证：建议利用道德与法治课时间进行小组文化建设，各任课老师尽量都参与。

三、小组合作工具准备

12. 根据需要确定若干小组合作工具，如号码牌、岗位牌、学习进展统计图、奖惩记录表、发言板、积分卡等。

（以上指南供参考）

（2）角色分工激发参与兴致。传统的合作学习效率低下、效果甚微的原因之一是学生发言权大都掌握在优生手中。看似热闹，实则部分学生合作积极性并不高。尤其在小组汇报环节，通常都是少数思维活跃、善于表达的学生作为代表。究其原因，是成员分工不明确，没有责任到人。因此在组建小组后，开展角色分工，各司其职，能提高合作主动参与度（见表4-1）。

表4-1　某班小组合作学习角色分工表

角色名称(常规)	角色功能	角色名称(特殊)	角色功能
协调员	节奏提醒，协调意见	庄主	在"坐庄法"合作中负责主持，尽可能先邀请能力弱者
纪检员	提醒音量，提醒专心		
计时员	提醒时间，提醒结束	外交员	在"一人走三人留法"合作中负责去他组参观探访经验
速记员	倾听发言，记录内容		
代言人	整理观点，代表发言		

合作小组内部成员的分工不是一成不变的，也可以定期轮换，保证每位成员都有不同角色锻炼和展示的机会。像"庄主""外交员"等特殊角色，则根据合作任务需要实时切换。

（3）认同表彰用心调整维持。团队成员个性特点各不相同，冲突、矛盾必不可少。如何帮助学生在遇到困难时顺利解决，更自觉轻松地投入与同伴的互动中，是学校老师一直在思考的。老师们在实践过程中也摸索出了一些"金点子"。例如，每月评出小组表扬榜，提高团队的认同感。

2.确定合作目标，把好互联方向关

（1）准确定位合作目标。教学目标是课堂教学的灵魂，它对教学起着导向的作用。在新互联课堂的整体目标设计时，我们有素养目标总描述，也包含知识理解、能力获得、自我管理养成三个层次的分目标。因此，在教学目标的"能力获得"这一层次目标中，老师们会着重制定合作目标，以指导后续的主体互联活动。

表4-2 语文三年级下册《我们奇妙的世界》合作目标及其能力指向

目标描述	能力指向
四人小组合作,能够绘制文本结构图,用组员间互相补充的方式,初步学会整合信息,能按照顺序介绍"我们奇妙的世界",感受大自然无尽的奥秘	创新能力 协作交流能力

从表4-2中我们可以看出,基于合作学习的目标表述中,不仅仅是简简单单一个笼统的概述,其目标的定位侧重于创新能力和协作交流能力。

(2)合理表述合作目标。评判一节课、一个教学环节成功与否的很大一个标准是:是否达成教学目标。因此在合作学习中,评价合作环节是否有效落实也应对照教学目标。合作目标表述应该包含行为主体、行为动词、行为条件和表现程度(见图4-3)。

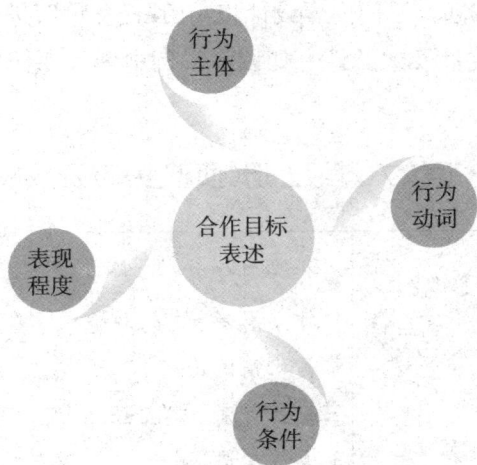

图4-3 合作目标表述要素

行为主体应该是学生,而不是教师,因此目标表述应从学生出发;行为动词尽可能可理解和可评估,避免"掌握"等词,而多采用"能说出""能证明"等词;行为条件指要限定产生学习结果的特定的范围;表现程度指所产生的行为变化的最低表现水准或学习水平,便于评估学生是否达到目标,如"能运用至少三种方法"等。

【案例4-15】 语文二年级下册《青蛙卖泥塘》合作目标①

通过小组合作,成员能在10分钟内分角色,通过动作、语言相结合的方式演一演这个故事。

该目标中,"小组成员"就是行为主体;"10分钟内"就是行为条件,学生需在规定时间内完成合作任务;"演一演"是行为动词,"动作、语言相结合"是表演的表现程度。

3.设计合作任务,把好互联兴趣关

通过学习任务的巧妙设置,可以激发学生的学习兴趣和内在动力。为避免合作学习流于形式,因任务不科学而导致合作学习效益低下,在设计合作学习的任务时,不同内容设计相应的"任务单",进一步促进合作学习的自主性、探究性及效益性。如以下案例中开放性任务单和综合性任务单的设计。

【案例4-16】 语文六年级上册《顶碗少年》开放性任务单设计

《刷子李》情节"心电图"	合作学习任务
牛! 真牛! 啊?!	1.独立思考:快速浏览课文《顶碗少年》,找出描写心情的语句 2.组员交流:用"坐庄法"交流观点,互相补充 3.模仿左边《刷子李》一文的心电图,自主完成《顶碗少年》心电图

① 该案例来自学校董毅妮老师。

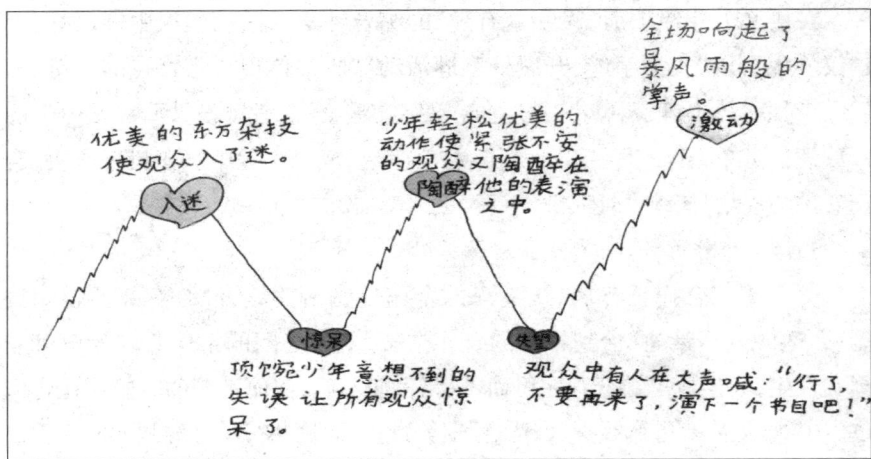

　　《顶碗少年》语言朴素,情趣盎然。小说类文本,引入心情图示,学生可以合作描绘出自己的理解,从而感受人物的心情,大大提升学生的阅读思维能力。

　　自主和自由往往是紧密联系的。只有在开放自由的状态下,学生才有可能养成善合作的素养。因此,新互联课堂在合作任务设计时,特别是高段课堂,将更注重课堂与生活的联系融通,给学生设置开放、综合的任务单,目的是让学生在感受到充分信任和尊重的氛围下,持续地投入学习。

【案例4-17】　语文五年级下册"遨游汉字王国"综合性任务单设计

组长_____　记录员_____　发言人_____ 组员_____			
我们的活动主题		我们的活动时间	
我们收集资料的方法			
我们选择的成果形式			
我们的成果			

在语文五年级下册"汉字真有趣"的综合性学习活动建议中，教材明确建议学生可以"收集字谜、开展猜字谜活动""收集体现汉字特点的古诗、歇后语、对联、故事等资料，办一次趣味汉字交流会"。教师设计研究报告类的开放性任务单，让学生在组员协作、材料筛选、成果物化中真正投入进去，合理安排和规划，使综合性实践活动得以真实展开。

4.指导合作过程，把好互联质量关

学生接到合作任务后，接下来的合作过程最关键，没有有效的合作技能、合适的合作策略、恰到好处的合作支架，生生之间的主体互联就不可能真实发生，学生也一定会存在思而不得、言而不明、探而不深的时候。在合作过程中，学生需要进行倾听、表达、反馈等行动，而这些行动怎样做才能高质量地完成合作任务？这些都需要教师的指导和训练，也需要学生的体验，二者缺一不可。我们不能像传统的合作学习一样，用一句话"开始合作"不负责任地随意浪费宝贵的课堂时间，而是要进行细致的指导，刻意的训练。

例如，倾听是有效交流的前提，佐藤学甚至提出，倾听比表达更重要。那么，如何进行有礼有效的倾听呢？合作学习推广专家郑杰提出，倾听包含了回应、复述、共情、总结等环节。对方在讲话时，你应该注视对方点头微笑，不要随意打断，这就是合理的回应。复述时，你要重申对方的想法，如果能梳理一下思路是最好的，比如"我明白了，你的意思是……"共情是指要把自己和对方的情感情绪建立联结（这就是主体情绪的互联），如"你一定很愤怒，因为……"总结时要对对方的话进行简单总结和反思，并且征求对方意见，如"我的理解，你的核心思想是……不知我理解得对吗"。这样的倾听是有质量的，才能为后续的交流互动提供坚实的基础。

胜利实验教师在学习郑杰的观点的基础上，在新互联课堂的实践研究中不断尝试，也摸索出了一些校本化策略。

数学组基于审辩式思维研究，整组推广研究学生课堂语言的规范，引导学生在表达自己的观点和思考过程时可以使用一些基本句式，以提高数学课堂的思辨性。如"我不同意，因为……""我猜想，因为……""我有疑问，因为……""我假设，因为……"这些句式指向了问题思考的多种路径和角度，能促进学生质疑、反思和评价。

语文组为了促进小组合作的效果，要求学生独立思考，运用一些具有特定功能的句式来表达自己的观点，以此来提高学生的参与度。学生参与交流，可以有很多方式：如果有其他想法，可以用"我有补充"；如果没听明白，也可以大胆地说"我有疑问"；赞同对方，则可以大声地夸奖对方。以"倾听、悦纳"的姿态去冲破学生独语的障碍和部分学生话语霸权的藩篱，尊重和珍视每一个学生的独立思考、合作互助（见表4-3）。

表4-3　表达观点及功能分析

表达观点	功能分析
我有补充	交流其他同学没说到的与学习任务相关的内容
我有疑问	交流自己没听懂的或自己认为重要的问题
我有提醒	交流其他同学错误的或有缺陷的观点
我有夸奖	交流值得自己学习和欣赏的地方

随着合作的推进、讨论的深入，学生在最初交流的基础上会越来越深地潜入合作任务的问题本质思考。教师引导学生通过归纳与演绎、分析与综合，尝试对所学的内容进行归纳总结，帮助学生主动将合作时零碎、无序、个性的问题讨论成果"编织"起来，付诸实践，形成序列，并进行拓展运用，形成一个问题讨论、解决、实践的闭环（见表4-4）。

表4-4　思考引导及功能分析

思考引导	功能分析
刚才我们交流的方法在以前的学习中出现过吗	串联"旧知"，使新旧知识贯通融合
我们想到的方法能解决生活中所有相似的数学问题吗	链接"生活"，积累更加丰富的数学现实经验
想一想，我们为什么要研究这个问题？是怎么研究的	指向"过程"，提升学生的自主学习意识
大家觉得我们还可以再研究些什么	驱动"研究"，走向数学研究的自觉状态

5.落地合作评价,把好互联效果关

借助评价,教师可以快速获取反馈信息与教学成效,对合作的效果做第一时间的调整和反思;学生可以借助评价认识自我、建立自信、增强学习动力,并通过反馈及时调整自己的学习方法,在教师的指导下提高学习效率。因此,合作评价的落地,对于真正提高互联效果有着至关重要的作用。

(1)提升认知,过程与结果共存。合作评价需要进行多次,根据不同时期的评价结果,来确定学生的沟通与协调能力、思维水平是否真的发生变化。所以,在合作中形成性评价和终结性评价都是必要的。"合作过程评价记录表"就是学校教师普遍使用的一种便捷又有效的形成性评价方式,可以及时记录学生在合作学习过程中的主要表现。当然,终结性评价依旧必不可少。教师可以根据不同的合作活动制定相应的终结性评价,以测评这一学习活动中学生的学习成果,并且及时表彰优胜小组,从而激发后续合作学习的动力(见表4-5)。

表4-5 学生参与小组合作学习表现评分表

参与小组学习活动的表现	评价等级				
	优	良	中	组员评	自评
1.与其他同学合作与交流	5	4	3		
2.认真听取其他同学的意见	5	4	3		
3.表达自己的观点和意见	5	4	3		
4.与其他同学共同制订计划	5	4	3		
5.与其他同学共同完成任务	5	4	3		
6.完成自己的任务	5	4	3		
7.帮助其他同学	5	4	3		
8.协调小组成员	5	4	3		
9.与其他同学分享学习成果	5	4	3		

(2)构建关联,小组与个人并重。合作学习是以小组为基本形式与载体,容易导致将整组学生的表现进行捆绑,过于注重整体评价,而忽略对于

个人表现的评价。所以,在实施评价的过程中,教师应该关注小组中每个成员的表现以及集体的表现,将小组评价与个人评价相结合,两者并重。小组评价强调团队的学习,而个人评价更在意个人的努力与进步。每个学生都有各自的优点和不足,并且在建立合作小组之初也有"异质分组"的存在,所以组内的学生学习能力是有差异的。教师应根据学生学习能力的差异,在小组合作学习过程中给予不同的加分,这就是分层评价。因此,学校倡导教师在新互联课堂上重视个体对团队的贡献。以下是某班教师的做法(见图4-4)。

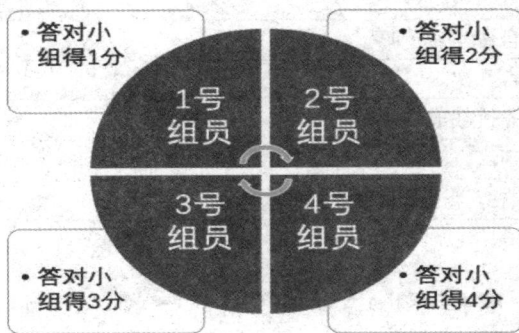

图4-4 某班合作学习小组个人评价积分规则

该班教师根据组内不同学生学习能力的差异进行分层编号,如1号、2号、3号、4号等,学习能力依次递减,同时制定了相应的加减分规则。在课堂中,根据不同号次学生回答问题给予小组不同加分。这样的评价方式既可以激励学困生积极思考,参与合作与发言,同时还能调动优生在组内进行帮扶的积极性,让每个组员都能发挥自己在组内的作用和价值。

(3)思维自省,自评与他评互依。学生是学习的主体,通过学生自我评价、师生互评等多维度评价结合的方式,实现评价主体的多元化,让学生获得更为全面和客观的评价结果。在课堂学习中,教师充分发挥课堂组织者的作用,根据学生的特点和学习需求,与学生共同制定合适的评价标准,同时加强与学生的互动,引领学生利用组内互评表和组际互评表,使学生在对同伴评价时有规可依、有据可循、有话可说,同时又培养了学生对人、事、物客观公正的态度。

在这里,特别强调新互联课堂要关注学生自评。自我评价是学生对自我思想、愿望、行为和个性特点的一种判断与评价。学生良好的自我评价习惯,有助于帮助他们形成严谨、认真的学习态度,同时能够帮助学生及时认识到自己在合作学习中的不足并进行弥补,不断完善自己的学习与状态(见表4-6)。

表4-6　小组合作学生个体自评表

评价内容	评价结果
我积极参与小组合作学习了吗	
这节课我一共发言几次	
今天我自己的任务挑战成功了吗	
我对这节课的表现满意吗	
我对自己小组在这节课上的表现满意吗	

表4-6是学校语文组正在使用的小组合作学生个体自评表。特别要指出的是,自评表虽用于学生自我评价,但作为教师应定期关注学生的自评结果,及时指出学生在自我评价中的不足和偏差,引导学生积极地反思,做到知行合一。

(三)基于智能技术支持的空间互联策略

学校一直以来都高度关注技术与教学的融合运用,从多媒体教学到互动媒体课堂再到移动课堂探索,我们一直在创新应用。幸福课堂实践阶段,我们把目光投向网络学习空间的建设,当时已经有了学生学习空间向网络化拓展的雏形思考,期望通过教师开发虚拟空间、引导学生主动获取并应用知识进行个别化的创意学习。随着大数据、人工智能等新技术的不断发展,国家提出教育信息化2.0行动计划,我们的移动课堂建设和教师的教育技术观也应该走进2.0时代。希望以网络技术为依托,移动终端设备和技术能走进常态课堂,实现按需而用,择技而用,新技术与教育教学能进行深度融合。新互联课堂的空间互联策略主要依托移动终端设备和技术的有效使用,来达到课堂内外时空互通、个体集体时空互通、数据互动互享等目的。

1.联结课堂时空,思维可视实现自主建构

建构主义倡导,学习是学习者自主建构的过程,而非知识灌输的过程。然而,建构过程存在于学生思维中,若没有显性可视化策略,教师很难准确把握和评估,自主建构往往流于口号层面。自主建构的前提是学生能对不同时期、看似没有关联的学习内容进行关系分析、主动迁移。如何有效培养学生的迁移、建构能力? 这是教师要思考的。我们利用移动终端设备、App(如Imindmap、Explianeverything)、投屏功能等实现了单元课堂时空的有效联结,帮助学生将自主建构的过程可视。

【案例4-18】 移动终端的"几何小天地"单元复习①

一、独立建构:制作导图,感知体悟

通过课前谈话,了解"几何小天地"单元,学生感觉梳理起来困难,因为一个单元有十几个不同的课时,上课的时间也不同,知识点太多,不知道怎么梳理。

教师引导,可以利用新App工具"思维导图(Imindmap)"来制作属于自己的独一无二的单元思维导图。这一过程借助四个技术来完成。

学习技术	自主选题	材料多样	过程可视
App 视频学习	App explaineverything	App 思维导图	投屏功能

"学习技术"指借助最常规的视频软件,教师事先制作好微课,介绍软件使用。

---

①该案例来自学校黄建老师。

"自主选题"指借助 App（explaineverything），让学生根据自己的能力、爱好自主选择一个切入点来整理。单元知识的梳理应该是多元的、多角度的。

"材料多样"指考虑到学生能力有所不同。老师在这之前设计了三则材料来促进学生能力的生长。

"过程可视"指将学生制作的过程通过投屏功能显示在屏幕上，一方面，为有困难的学生提供一定参考；另一方面，利于教师分析其思考过程，为更好地教服务。下表就是某个学生画思维导图的过程截图，可以清晰地看到这个学生的思考过程。

二、小组合作:评价导图,促进内化

有了独立的思考,小组内就可以交流每个人的想法,在交流过程中主要围绕自己是怎么想的,为什么这么想。在交流过程中互相调整、修正。

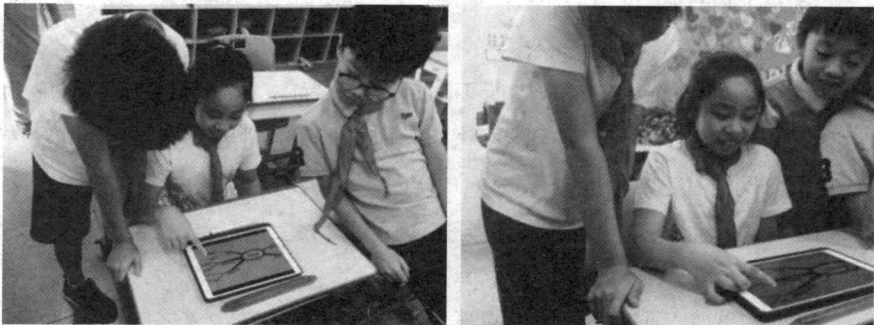

通过思维导图,教师和学生能比较直观地分析,如某一小组中4名学生的情况分析如下:生1比较慢,还来不及整理关于三角形和其他图形的知识。生2的思维比较零散,对于知识的梳理比较关注它的全面性,对于知识的结构性关注比较少。生3有比较好的整理能力,但是对于三角形内容的整理不够完整,只关注了三角形的内角和,但是他能回忆起三角形内角和的整个研究过程。生4有较强的整理能力,将本单元的知识进行了比较完整、全面的梳理。从认识图形如三角形、平行四边形、梯形入手,补充了轴对称图形、图形的高相关知识。

三、全班交流:反思导图,求联求通

学生在交流过程中有集体的分工、合作,在介绍每一部分时,还会向其他同学进行提问或适当补充。在交流过程中,生成性的资源更是促进了学生对于知识本质的把握与理解。

案例4-18中,教师利用思维导图App,实现一人一图,每个学生在课堂上都"创作"出一幅属于自己的作品。这正是学生在自主选择后创造出来的一幅好作品。通过这幅作品我们可以看到学生之间的差异。有了差异,也要学会"异中求同"。基于思维导图App,学生经历小组内的合作互相吸收、互相学习、互相包容，让知识的建构更加丰厚。在小组内的交流后，小组间的交流更是为知识的建构提供了一个更丰富的支持。

整个交流的过程，师生都是基于移动终端。在移动终端的支持下，学生将繁杂、零碎的知识点串联，从某种意义上说是将十几节课的课堂时空进行了串联，思维得以可视化。"制作导图"可视、"导图呈现"可视、"导图优化"可视，这些方面的可视是传统教学所不能达到的。而在本课后，教师又倡议学生将此作为一份长作业，带到课后去继续合作研究优化，之后将作品放在UMU平台网络社区，线上线下、虚拟现实时空又实现了联通。而在这一次次不断的联通过程中，学生的自主建构和迁移能力大大提升。

2.呈现学习数据，交互反馈助力深度学习

传统的课堂，师生之间除了问答式的语言互动体现主体之间的沟通外，其余互动便不再产生。然而，新互联课堂是一个全方位实现互联的课堂，师生个体学习数据能通过技术实时呈现和推送，达到交互的目的。个体学习数据也能通过技术实时汇总分析，达到及时反馈分析的目的。这就是新互联课堂在时空上较传统课堂的融通便捷之处。

【案例4-19】 依托UMU平台实现习作互动评改①

语文四年级上册习作"那一刻，我长大了"，教师通过征文比赛创设拟真情境，明确习作任务。教师期望通过同伴互动评改来提高学生习作兴趣及自主习作能力和自我反思调整的品格。教师从"成长素材要精选""成长镜头给特写""成长感受写真切"三个维度公布评改量规。

依托UMU互动平台作业小结功能，要求学生上传各自的习作初稿；依托UMU平台的多维评价功能，要求学生以评改量规为依据，对同伴的习作初稿进行打分；依托UMU平台的发言功能，鼓励学生相互交流。

①该案例来自学校殷晓艳老师。

在上面这个案例中,教师很恰当地选择UMU平台部分功能实现了课堂目标。利用作业小结,让学生个体的习作能快速地传达到每一个同伴手上,相互学习成了可能,大大提升了学生写作交流的意愿。当然,为了保障更多同学的写作能够得到关注,老师规定每名学生评价两名同学的习作。利用评分与交流功能,学生不仅可以看到老师的评分,还可以看到同伴给自己的评分情况,根据评分,能实现对自我的精准判断和反思,进而有方向地调整修改。而作为打分者,也在不断思考同学文章的优点和不足,在思考中,自觉地与自己的习作进行对比,同样进行了一个交互调整的过程,对自己的习作修改也起到了一定的参考借鉴作用。

【案例4-20】 数学六年级下册"统计复习"numbers电子表格让认知冲突更深刻[①]

观看亚运会宣传视频,出示射击选手成绩,使用投票器选择推荐选手。

选手	一	二	三	四	五	六	七	八	九	十	总计
选手1	6	9	4	7	3	9	6	8	0	9	61
选手2	4	10	2	3	10	1	10	5	8	5	58
选手3	6	5	5	6	5	7	6	7	6	5	58

初次选择后:(基于生活经验)(见条形统计图的第一次结果)

师:同学们从总数、平均数、极值和稳定性这些不同的角度分析数据,做出自己的决定,你们都有自己的道理,可是只能推荐一位,怎么办呢? 我们来看看教练的要求吧!

出示教练要求:我想选择稳定性强的选手!

---

①该案例来自学校冯骏驰老师。

二次选择后：(基于数学判断)

师：这次的选择为什么这么集中？(见条形统计图的第二次结果)

生1：3号选手的数据看起来波动很小。

师：想象一下，如果利用这些数据制作成折线统计图，会有怎样的现象？

师：再想象一下，3号选手的靶子上的弹孔图大概是什么样子的？

生齐回答：分布得比较集中！

三次选择后：(从关注表象走向关注本质)

出示三位选手的靶子图，再次进行选择。(见条形统计图的第三次结果)

师：这次的选择和之前的结果怎么会出现这么大的反转？

生1：从图来看，2号选手构成的多边形面积最小，代表他最稳定。

生2：2号选手的弹孔最密集。

师：看来，数据有时候也是会迷惑人的。通过经历运动员的三次选择过程，对于数据的分析，你有什么收获？

生1：可以从投票图中获取直接和间接信息。

生2：我们还是要看清楚最后的情况再做判断。

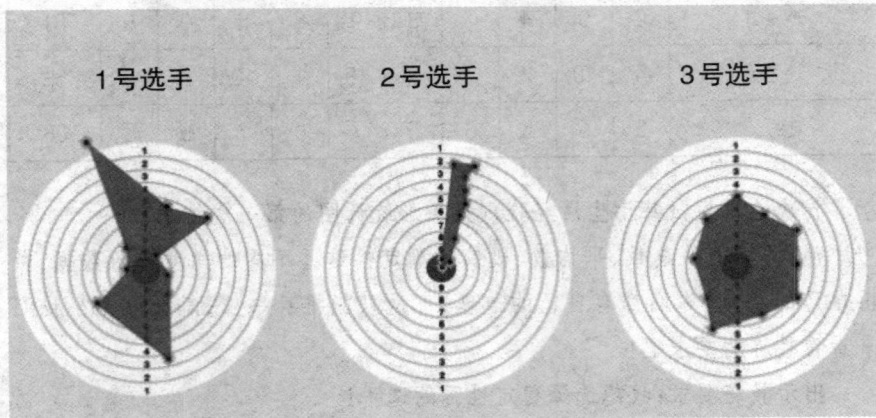

靶子图

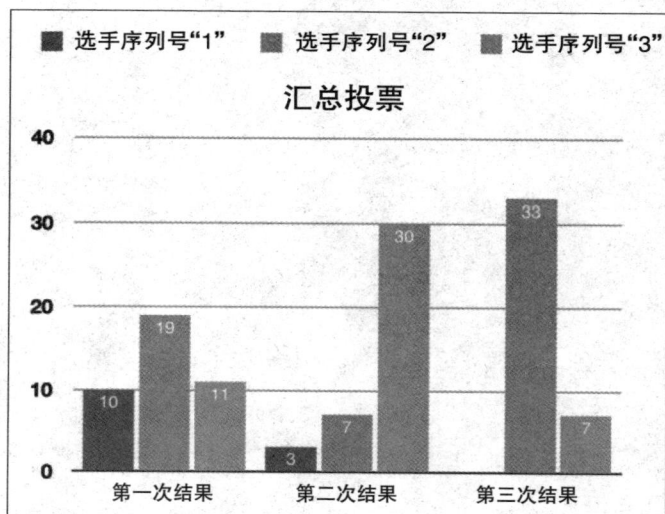

■ 选手序列号"1"　　■ 选手序列号"2"　　■ 选手序列号"3"

汇总投票

条形图

　　本课创设了杭州亚运会的主题情境,首先以射击运动员的增补为素材展开活动,联系生活环境,激起学生学习兴趣。同时,为了引发学生思考,提升学生的思辨能力,对素材数据多角度、多层次分析,充分剖析数据背后隐含的知识,充分建立数据分析观念,必须在此环节引发学生强烈的认知冲突,不断撞击其已有经验。如何来实现呢? 教师选择了numbers电子表格云端协作技术,快速捕捉学生个性数据,将全班所有孩子的数据进行连接,实时呈现个体数据并进行汇总反馈,自动生成易于分析比较的图表。三次选择就如电视剧一般的剧情反转,不断撞击学生的认知冲突。从第一次根据自己的经验选择,到从数据上的稳定判断,再到从图像上的不同角度的稳定,随之又推翻之前的选择,只有在有认知冲突时,学生才会多次观察、分析和比较数据、图像,才会不断"审问",谨慎选择,达到"慎思"。

　　教育技术的直观性、互动性和参与性进一步拉近了师生距离,课堂与世界相连,学习动态随时分享,学习成果及时记录,全班情况即时反馈,有助于学生思维外显,有利于师生、生生评价,学习变得更轻松、更愉快、更自主。

第五章

关爱·交往:新校园生活的打造

　　本章从学校新的学生培养目标出发,通过改造校园环境、重设活动目标、重组活动内容、重置活动评价等来打造学生的校园新生活。"新面貌生活"重视人与人之间基于主体间性,人与空间之间突出开放、互动,人与生活之间重视合作和关爱,人与事物之间强调团队和自治,最终形成以"创新思想、调解矛盾、担当责任、关爱世界"为素养的基于交往和主体间性的生活化、交往化的学校道德生活新样态。最终达到"能用创意手段表达爱;在面临复杂事件时能化解矛盾,勇于担当;在面临道德抉择时能唤醒道德自觉,做出正确的道德判断"的目的,从而帮助学生成为一个会反思、能自律、善创造、会沟通的社会公民,为学生适应复杂社会提供强有力的支持与帮助。

第一节 阐述：新校园生活的特征

校园是每一个学生童年生活中难以忘却的空间。当一个小学生背上书包，第一次跨进学校大门，开始他的学校旅程时，校园便成为他感知学校的第一印象。从此，校园将陪伴他度过整整6年，成为他生活、学习的场所。从这个意义上说，校园对于学生的成长有着十分重要的作用。也正因为如此，我们把校园生活的打造视作学校变革的一个十分重要的领域，努力营造一种新的校园生活。

一、新校园生活的目标指向

毋庸置疑，小学生对校园生活有着自己的理解，在他们眼里，校园生活应该是洋溢着童年的欢愉。遗憾的是，沉重的学业负担使当下的校园生活变得有些灰暗。这就迫使我们去思考，新校园生活的目标应该指向何方？

（一）符合新时代对人才的需求

1989年，联合国教科文组织在北京召开面向21世纪的教育国际研讨会，其报告指出，"学会关心"将是21世纪的教育追求的目标。波士顿大学的教育学者马丁主张，21世纪教育追求的教养基础，应当用"3C"（关怀、关切、关联）替代"3R"（读、写、算）。①

2016年，教育部等十一部门印发了《关于推进中小学生研学旅行的意见》。该意见提出要把学生的学习与旅行实践相结合，把学校教育和校外教育有效衔接，强调学思结合，突出知行统一，让学生在研学旅行中学会动手

---

① 佐藤学.学习的快乐——走向对话[M].钟启泉，译.北京：教育科学出版社，2004.

动脑,学会生存生活,学会做人做事,促进身心健康,有助于培养学生的社会责任感、创新精神和实践能力。该意见的出台为学校活动开展及人才的培养指明了方向。

《国家中长期教育改革和发展规划纲要(2010—2020年)》也指出,未来我国教育发展要坚持德育为先,同时提出要"构建大中小学有效衔接的德育体系,创新德育形式,丰富德育内容,不断提高德育工作的吸引力和感染力,增强德育工作的针对性和实效性"。

无独有偶,《杭州市建设"美好教育"三年行动计划(2018—2020年)》的实施原则中,更是明确指出要坚持高质量育人。坚持绿色发展,坚持以学生为本,遵循教育规律和学生身心成长规律,积极构建与时俱进的育人工作新体系,深入践行素质教育,引领学生美好快乐地成长,努力让每个孩子都能享有公平而有质量的教育。

结合以上几个方面,我们认为"创新思想、调解矛盾、担当责任、关爱世界"是当下社会对人才培养提出的新要求,而这就是超越于知识技能之上,偏向道德素养范畴的未来人"新面貌"的基本表现。学校承载着培养未来人的重要责任与使命,必须及时了解各级政府出台的相关文件,深刻领会文件精神,与时俱进,在其背景下组织开展学生活动,创新育人思路,为培养新时代人才做好基础工作。

为此,我们设想,树立"人人都是育人者"的意识,在"主体间性理论"的指导下,开放校园各大空间,设计并整合以学生为中心的各项活动,引导学生在交互式的空间里,在社会优秀资源的帮助下开展活动,在活动中学会交往、学会理解、学会对话与沟通,实现以"创新思想、调解矛盾、担当责任、关爱世界"为主要内涵的新校园生活,以改变学生在校生活的状态,为培养面向未来的人才探索更多的可能性。

(二)适合新时代的学生培养目标

杭州市胜利实验学校一直把"幸福生活每一天"作为办学目标。健康、自主、文雅的卓越"海燕"是学校的培养目标。但是随着社会对人才需求的改变,随着社会优秀资源的大门向学校敞开后,学生的学习场地不断向社会拓展,学习资源也进一步丰富。我们开始重新思考学生培养目标。今天的学生都是未来的社会公民，他们具有社会性。假如学校继续固守"校园"这方天地而进行完全脱离社会的教育，那么培养出来的学生缺乏社会适应性，他们将很难适应这个纷繁复杂的社会，更谈不上为社会做贡献。为此，我们试着把学校当成一个社会，将学生看作学校社会中的小公民，一方面积极联通校内外的教育资源，创造社会实践的机会，给学生提供具体的社会情境学习、交往与思考；另一方面则重新解读"育人目标"，全面调整学校的育人工作思路。

每一所学校的发展都有顶层设计，学校三年（五年）发展规划一旦确定，它便是学校所有部门工作的方向标。因此，对育人目标的重新解读，一定不能将原有目标全盘否定，而是要根据学校开展的重点工作和当下学生的需求对原有目标进行内涵的挖掘、外延的规范。在学校，"健康、自主、文雅"是我们的育人总目标。不论学校规划里的工作如何变化，育人目标始终不变。但是，原有的育人目标里，大多子目标指向个体或者说自我的修养，很少涉及"社会适应素养"的培养。在当下社会对人才需求的背景下，我们应打开校门，拓宽培养视域，不仅要培养优秀的学生，更要把培养优秀的小公民作为我们的培养方向。基于这样的认识，我们对健康、自主、文雅做了新的解读，分别融入了关爱世界、创新价值、调解矛盾、礼仪规范四个目标。学生培养目标调整前后如图5-1所示。

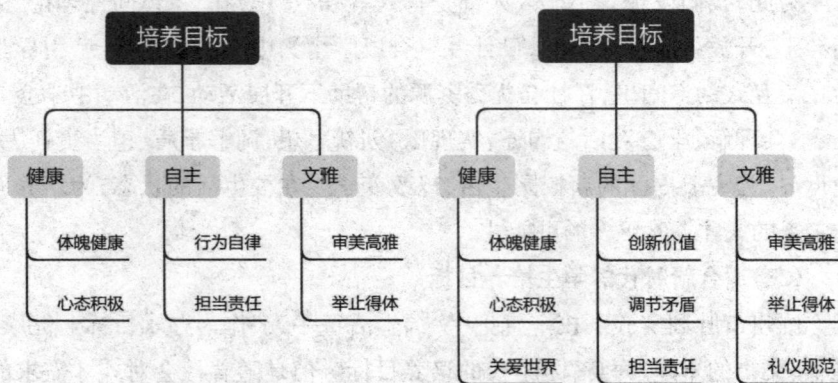

图5-1　学校学生培养目标旧版与新版比较

重新调整后的目标与"教育2030"课程设计框架指出的三种"变革性素养",即"创新价值""调解矛盾"和"担当责任"不谋而合。"关爱世界、创新价值、调解矛盾、礼仪规范"目标补充了原有目标中的空白,引导学生从关注自我转而关注他人、关注社会,帮助学生从单一的"学校人"向综合的"社会人"转变,同时也引导学校育人工作者将学生作为一个"完整的社会人"进行培养。育人目标是开展德育活动的方向,更新后的育人目标对德育活动的开展提出了新的挑战。

(三)满足学生对校园生活的向往

孩子自上小学起,就进入了全新的成长阶段。从小学开始,他将完成多阶段的基础学习,度过从儿童到青少年的关键成长期。而小学阶段的孩子注意力不稳定、不持久,难以长时间地注意同一件事物,容易为一些新奇刺激所吸引。同时,家庭生活中与大人之间的较为单一的关系也无法满足他们交往的需求。而此时,他们学习生活的又一重要场所——学校,应该满足他们的这些需求。

1.创设温馨舒适交往的校园环境

人类总是生活在一定的环境之中,环境与人的心理和行为是一个双向互动的过程。它会对人们的心理和行为产生潜移默化的影响。对于一所学校来说,校园环境包含着时、空、物三个方面内涵丰富的内容。物指的就是学校的硬件环境,即学校的一切外在的、可量化的客观物质条件,能为学生提供必要的后勤服务与保障,满足他们多样化的需求,直接影响学生的身心健康。

有实验表明,适当的温度、湿度、光照、色彩、气味、空间、声音对人的心理、生理有积极的影响,反之,则会产生消极的影响。[1]约翰·杜威(John Dewey)提到,学生要"把学校本身当作一个合作的社会来对待"[2],即把学校生活作为民主生活的一种场域,充分保障学生的自由和权利。

但随着学生需求的多样化发展,学校相对封闭、独立的现有空间对发展

---

[1] 俞文钊.管理心理学[M].大连:东北财经大学出版社,2000.

[2] 琼·温克.批判教育学——来自真实世界笔记[M].路旦俊,译.长沙:湖南教育出版社,2008.

学生的交往能力，促进学生学会关爱显然不能产生积极的影响。2018年，在上级部门的大力支持下，抓住学校品质提升工程之契机，我们在充分尊重学生年龄特点的前提下，对学校的庭院、低学段教室、二楼的大走廊、图书馆等公用空间进行了功能的拓展，试图通过硬件的改善来满足学生个性化的软性需求（见图5-2）。

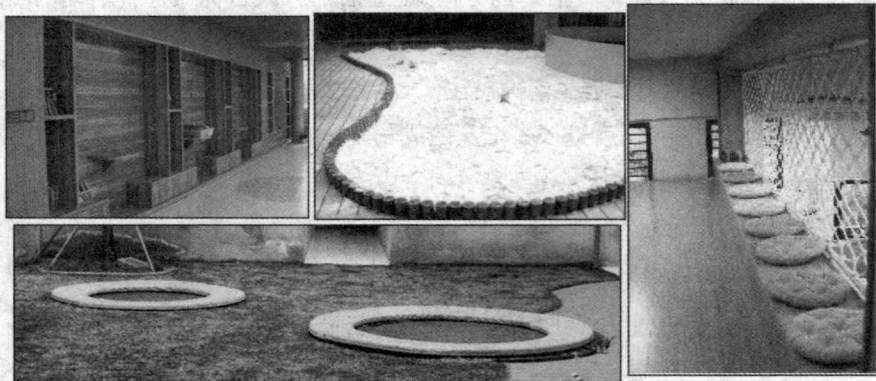

图5-2　学校部分公共空间进行功能改善后的图片

几大公共空间的环境改善大大促进了同伴之间的交流与沟通，在很大程度上改变了学生的校园生活状态。Loft结构的教室，满足了幼小衔接的需求，给刚进入校园的小学生提供了安全的交往环境；沙坑、蹦床等户外公共区域，以开放的空间吸引来自不同年级的伙伴，给他们提供了交往实践的机会；二楼分享区空间开阔，场地开放，适合有相同爱好的学生交流与切磋。空间的开放性创造了学生交往的条件，给学生交往提供了无限可能。学生在交往中学会关爱、学会欣赏，更学会了自主进行矛盾调解，担当责任。

2.搭建个性化展示的空间

从马斯洛需要理论可知，当校园环境满足了学生安全与情感的需要后，他们开始追求尊重与自我实现的需要。对于小学生来说，尊重与自我实现的需要主要通过学业、活动过程中的自我展示来实现。而作为学校，要将学生视作一个完整而独立的人，还给学生活动组织权、参与权，引导学生全面认识事物；要通过组织校园节日、搭建各级各类展示空间、提供自我管理的机会等,来丰富学生的校园生活,从而引导他们对美好的校园生活产生期待。

"小海燕舞台"是学校给有音乐(舞蹈、声乐、乐器等)兴趣爱好的学生提供展示的平台,学生通过自主申报,即可进入展示名单。

"小海燕展厅"是学校为有书法、摄影、绘画等兴趣爱好的学生提供展示的空间。

"创意智造学习中心"是学校为有信息技术爱好的学生提供自主学习的空间。

"分享区"在给有手工、收藏爱好的同学提供展示机会的同时,也满足了其他学生学习与拓宽眼界的需求,引导学生在展示自己作品的同时,也能学会分享。

以上空间的展示对象由学生自主申报,展示内容由教师与学生合作选择,展示空间的布置由学生自主完成。同时,学校也通过组织各种类型的活动让有不同特长的学生有机会参与,实现自我价值。

校园是学生的精神家园,校园生活是每一个人青少年时期最重要的生活内容。校园生活质量的高低将对学生的一生产生极大的影响。学校认识到了这一点,从小学生的身心特点出发,努力从环境、空间、活动等方面入手,提高校园生活的丰富性、充实性和品质感,培养心胸开阔、情性通达、健康阳光的卓越"海燕"。

二、新校园生活的基本特征

那么,理想中的校园生活应该是怎么样的呢?我们认为,理想中的校园生活不仅应该满足学生当下的需求,让他们度过一个美好的童年生活,更应该满足学生未来发展的需求,为他们的未来成长奠定扎实的基础。据此,我们从校园生活的内容、方式、氛围三个维度设定了目标指向。

(一)校园生活内容丰富多彩

除了家庭之外,学校是学生成长的又一重要场所。学生进入小学后,大部分时间在校园里度过。校园生活的丰富性、同学之间关系的和谐性都直接影响学生的校园生活质量。鉴于此,我们通过开设丰富多样的选修课程,开展各种各样的校园(校外)活动来丰富学生的体验,呈现校园生活的"新面貌",培养德、智、体、美、劳全面发展的卓越少年。

1.选修课程类别多样

学校以培养全面发展的学生,满足不同学生选择的需求为目的,从德智体美劳等维度开设德育课程群、智育课程群、体育课程群、美育课程群和劳科创课程群。根据各学段学生的特点,各课程群下又分别设有相应类别的科目。如德育课程群,低学段开设"养正学堂"和"优能游戏屋",中学段开设"养正学堂"和"爱心研学营",高学段开设"养正学堂"和"非遗小达人"。各课程内容相互独立,其难度又螺旋上升。学校在每一学期开学第一周组织学生进行网上选课。学生在App推送的所属学段中的5个课程群里选择自己喜欢的一门课程进行本学期的学习。一学年选择两次,以6年为一个总时长,学生可在6年时间里完成5个课程群里的12门不同内容的学习。(具体见第70页表3-2)

2.主题活动丰富多彩

在学校,不同层面和级别的校园活动精彩不断。每年有四次全校师生共同参与的校园节日,分别为运动会(素质运动会、田径运动会)、幸福日、贸易节、艺术节(创意智造)。所有节日都以学生为活动的主角,人人参与。我们精心设计活动的每一个环节,细化活动的过程,将每一个活动都分为活动准备和活动过程。本着"五育并举"的理念,也为了让每一个学生都有参与的机会,我们将"活动准备"拆分成海报设计、学校氛围营造、活动现场等,其中活动现场又分为现场展示、摄影、后勤等。每一环节都给有不同特长的学生提供锻炼与展示的机会,让每一个学生都充分体会与感受到不论自己身处哪个岗位,都在为团队努力,自己因此也能收获与成长。

除此以外,我们充分利用社会优秀资源,组织学生外出进行场馆学习,拓宽学生学习的空间,丰富学习形式,开阔视野。第一学期,以"大手拉小手"的形式开展全校的秋游实践活动和按年级分别组织学生去杭州低碳科技博物馆、天子岭垃圾填埋场和杭州城市规划展览馆等进行参观实践学习。第二学期,同样以"大手拉小手"的形式组织春游实践活动和按年级分别组织学生去杭州西湖博物馆、良渚文化博物馆及丝绸博物馆等参观学习。

(二)校园生活方式自主自治

学生参与学校民主管理,练习自治,既是教育本身内在使然,也是依法治校的必然要求。陶行知先生就"学生自治"提出三点要求:①学生自治范围的标准把握,是否以学生应该负责的事情为限、是否有超限之处、是否切合学生的年龄经验;②权限关系的处理,根据不同性质的事情决定由谁主持或协助主持;③学生干部的培养,其整体素质与面貌起到了什么样的带头作用。[1]

学生自治是一个练习自治并学会自我管理,由他律变为自律的过程。因此,要引导学生处理好与学校、与教师之间的关系,要明确各自职责,并在特定的框架内做好自己应该负责的事情。[2]

根据学生的年龄特点及管理经验,学校在满足学生参与学校民主管理的前提下,设置"弹性授权"机制显得很有必要。"弹性授权"可根据事情的复杂程度、环境因素、授权对象的能力水平等设置单项授权、定时授权、阶段性授权等。这对提高工作效率、培养学生的管理及担当责任的能力具有很重要的现实意义。

学校在每天午饭后12:00—13:15设置"闲暇时光"。这个时间段内,学生可以根据自己的爱好选择校园内开放的任一场地进行或阅读、或观影、或游戏、或运动。为了确保学生在休闲时间内的安全,充分发挥学生干部民主管理的作用,我们对"闲暇时光"的内容进行了"弹性授权"的安排。"闲暇时光"由大队长一人作为总协调,各个场地的管理人员由总协调来安排,某场地力量不够就安排一位老师作为副手,协助该场地学生干部做好活动的纪律组织、安全管理等工作。午间"闲暇时光"的"弹性授权"具体安排如表5-1所示。

---

① 孙贞铠.对"学生自治"问题的再思考[J].师道,2017(11):32-34.
② 赵国栋."严格管理"与"学生自治":民国著名高校学生管理的实践逻辑与当代启示[J].武汉理工大学学报(社会科学版),2016,29(6):1290-1293.

表5-1　2020学年第一学期"闲暇时光"学生干部管理安排表

内容	地点	负责人	管理时段	管理内容
影视欣赏	观摩教室	李××	12:00—13:15	组织纪律、收取门票
阅读吧	图书馆	沈×× 赵××	12:00—12:30 12:30—13:20	控制人员数量、组织阅读纪律 组织阅读纪律、整理图书
篮球、羽毛球	体育馆	施×× 张×× 值周老师1	12:30—13:00 13:00—13:20	控制人员数量、组织好两个场地的人员 提醒文明打球、注意安全
游乐设施1	室外	沈×× 值周老师2	12:00—13:15	组织纪律,提醒文明嬉戏、注意安全
游乐设施2	室外	陈×× 值周老师3	12:00—13:15	组织纪律,提醒文明嬉戏、注意安全
小小编程师	创新实验室	黄×× 高××	12:00—13:15	组织纪律、收取门票 管理室内材料并整理好材料
说明	1.各场地的组织、纪律由相对应的学生干部负责,如有困难,可向大队长申请援助 2.各场馆管理人员在大队长的组织下定期进行交流 3.大队长可根据各场馆的组织情况,随时调整负责人员			

再如,学校有一个定时开放的创意智造学习中心,学生可以自由在这里组装机器人,调试并参与编程游戏等。学生只要签订一份"遵守学习中心相关规定的协议"便可自由进入,自主创作。学习中心器材使用、学生活动都由学生自主管理。除此之外,学校在值周、安全隐患消除、环境创设等方面都会根据项目的难易程度,"弹性授权"给学生干部,给他们提供练习自治的机会,从而提升他们参与管理的责任感与使命感。

(三)校园生活氛围宽松灵动

教育的价值体现在个体身上主要是德行的提升与智慧的发展,在于唤醒、弘扬、生发和不断提升学生心中的向善性。多媒体时代,信息技术更新频繁,我们面对的小学生不再是见识短浅的"井底之蛙",他们的家庭背景以及所处的社会环境都能给他们提供丰富的信息来源。这不仅拓宽了他们的眼界，还增强了他们挑战新事物的能力。这样的社会环境给学校教育提出了新的命题和挑战。如果仅用传统的实践活动来培养现在的学生，不改变目前的校园生活状态，学生的发展是存在缺陷的。当代学校的育人目的不仅仅是让学生遵守一些道德规范，掌握道德知识，形成道德品质，更要促使学生积极投入道德实践生活中，养成一种自觉的创造性的向善人格。因此，学校德育应以培养创新人格和提高道德实践能力为特点，努力构建适应新时代发展以及在其之下的人的发展的德育目标。[①]学校便是实现这一目标的主要阵地。而要实现灵动的学校生活新面貌，最核心的要素便是让学生真正做学校的主人，开阔育人视域，开放交往环境，营造交往的良好氛围，引导学生在与同伴、老师交往过程中学会自我反思与自律，学会尝试与创造，学会沟通与协调。

1. 营造有爱的交往氛围

学校是一个小社会，学生在学校里可以与同班级、同年级甚至全校的师生交往。为给学生营造安全有爱的交往环境，学校以"爱"为线索，利用传统节日、无书面作业日、校园节日等，组织"爱之表达"的活动。如我们每年举办一次以"关爱"为主题的"创意智造大赛"，引导学生主动关心身边人，从而形成主动帮助他人、关心他人的氛围，培养懂爱、会爱的"小海燕"；再如，大队部在"眼操学习""研学"等很多活动的组织中也采用"大手拉小手"的形式进行，旨在让学生在一件件事情中感受到爱与被爱，从而渐渐让自己成为一个会感受爱、能懂得爱的人。

2. 创设多元的交往机会

麻雀虽小，五脏俱全。学生在学校中会遇到各种各样的事情，面临与不同人的相处以及面对不同事务的处理。而正是在这样一些事情中，学生调解矛盾的能力、与人相处的技巧才能得到进一步的提升。所以，学校尽可能地帮助学生创设与不同主体交往的实践机会。一方面，通过开设指向学生

---

① 王兆娣，卢清.斯滕伯格的成功智力论对当代学校德育的启示[J].陕西教育学院学报，2008(3):17-19.

健康成长的"老娘舅"社团，在一个个鲜活的案例中学会相处技巧，习得化解矛盾的方法；另一方面，通过开放沙坑、蹦床、分享区、图书馆等空间，给学生提供与不同主体交往的机会，在交往过程中学会相处，化解冲突，从而收获与人交往的快乐。

3.创设平等的人际关系

人的本性期盼一种和谐、真诚的人际关系，而交互式对话便是建立真诚人际关系的主要途径。我们倡导在校园生活中开展人与人之间的平等对话。这种对话是建立在彼此尊重、互相平等基础上的关于某个活动话题的协商，在对话中自觉完成道德的认识与道德价值的讨论，甚至做出正确的判断。人际关系的平等需要教师真正把学生放在主体位置，以实际行动践行以生为本。让学生当老师，请学生参与班级、学校的管理，鼓励学生建言献策，从而培养学生的责任感与主人翁意识。以往，我们会引导学生扮演不同的角色，通过在扮演各种角色的交往实践中理解角色，学会"移情"，从而在体验他人角色中形成关于自身的一般概念，并且逐渐将自身作为客体来对待，从而建立起和谐的人际关系。而现在，我们更多的是让学生真正成为那个"角色"，设身处地地去体验和实践。为了改善学校有隐患的环境，学校鼓励学生发挥主人翁精神，参与学校的管理，结果，小创客们集思广益，最终完成了"拐角防撞器""分贝测量仪"来提醒同学和老师；为了帮助同伴养成良好的习惯，提高值周效率，学生值周团又自发以一封信的形式给每个值周班级反馈一周的值周情况，大大提高了值周效率，为值周班级后续改善提供了很好的帮助。

在以上几个方面的共同作用下，校园中逐渐形成了以"创新思想、调解矛盾、担当责任、关爱世界"为素养目标的学校道德生活新样态。

第二节　画像:新校园生活的样态

学生对新校园生活的体验应该是充满幸福感的,这种幸福感来自学校为学生搭建的各种平台。今天,当人们走进胜利实验的校园,就会看到,多彩节日,让校园生活有滋有味;多姿活动,让校园生活有动有静;多样资源,让校园生活有声有色。一句话,这就是我们学校新校园生活的画像,与传统校园生活截然不同的样态。

一、多彩节日,让校园生活有滋有味

节日总是充满色彩的。丰富多彩的校园节日,不仅让学生的童年生活充满欢快,更重要的是节日活动还融入了育人意义。

(一)校园节日,让校园生活有活力

校园节日一般都具有学校本土特色,是基于学校实际而开发的,对学校具有非凡意义的特殊日子。以学生培养目标为核心,从健康、自主、文雅的内涵出发,以"爱"为主题,围绕"爱校、爱人(自然、他人)、爱己"三个维度进行校园节日的开发,使活动主题明确,活动价值非凡。如以"关爱"为主题的创意智造大赛,以"关爱自然和资源"为主题的环保运动会,以热爱学校为主题的"爱校周"和"幸福日"等,这些校园节日让学校更有活力,让学生对学校有了归属感。

1.活动主题化

校园节日内容丰富,不论是组织形式还是规模都存在差异。以主题化的思想来组织节日活动,会有统筹规划的优势,设计活动的思路会更灵活,学生的培养目标也相对集中。

（1）"爱校周"活动设计。3月23日是学校校庆日。以此为契机，学校开展"爱校周"活动。为让活动更有价值和意义，学校大队部在校庆日到来之前，给全体学生发了一封倡议书，引导学生从扮演校史人物、寻访校友、重走旧址、做有意义的事等几个方面来表达对这个节日的庆祝。倡议书的具体内容如下。

【案例5-1】 学校大队部发出的倡议书

☆装扮一个人物（了解学校历史，并寻找能代表胜利实验的一样物品，把它放大装饰、穿戴在身上。例如，代表我校发源的年代悠久，穿戴古装。代表我校的小海燕标志，做成海燕帽子、海燕翅膀等。校庆日这天，你可以一整天穿戴自己设计的衣物。大队部将寻找最有创意、最有故事的装扮，并发放幸福卡）。

☆寻访一位校友（利用周末时间，寻访老校友，用照片、文字记录故事，活动照片、文字可发送至邮箱slsy1599@163.com）。

☆做一件小事（为学校或班级添一盆绿色植物；为学校公共区域打扫一次卫生；自己动手清洗校服和红领巾；写一首小诗，献给学校等）。

☆重回一次旧址（利用周末时间，重访学校旧址，并拍照留念）。

☆进行一场表演（组织四至六年级的学生代表在"校庆日"这天进行校史剧的表演）。

以上"五个一"活动考虑到了不同年龄阶段的学生特点，每项活动都进行了分层。每年的校庆日，学校都围绕"五个一"活动开展，内容在原有基础上略做调整。学生在一个周期的活动中，通过亲自扮演、亲身走访、观看校史剧、躬身实践等，对学校400多年的发展历史有了更为清楚而深刻的理解，从而激发其对学校的热爱与归属及身为胜利人的骄傲之情。

（2）"幸福日"活动设计。每年12月底为学校的"幸福日"，这是一个从学校的办学理念而来的全校学生、家长、教职员工欢聚一堂的节日，主要通过一台晚会向家长和学生传递学校的办学思想，展示办学成果，增强学生之间的交往,促进家校之间的沟通与交流。2019年是胜利实验独立办学5周年,该节日紧紧围绕"我与学校共成长"的主题,历时一个月。"幸福日"前夕,通过学校微信公众号启动"设计一个节徽""征集一则我与学校(老师)的故事"及"一次作业展示"的活动。"幸福日"当天,学校举办了一场师生共同参与、体现学生各方面发展的高质量晚会。

主题化的校园节日活动让活动目的趋于集中,学生在"爱"的设计思路下,主动探究、主动交往,从而学会爱、懂得爱。

2.活动课程化

校园节日具有学校的本土特色,因此组织部门在策划活动时,除了考虑活动主题要相对集中外,还要通过对活动的系列化设计,使活动课程化。通过课程化的设计思路赋予学校每个节日以特定的意义,增强节日效能,让校园因此充满活力。

(1)毕业季活动设计。以往,在6月底或7月初,学校会组织应届毕业班学生到某一基地进行为期两天的毕业旅行活动。当天活动内容由学校和旅行社共同安排决定。该设计有其长处:给学生提供了一个相对独立的时间和空间,便于师生、生生之间交流感情,为6年的小学生活画上一个圆满的句号。但该设计活动单一,学生的"毕业情绪"只在那一晚得到宣泄。

近几年,在延续之前活动优点的基础上,我们本着活动课程化的思路,将毕业活动从两天延长至一个月。课程内容由原来一台毕业晚会扩展为几个系列活动,课程组织由原来的纯学校组织变为与学生共同组织,课程实施主体由原来的独立(单主体)进行到现在的多主体合作,课程实施形式由纯艺术变为融艺术、实践、文学等为一体(具体可参见第三章图3-4)。

(2)无书面作业日。为积极响应上级部门提出的减轻学生学业负担,培养学生的劳动实践能力,学校每月设立一次"无书面作业日",即为劳动实践日。该节日受到学生的高度欢迎。我们根据学生的年段特点,从劳动实践内容、实践过程、展示与评价三个方面来设计家庭劳动实践课程。课程内容由学生处组织各年级组长共同商议确定:第一学期课程主题为"学会管理自己的生活",主要内容有学会简单的清洗、学会做一个菜、学会整理等。第二学期课程主题为"学会生活",主要内容有学会洗衣服、会做简单的饭菜、学会管理身体等。以上课程内容都在每月一次的"无书面作业日"这天落实完成。各班通过杭州教育朋友圈进行成果展示与互评。该课程的一个主题从设计到实施再到评价为期至少一个月，学生在这一过程中，劳动实践能力有所增强，发展也更全面。这与学校提出的"健康""自主"的学生培养目标一脉相承。

（二）传统节日，让校园生活有味道

学校是育人的主阵地，应将传统文化作为教育教学的一个重要内容。除了通过语文、数学、道德与法治等学科教育，进一步提升学生的综合素质和道德修养，健全其人格，开拓其思维和视野外，我们还应好好利用传统节日，帮助其增强民族自豪感和爱国主义精神。在胜利实验，不仅有学校自身的校园节日，还融入了对传统节日的探究活动，如中秋节、重阳节、端午节、清明节等。通过全校性活动和年级组活动相结合，我们以主题队会、社会实践、家校互动等通俗易懂、喜闻乐见的组织形式，引导学生在探究中提高交往能力，让学生了解、认识、喜爱传统节日的文化，并树立传承和发扬中华传统文化的责任与意识，让学校更有味道。

1.设计强调实践与交往

我国传统节日很多，为了深入了解传统节日，学校在引导普遍了解传统节日基本习俗的基础上，重点选择了元宵节、中秋节、端午节、清明节、重阳节和春节，分学段进行团队探究性学习（见表5-2）。

表5-2　各年级传统节日活动建议及活动目的

年级	节日	活动建议	活动目的
一	元宵节	听故事，包汤圆、尝汤圆	以年组为单位，通过小组合作、查阅资料、调查走访、实践等了解传统节日的风俗习惯，感受中华民族文化的特点，激发学生对传承中华文化的责任与意识。同时在探究中提高交往能力，培养和谐的人际关系
二	中秋节	听故事，背唐诗，尝月饼，赏明月	
三	端午节	认艾插艾，包粽尝粽	
四	清明节	了解习俗与相关故事，背古诗	
五	重阳节	与社区服务整合	
六	春节	了解春节习俗与相关故事及古诗	

各年级虽然围绕本年组研究的传统节日进行研究,但在探究性学习活动之前,大队部会建议各年级围绕以下几部分展开:活动目的、节前学习内容、活动过程建议、课后实践、活动成果考察及活动评价。该建议强调节日通识性知识的学习和实践相结合,强调活动要将团队成员的合作、交往纳入成果评价。下面以五年级重阳节活动设计方案为例(见表5-3)。

表5-3　五年级重阳节活动设计方案

项目	内容
活动主题	赠人玫瑰,手留余香——"爱心接力"重阳节公益敬老活动(五年级)
活动目的	1.通过形式多样、富有实效的敬老主题活动,初步了解重阳节的名称、起源及节日风俗习惯 2.通过了解家乡过重阳节的风俗习惯,激发全体队员孝老爱亲的内在自觉 3.通过对节日的了解,使学生感受中华民族文化的特点,进一步营造敬老、亲老、爱老、祝老的社会风尚 4.培养学生收集、整理、比较、分析和运用资料的能力以及与人交流的能力
节前学习内容	1.各班各假日小队自主联系、确定慰问对象(自己的祖辈、敬老院老人等) 2.收集了解各地重阳节的民风、习俗
活动过程建议	一、话说重阳 重阳节的由来;重阳节的民风习俗;重阳诗词佳句;收看重阳节知识小视频 二、讨论公益敬老活动方案(准备慰问品、当天公益行动流程) 三、重阳实践 1.小小真心话:对父母表达自己的感恩之情 2.开展"祖辈的重阳,我做主"的活动,用实际行动感恩爷爷奶奶 3.以假日小队为单位,利用秋假、国庆长假开展一次慰问老人活动
活动成果考察	慰问当天照片、视频或感受
评价标准	优秀:小队所有成员积极参与活动(家庭活动、公益活动),且彼此沟通良好 良好:小队所有成员参与活动(家庭活动、公益活动二选一),且沟通较顺畅 合格:小队个别成员参与活动(家庭活动、公益活动二选一),且表现不积极,成员合作不默契

以上为五年级设计的一份重阳节活动方案。该方案亮点在于"活动过程建议"中的实践和评价部分。"老吾老以及人之老"，我们要求学生先给自己的长辈过一个有意义的重阳节，思考自己可以为他们做些什么，表达对老人的尊敬和爱戴。有了这样的实践体验，我们再引导学生思考去敬老院开展公益活动的方案，相信学生们对重阳节习俗的理解也就水到渠成了。而活动的评价强调参与的人数及成员之间的沟通状态。如果说传统节日的开展让学校变得更有味道，那么评价则促进学生重视交往与合作，懂得爱人才能爱己。

2.实践珍视经历与挫败

传统节日的活动设计分节前学习、节日习俗知识的学习交流、实践及评价四大板块。而最能促进学生成长，让校园充满传统文化气氛的要数活动的实践部分了。中秋节，学生一起赏月吟诗、品月饼、送月饼；端午节，大家一起包粽子、煮粽子、说故事；重阳节，同学们一起给家里的长辈筹办庆祝会，到敬老院看望老人……每一个节日都有实践部分。不论实践的事情大或小，内容多或少，对学生的交往都具有一定的促进作用。然而，并非所有的实践都如预期的那样完美。有时候，尽管学生在活动前做了充分的准备，但在实践过程中还是遇到了预料以外的困难、麻烦、尴尬等。而我们认为，这恰恰是实践的意义和价值所在，它对锻炼学生的沟通协调能力、组织能力、交往能力都是绝好的机会。

【案例5-2】 中秋节的意外收获

二年级中秋节到社区送月饼活动终于结束了。周一的活动总结交流及活动评价会以班级为单位进行。

201班课堂上，正当大家争先恐后分享自己在送月饼过程中的惊喜与收获时，小D站起来，很不客气地向班主任陈老师提出了质疑。他说："陈老师，我觉得用我们自己设计的月饼盒不好。我们去送月饼的时候，那个人看我的包装不好看，怎么也不肯要，还问我的月饼会不会是过期的，是不是劣质产品？说拿回家都不敢吃的。气死我了，我明明买的是克丽丝汀里最新鲜的月饼,我看过保质期的……"

其他孩子听了,赶忙替他想办法。有的说,你拆开月饼盒,他看到里面真正的包装就会喜欢的;有的说,你跟他解释呀;有的说,那你要画得好一点他们就会要了。

陈老师听同学们你一言我一语地说完后,只是笑了笑,问他:"后来这个月饼送出去没有?"

小D点点头,说:"但是不是送给这个人。"

陈老师又问:"你们小队想了什么办法送出去的?"

他说:"我们小队几个人遇到这个情况后,赶紧商量了一下。我们自己模仿路人,模拟解决的办法。后来,我们就先跟想送的路人解释这个月饼的来历,如果对方还不相信,我们再拆开月饼盒给对方看,这样一般情况下都会收下的。"

陈老师听了,心里一阵窃喜。虽然这群孩子送月饼的经历比较坎坷,但这个过程对他们来说是多么宝贵的财富。于是,陈老师说:"你们很棒,很灵活机智地处理了突发事件,这是我们老师所没有想到的。感谢你及时指出了老师没有预想到的问题,为学校的活动方案提出了建议。不过,这样的经历是不是让你们收获了比别的组更多的东西,相信下次你就比别人更清楚与人沟通、交往该采用怎样的方法了。"

案例5-2开始看起来是中秋节活动的败笔,是学生的一次失败经历,实则是中秋活动最有意义的存在。中秋节日的课程设计最大的价值在于利用课程这个载体,促进儿童的社会性发展,让创造成为一种可能。利用身边的课程资源,培养学生分析问题和解决问题的能力,因为他们真正的学习与成长,很多时候来源于一次失败的经历。

二、多姿活动,让校园生活有动有静

校园生活的多姿多彩,不仅表现在活动的丰富上,还表现在活动的动静搭配方面,以满足不同个性倾向的学生的需求。

(一)墨香画韵,让校园生活有诗意

为了使学校的校园活动能够动静搭配,我们设计了展能区,即学生展示才能的区域。

1.申报自主,项目自定

学校展能区的区域广泛,如班级平面(立体)展示墙、小海燕舞台、小海燕展厅、小海燕电视台等,都是学生可以展示的平台。例如,小海燕展厅可提供美术、摄影、书法类的展示;小海燕舞台可提供乐器、声乐、舞蹈类的展示;小海燕电视台可提供演讲、讲故事等口才类的展示。

展能区面向全体学生开放,除班级展能区外,其他展能区,学生均可根据自己的特长进行自主申报。负责老师根据同学们申报情况向全体学生发布各展能区拟打算展示的作品类型(书法、摄影、美术、钢琴等)、展示方式(个展还是联展)、场次、展示时间及展示的同学姓名。具体操作流程见图5-3。

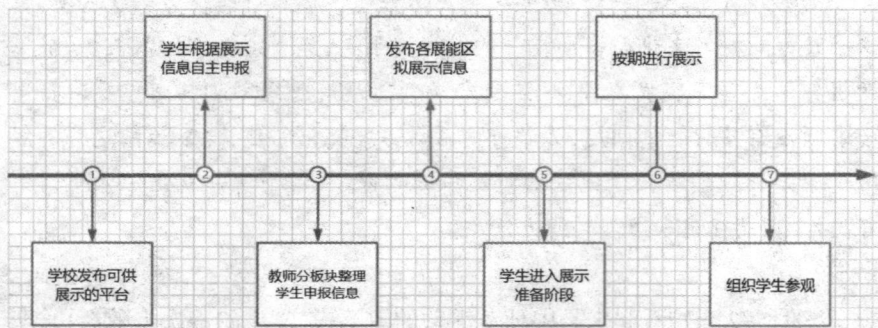

图5-3 杭州市胜利实验学校展能区使用流程图

从图5-3可以看出,学生根据学校提供的展示平台,结合自己实际进行展示申报。虽然空间有限,但是学生热情很高。到目前为止,学生展能区经历了从半自主到完全自主的过程。第一阶段,学校对申报展示的学生作品(才艺)不设门槛,凡是自主申报者都由相关老师负责安排展示;第二阶段,学校对申报展示的学生作品(才艺)进行初选,但由相关老师负责安排展示;第三阶段,学校对申报展示的学生作品(才艺)进行初选,但由学生自己负责展示的所有事宜,包括制作展示信息的易拉宝、展能区布置、参观解说等;第四阶段,在前面的基础上,小海燕舞台又多了"个人演唱会(音乐会)"的功能,丰富了同学们午间的闲暇时光。下面是某一学年小海燕展厅作品展示安排表(见表5-4)。

表5-4　杭州市胜利实验学校小海燕展厅作品展示安排表

序号	时间	参展人	类别	要求作品数量(每人)	联系老师
1	3月3日—3月20日	刘××	书画	30件	郑蕾蕾
2	3月24日—4月10日	刘××、陈××、章××	儿童画	12件	张丹妮
3	4月14日—5月8日	吴××、唐××	书法	15件	郑蕾蕾
4	5月12日—5月29日	张××、王××、张××胡××、魏××、徐××	摄影	10件	吕凉琼
5	6月9日—6月26日	马××、沈××、袁××	书画	12件	吕凉琼
6	9月3日—9月25日	柴××	个展	30件	张丹妮
7	9月29日—10月23日	陈××、罗××、张××陶××、郑××	国画	8件	郑蕾蕾
8	10月27日—11月13日	曹××、赵××、陈××戈××	儿童画	10件	吕凉琼
9	11月17日—12月4日	周××、周××	书画	20件	张丹妮
10	12月8日—12月25日	董××、胡××、王××朱××、姜××	素描等	8件	吕凉琼
11	12月29日—1月15日	何××、潘××、孙××	书画	12件	郑蕾蕾

从表5-4中作品的类型可以看出,同学们展示的作品有书法、绘画、摄影等,这些都是相关负责老师对申报学生的作品初选后确定的名单。该方式最大限度地满足了学生的需求,充分尊重每一个学生的兴趣爱好,让学生有被尊重、被关爱的温暖感。

2.项目承包,管理自治

学生在展能区的自主申报结果公布后,就可根据拟安排展示的时间、需要参展(表演)的作品数量进入筹备阶段。为了给学生充分的展示和锻炼的空间,所有展示均以项目承包的方式进行,每一个项目包括展示的自我介绍、展能区的环境布置、作品、参观接待、作品解说等。

项目承包在肯定学生某一特长、给学生提供展示平台的同时，更是对学生的组织协调能力、与人交往能力、为人处世能力的一次锻炼，是学生自治的很好机会。

【案例5-3】 展示的不仅是作品，更是做人

又到了同学们最喜欢的午间闲暇时间了，这也是缪同学申报个人钢琴演奏会的时间。12点不到，缪同学就已将写有展示时间及个人信息的易拉宝放在了大厅里。她在同学的帮助下，将音箱摆放好，然后去换服装。

12点20分，第一个同学过来了。缪同学赶忙引导同学先坐内圈，还试了试话筒。

12点30分，围着小舞台的三级台阶坐满了人。小听众们人手一张点赞卡，早已翘首以盼。缪同学邀请的主持人上台。大家用热烈的掌声将缪同学呼唤出来。缪同学首先向大家表示感谢，接着简单介绍了自己学琴的经历，而后向同学们介绍演奏的第一首曲子，并开始表演。大家的掌声一浪高过一浪，缪同学弹奏的曲子越来越难，弹得也越来越投入。

13点10分，随着主持人的结语，演奏会顺利结束。缪同学在舞台中央对纷纷给自己送点赞卡的小听众们一一表示谢意，并耐心解答了部分听众的疑问。

13点30分，听众全都散去。缪司学换好服装，开始组织帮忙的同学整理现场。

像缪同学这样的状态，在申报展示的同学中是常态。从申报成功开始，该同学就是项目的负责人，而老师、家长只是项目的支持者。作为学校，我们用"完整人"的视角来培养学生，借用该平台展示学生的兴趣特长，更将这次展示作为一次和人交往的实践机会，由此培养学生的综合能力，收获的不只是才艺的提高。

学生自主申报一次展评，通过认真准备，自己调控现场，自己处理突发事件，自己与同学沟通，其收获的已经不仅仅是音乐、艺术技艺的提高，更有他们在组织、解说等过程中不断协调以及与不同的人沟通能力的提升。在展评过程中，同学的出手相助，老师的大力支持，听众的包容，也能带给其感

动与温暖。

（二）球飞操舞，让校园生活有动感

如果说在展能区中的展示是静静地展现了学生的才华，那么在校园的另一个空间，我们看到的是球飞操舞，展现了校园生活的灵动。

1.时间活，项目多

为培养健康、自主、文雅的卓越少年，学校给学生提供空间与时间，除诗画的展示外，我们还安排了丰富多彩的体艺活动。除每年举行素质运动会、田径运动会之外，学校还在选修课程、学后乐园和校园"欣胜杯"各类联赛中，将三大球、两大操加以落实，切实提高学生校园生活的质量，让校园生活有墨香雅乐的同时，也有力量、有动感。

每周一下午是全校选修课时间，下面就是2020学年第一学期选修课内容及相应的上课老师（见表5-5）。

表5-5　2020学年第一学期选修课内容之"体育课程群"内容安排

课程群	低段	中段	高段	上课时间
体育课程群	★玩转小篮球 体适能 团队游戏	★中段篮球男 ★中段篮球女 动感啦啦操 排球	★高段篮球男 ★高段篮球女 足球 排球	周一 14:15—15:30

为更好地服务于学生和家长，根据上级部门《关于进一步做好小学生放学后校内托管服务工作的指导意见》中"1+X"的指导精神，我们从学生确有接送困难及兴趣、特长发展的需要出发开设基础晚托。同时，学校又开设了以体育、艺术为主的学后乐园。

再如2020学年第一学期，我们利用大课间时间，在班级联赛的基础上开展了以学院制为单位的足球联赛。给予想踢足球、喜欢踢足球以及拥有足球特长的学生充分展示自己才能的平台。本次比赛为三、四年级五人制，五、六年级八人制（每班必须至少有一名女生上场）。

学校利用不同的时间，给学生提供运动的机会，普及篮球、排球、足球的知识并提供实践学习的平台，最大限度满足学生的需求。有此兴趣爱好的学生可以在选修课、学后乐园甚至班级（学院）之间的联赛上得到学习和展示。

该类活动相对于以静态为主的书法、绘画、摄影来说，运动量大，对凝聚团队力量、培养团队精神有很好的促进作用。

2.方式新，意义深

按照以往的经验，学校会以比赛的方式进行球类赛和啦啦操等组织。虽然这样的方式也有可操作等优点，但为了能更好更全面地引导学生参与到运动中来，发掘热爱球类的学生，我们利用选修课、体育课等营造氛围、普及相关知识，形成学校特色。

一是多层级扩大运动影响力。学校从不同层面，呈梯度式开展运动类项目的活动。我们通过外聘专业教练，利用课内时间开设篮球、足球的项目课程，培养学生兴趣，普及相关知识。在此基础上，开设选修课、学后乐园，让有兴趣的学生自主选择，有机会进行再次深入的学习。在学生个人、班级层面的普及型活动结束后，我们以学院为单位，对活动进行阶段性总结，以增强运动氛围，将活动推向高潮。以2020年第一学期的"校园足球联赛"为例（见图5-4）。

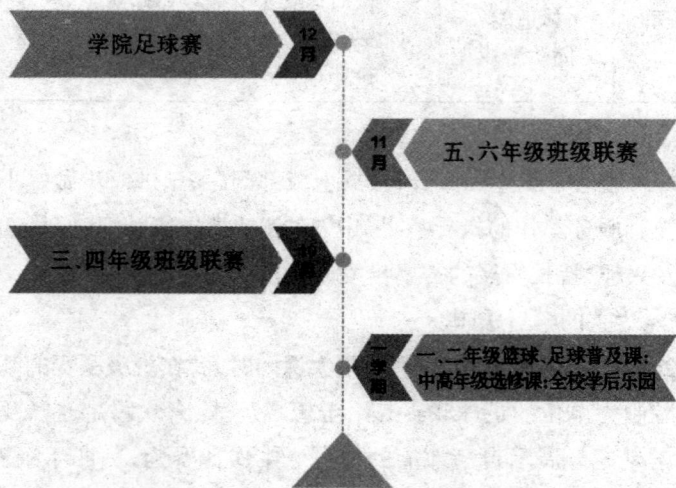

图5-4 "校园足球联赛"安排

球类活动从个人、班级到学院，从普及到精英，从兴趣到特长，活跃了校园气氛，大大增加了该项目的影响力，是丰富校园生活、提高校园生活质量不可或缺的一项内容。

二是融五育培养全面发展的学生。组织多彩的校园活动，能丰富学生的校园生活，提高校园生活质量。在此基础上，我们又尽力挖掘每一场大型活动中"德育、智育、体育、美育、劳动教育"的结合点，变单一学科的活动为综合性活动，从育人的角度来设计活动，为培养具有"会反思、能自律、善创造、会沟通"特质的现代公民而努力。以2020学年第一学期的"五育并举 融合育人"的活动为例。

"五育并举 融合育人"活动是以一场足球赛为主题引申开去的一次校园活动。该活动紧紧围绕足球，在班级校园足球联赛的基础上的一次学院之间的较量。在赛场上的展示活动正式开始前，我们以学院为单位，利用少先队活动课和小海燕电视台分别学习足球的相关知识。与此同时，我们还利用美术课、选修课时间按年级进行关于足球的各类活动。活动当天，我们将活动内容如摄影、现场解说、足球赛场上的仪式、颁奖仪式等都交由学生来完成，把活动真正做成学生的活动、育人的活动。

这场球赛与以往不同的是，它是一场真正的学生球赛，他们是这场球赛的主人。在这场球赛准备中遇到的问题，都是真实的问题，而要解决这些问题需要综合知识，需要五育融合的课程。通过师生们共同探讨问题解决策略，整理出"新面貌生活——我爱足球"课程，分为"我了解""我参与""我擅长""我运动"四大板块。活动课程的具体设计方案如图5-5所示。

一、我了解
（院长） ── 德育、智育 ┬ 少先队活动课 ┬ 崇文学院足球规则
│   │ 尚德学院世界足球
│   │ 格致学院中国足球
│   └ 诚正学院家乡足球
└ 小海燕电视台

二、我参与 ┬ 德育、劳育、美育
│ （美术日常课堂落实） ┬ 一年级泥塑足球
│   │ 二年级足球涂鸦
│   │ 三年级门票设计
│   │ 四年级奖牌设计
│   │ 五年级我爱足球
│   └ 六年级足球海报
├ 德育、美育（音乐日常课堂落实） ── 啦啦操
└ 德育（学院活动落实） ── 学院足球队组建

三、我擅长
（大队部） ── 德育、美育、智育 ┬ 学生摄影 ┬ 每个学院一名
│ 现场解说 └ 学生和老师同参与
│ 颁奖仪式
└ 新闻报道

三、我运动
（体育组） ── 德育、体育 ┬ 技能技巧赛 ┬ 一、二年级带球竞速
│   │ 三、四年级绕杆射门
│   └ 五、六年级30秒颠球
├ 年级对抗赛 ── 30场
└ 学员对抗赛 ── 3场

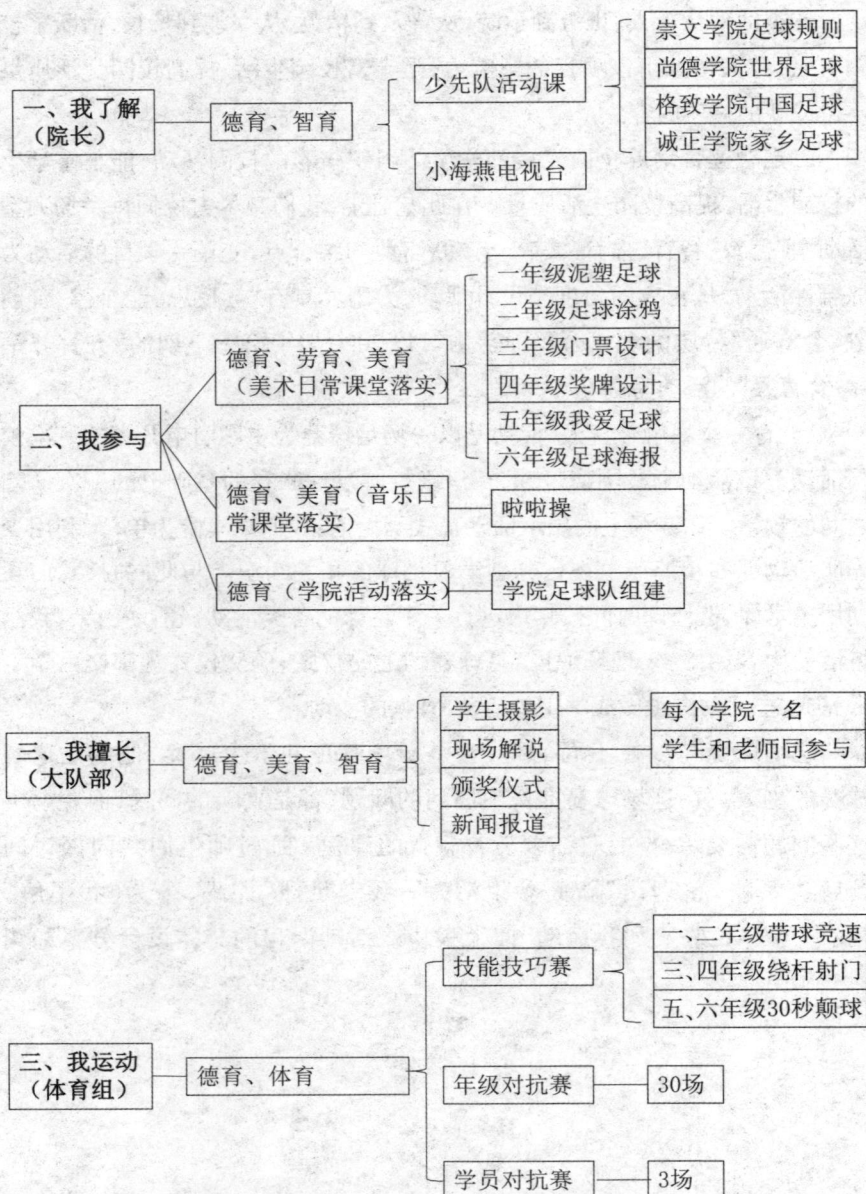

图5-5 "我爱足球"的课程设计

在这四大板块中,有少先队活动课、美术、音乐、体育这样的常态课,也有其他相关的活动组织。在这些课程中,学科的本质是不变的。例如,少先队活动课中了解足球文化,培养体育精神;美术课中有门票、奖章、海报等设计,应用到生活中;舞蹈社团的啦啦操、体育课的足球技巧训练等,都是我们原有的常态课。但通过"我爱足球"这个主题,就有了知识链接,学生以足球为中心形成一个知识网。这样,学生对学习更有热情,更主动,同时每个学科的特长将发挥到最大化。

三、多样资源,让校园生活有声有色

教育部《中小学德育工作指南》中提到了德育实施的六个途径,其中一个就是实践育人,即开展各类主题实践。利用爱国主义教育基地、公益性文化设施、公共机构、企事业单位、各类校外活动场所、专题教育社会实践基地等资源,开展不同主题的实践活动。我们充分利用社会大量的优秀资源,开放办学思想,开展研学旅行活动,以未来视野培养学生。

(一)拓宽校园生活的空间

丰富的社会资源弥补了学校的空白,真实的学习情境带给学生真实的体验,其过程带给学生的感受是学校课堂无法获取的。因此,为了更好地利用这些载体,我们根据学校和学生的需要选择适合学生的资源,从目标设置、组织形式及活动评价入手设计研学活动,让社会资源填补学校资源的空缺,在丰富学生生活的同时,也为我们培养有责任、会关爱、能交往的学生提供更大可能。

1.活动形式:大手拉小手

二年级的学生刚从独立的个体真正融入学校集体生活,他们还不太会与他人相处,更不知道如何与人交往。五、六年级的学生情感变得日益丰富,道德感也有了很大的提升,情感的稳定性和控制力也大大增强,学生会觉得和低段学生相比他们就是大人了。在平常的交往过程中,他们也会不自觉地将自己的"主体"角色表现充分,而把低年级小朋友当成与之无关的另一个客体。而三、四年级的学生正处在大脑发育的内部结构和功能完善的关键阶段,心理和生理的特点变化都很明显。特别是四年级的学生开始

意识到"自己"，变得略显叛逆。结合各年段学生的身心特点，我们在开展场馆学习的研学活动时，采用了"大手拉小手""我的新伙伴"的形式，即一年级和五年级结对、二年级和六年级结对、三年级和四年级结对（见表5-6）。

表5-6　2018学年第一学期场馆学习安排表

时间	年级	地点
9月27日（周四） 9:00—11:30	大手拉小手 一年级&五年级	浙江自然博物馆
13:00—15:30	我的新伙伴 三年级&四年级	
9月28日（周五） 13:00—15:00	大手拉小手 二年级&六年级	
11月21日（周三） 9:00—11:30	我的新伙伴 三年级&四年级	跨湖桥博物馆
11月22日（周四） 9:00—11:30	大手拉小手 一年级&五年级	
13:00—15:30	大手拉小手 二年级&六年级	
12月19日（周三） 9:00—11:30	我的新伙伴 三年级&四年级	天子岭垃圾填埋场
12月20日（周四） 9:00—11:30	大手拉小手 一年级&五年级	
13:00—15:30	大手拉小手 二年级&六年级	

一学年来，结对年级基本保持不变。但是，"大手拉小手"的对象却是变化的。常规操作主要有以下几种形式（见图5-6）。

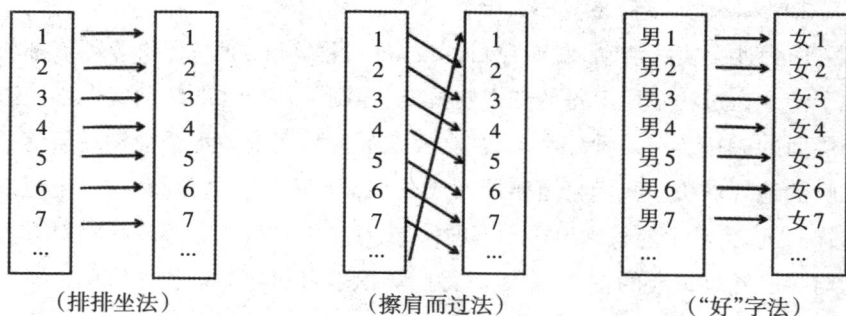

| （排排坐法） | （擦肩而过法） | （"好"字法） |

图5-6　"大手拉小手"图示

　　以上几种形式是按学号顺序、学号错位、性别搭档等方法结对。这是班主任们平常操作的几种基本方法，另有自由组合、找同小区的小伙伴等个性化的组合形式。每种形式下的对象固定两次左右，一个学年下来，一名学生平均与对方班级至少四名学生结对过。这样的过程看似简单，但其实是在模拟作为"社会人"与不同的人相处的模式。学生总归是要回到社会的，他们中大部分的家庭模式不能让他们得到相关的练习。因此，通过不同的搭配规则，不停地变化交往对象，让学生认识了不同班级、不同性格的人，在活动过程中有了与人相处、与人交往的实践体验。对低年级学生来说，他们懂得了怎么有礼貌地向人求助，怎么在得到帮助后表示感谢。而对高年学生来说，他们学会了如何照顾比自己小的人，如何将对方放置在与自己同样重要的位置在与之友好相处。据了解，这些学生由校内的结对伙伴已经变为校外的好朋友（见图5-7）。

图5-7　研学中同学们"大手拉小手"

2. 交往载体：学习单与评价单

作为社会实践活动，我们在目标设置、过程管理、活动评价等环节都淡化了学生在过程中所习得的知识与技能，强调了利用这次活动实现学生道德层面的成长。在某种程度上，社会实践活动是实现学生个性发展与道德成长的绝好良机。我们将道德层面成长置于知识学习之前，旨在希望通过这样的机会，学生能找到值得学习的伙伴，在实践体验中逐渐懂得将对方视为与自己同等重要的主体，平等对待。场馆学习的学习单和评价单也紧紧围绕这方面的内容进行设置。

例如，全校的 Do 都城学习中，低学段同学的学习单通过填写简单的信息——"我是（　）班的（　），我和（　）班（　）号一起前往 Do 都城，体验各种职业"，去主动了解、认识高年级的同学，为活动过程中的交流打下基础，这是"大手拉小手"的任务之一。后面一部分是"画一画"，引导学生画一画在学习过程中看到的印象最深刻的项目，或者学习后的感受，还可以是与高年级大哥哥大姐姐交往过程中的故事等，这是低学段学生本次学习的任务之二，如图5-8所示。

而对高年级学生来说，学习单上也不是纯粹的知识学习要求，而是重在给学生参观时提供任务驱动，参观后引起对相关问题的主动思考。高年级 Do 都城学习评价单具体见第90页"案例3-3"。

> 我是（　）班的（　），我和（　）班（　）号一起前往 Do 都城，体验各种职业。
>
>
>
> 我们的合影（画一画）
>
> **我很喜欢你，谢谢你** ♡ ♡ ♡ ♡ ♡

图5-8　Do 都城一、二年级学习评价单

Do都城虽然看起来更适合低年段的学生，但是采用"大手拉小手"后，场馆学习除了知识层面的收获外，更为主体间性创造了交往与对话的机会。作为德育教育活动，我们对学生在活动中收获的评价也从德育角度进行设置。学生根据评价标准，互相为"我眼中的小伙伴"评定等级。低学段学生通过填满爱心的数量来表达在这次活动中对学长的喜爱程度；高学段学生则可将小伙伴的优点与给小伙伴的意见用文字的形式记录在任务单上。回校后，由班主任组织进行评价单的交换，以便更客观地了解自己的优点和缺陷，及时自省，进行调整。这也是"大手拉小手"带来的德育价值所在。

在开放自由的社会中进行学习，学生完全是自主的。从结对伙伴一起走出校园开始，他们要一起面对过程中遇到的所有问题，而后一起协商、一起讨论。在这个"课堂"里，彼此互为主体，互相珍惜、互相欣赏、互相信任，愉快地进行学习。而人对人的理解是个体道德提升的基础。低年级学生在"两单"中以自己的方式表达对哥哥姐姐的感谢，逐渐懂得约束自己，懂得感恩与爱。高年级学生个体的道德自我在与一年级小朋友的"关系"和"互动"中逐步发展起来，他们在教一年级小朋友遵守规则、注意安全等事项时，也不断提高了知觉别人的能力，自我概念在不断得到发展。时间长了，彼此双方的德行也就得到了共同成长、共同发展。

（二）让校园生活更开放

丰富的校外资源改变了学生学习的方式，给学生提供了大量实践的机会，运用"大手拉小手"的形式开展研学活动，对促进学生交往、增添校园生活的色彩起到了重要的作用。

1.应需设计，全员参与

学校德育部门着眼于全校学生，将各大场馆作为全校学生实践的基地，利用场馆打破学科隔阂，提升学生学习的兴趣，从而得到完整的经验，获得知识的意义，达到更佳的学习效果。可是，杭州的场馆良莠不齐，怎么才能从中挑选出适合学生学习的优秀场馆呢？我们从场馆的地理位置、学习资源的情况、场馆的容纳量等进行考量，最终，学校根据学生核心素养的培养目标将研学内容划分为校史认同、职业体验、生态主题、人文历史主题、融合教育五大板块设计研学课程，并采用"大手拉小手"混龄交往的形式开展实施（见表5-7）。

表5-7　胜利实验学生研学活动（课程）场馆安排表

第一学期			第二学期	
9月 校史 认同	一年级&五年级 曲院风荷（寻访崇文书院）		3月 职业 体验	二年级 Do都城
10月 生态 主题	一年级&五年级 自然博物馆	一年级&五年级 植物园+韩美林美术馆	4月 人文 历史 主题	一年级 于谦祠+三台山
				二年级 章太炎纪念馆+太子湾
	二年级&六年级 湘湖+跨湖桥博物馆	二年级&六年级 八卦田+南宋官窑博物馆		三年级 苏东坡纪念馆+花港观鱼
				四年级 盖叫天故居+花圃
	三年级&四年级 良渚文化+ 良渚文化博物馆	三年级&四年级 西溪湿地+ 西溪湿地博物馆		五年级 岳飞墓+曲院风荷
				六年级 杭州革命烈士纪念馆+禁毒馆
11月 融合 教育	三年级 杭州市爱心教育体验基地		5月 融合 教育	四年级 杭州市爱心教育体验基地

　　研学基地的活动若采用"大手拉小手"形式进行，每次结对的小朋友可以采用不同的方式进行组合，如前面提到的"排排坐法""擦肩而过法"等，以此给学生创造与不同对象交往的机会，增加交往实践的次数，提高交往能力。如9月，一年级、五年级的同学到"曲院风荷（寻访崇文书院）"开展研学活动。考虑到一年级小朋友第一次参加外出实践活动，对学校校史也知之甚少，因此，活动分前期准备、中期实践和后期总结三大板块。前期准备中对"学习校史、学唱校歌""结对班级做好沟通，协调配对方式"等研学内容和外出方式提出了要求。中期实践中对结对小朋友的交往、寻访崇文书院旧址提出了要求。最关键的是在后期总结中，我们给学生提供了研学手册，要

求学生在研学结束后,不仅要用自己的方式表达对本次活动的收获,还要对本次活动中所认识的伙伴在"文雅""自主"方面做出评价(见表5-8)。

表5-8　9月研学活动方案设计(一年级、五年级)

活动阶段	内容安排	教师准备
前期准备	班主任根据研学课程,对学生进行研学地点自然景观、人文遗址教育	曲院风荷介绍
	学习校史、学唱校歌	校史副本、校史剧视频、校歌
	学生设计小组游戏	提前布置
	结对班级做好沟通,协调"大手拉小手"学生配对,提前布置物品准备(餐垫、垃圾袋、自制美食)	班主任沟通
中期实践	班级进行安全、文明教育	布置研学任务、安全文明教育
	五年级学生达到对应班级,和一年级学生手拉手,互相认识	一年级40人,五年级35人(有个别一带二)
	大手拉小手,有序上车。在车上指导学生互相了解伙伴的基本信息,促进了解	维持秩序,保障安全。班主任留司机电话,确认返校上车地点
	游览曲院风荷,学习相关知识(历史、诗句等),开展主题研学活动,完成研学手册	研学手册,每小组打印一份
	寻访崇文书院旧址,齐唱校歌	拍摄集体照
	美食分享	分组:四大四小,观察各组分享情况
	快乐游戏	保障安全
后期总结	交流"大手拉小手"活动体验	及时肯定互助共享的学生
	整理研学书册	指导完成手册
	上交研学手册和照片	

　　以上这些活动既满足了学生的现实需求,也拓宽了学习时空,培养了学生的交往能力,从而对学生的未来发展起到了很好的促进作用。

2.因需选择，个性定制

研学活动除全员参与的场馆学习外，我们还利用社会资源给一部分兴趣、特长比较明显的社团学生选择相对应的学习基地，开展个性化的研学活动，帮助他们在与"未来的自己"对话的过程中，打开广阔的学习视野，对未来职业有一定的规划。

创意智造社是学校最受学生欢迎的社团之一。该社团的20多名学生在老师的带领下，对编程等一些现代技术应用兴趣盎然。他们利用放学时间到创意智造学习中心自主探究、摸索，进行特需性课程学习。近年来，学校的创意智造社取得了不错的成绩。社团不少学生连续在浙江省教育技术中心组织的中小学电脑制作创客竞赛小学组中获得一、二等奖的成绩。为了让这部分学生有更强的学习动力，学习的视野更宽广，学校选择了附近的幼儿园和网易公司，分别组织了"创客进幼儿园"和"当一天程序员"的实践活动。

"创客进幼儿园"以团队方式进行。创意智造社的学生带着自己的项目，给幼儿园大班小朋友普及创意的价值。项目组代表介绍作品之后，又教幼儿园小朋友学做纸电路。幼儿园的小朋友不仅亲身体验了哥哥姐姐们带去的有趣作品，也向大家展示了自己的科技项目。而对参加本次活动的创意智造社的学生来说，他们收获的不仅仅是幼儿园小朋友的感谢，更多的是他们在与小朋友、团队成员、幼儿园老师交往过程中的点点滴滴。

【案例5-4】 已两次参加"创客进幼儿园"活动的小温同学的感言

每次活动，我们和小朋友们都有许多互动，我发现，即使是幼儿园的小朋友，也对创客充满了好奇，问题也有很多。刚开始我有些不知所措，但后来我就慢慢知道怎么和小朋友沟通了。兴趣是最好的老师，我相信这些小朋友在今后的学习生活中会对新事物充满好奇，会不断学习新的东西，会做一个有爱心的人。而对我们来说，通过这样的活动，不但使我们再次体会到了创意智造的魔力，也对如何更好地阐述自己的产品有了更多的经验与感受，更知道了与不同的人交流时要有不同的方法。相信在以后的学习中，我能从更多的角度考虑问题,也会努力尝试解决更多层面的问题,学会主动去关心身边的人和事。

　　"当一天程序员"是继"创客进幼儿园"之后的活动。为补充新鲜的力量,本次参观我们又招募了中低学段的10名学生一起参加。通过"大手拉小手"的方式走进网易公司,引导高年段学生帮助低年段学生解决在参观过程中遇到的种种问题,包括采访1~2名程序员及完成编程作品。研学活动的学习单由低年段学生独立完成:"我是(　　)班的(　　　　),我认识了(　　)班的(　　　　)。"而本次活动的评价单则双方都需要填写:"(低年段版)请你用一幅画来表示今天学习的收获",而高年级的评价单相对复杂一些(见表5-9)。

表5-9　高年段(走进网易)研学活动评价单

本次活动我认识了(　　　)班的(　　　)同学。在这次活动中,我的表现如下:					
评价项目		评价标准	自己评	同学评	老师评
活动准备		了解了网易的概况,明确社会实践活动的目的和意义			
活动过程	文雅	在参观过程中,能保持安静,不喧哗			
		在参观过程中,能提醒结对小朋友文明走路,遵守秩序			
	自主	我们能互帮互助,能照顾同学的感受			
		能和同学一起合作完成编程作品			
活动收获		了解了网易工作很需要智慧,活动过程中很努力在学			
		明白了网易工作人员的辛苦,懂得尊重各行各业工作人员			
		认识了有同样兴趣爱好的同学,相处很不错			

　　说明:请你根据自己在活动中的表现,用"★"来对自己进行评价,完全符合(★★★★★)、符合(★★★★)、基本符合(★★★)、不符合(★★)、很不符合(★)。

　　类似这样的为部分学生个性定制的社会实践活动还有很多,如带领学校大队干部走访消防大队、交警大队，带领免试生为交警叔叔、保洁员送清凉等。用好优秀的社会资源，能为学生创设交往、实践的机会，提高学生的实践能力，建立和谐的人际关系。

第六章

人本·民主:新学校文化的建设

　　无论时代如何变迁和改革,学校教育蕴含着的始终是"为了人的发展服务""为人的幸福生活服务",这种教育初衷不曾变过。面向未来的学校变革,我们无法抛却文化谈课程、课堂和校园生活。文化建设应该是未来学校管理的根本落脚点和核心工作,而且这种文化建设是一种以人为中心,塑造共同价值观的文化。胜利实验历来重视学校文化建设,并且主张物质文化建设和精神文化建设两手都要抓,因为文化是学校管理的根基。我们始终坚持尊重人的价值、尊重人性,充分调动组织内师生的主动性、积极性和创造性。在学校面向未来的改进行动过程中,形成了怎样的新学校文化? 如何来体现以"人本""民主"为关键词的新学校文化? 本章仅就学校的环境文化和精神文化建设做具体阐述,从这两个维度介绍我们的新学校文化建设。

第一节　改造：基于人本理念的校园环境文化建设

学校物质文化是"占据一定校园空间的有形实体文化形态,满足学校主体使用需要并蕴含特定的教育理念、审美旨趣和价值追求的文化形态,是学校文化存在和发展的物质基础和保障,同时也是学校文化的物质载体"①。校园物质文化需要借助一定形式的物质载体,具有看得见、摸得着、形象直观的特点。当然,物质载体不完全等同于物质文化,当把校园里的各种建筑、设施、媒介、环境等物质载体赋予特定的文化内涵后,才能上升为校园物质文化。它能给人以耳目一新的外在印象,更是将学校育人的核心理念通过各种巧妙的物质文化形式表达出来,时刻引领全校师生朝着未来的发展方向而努力奋斗。

就胜利实验而言,在考虑校园品质提升工程之初,便是基于人本理念,尽力体现文化与环境的融合,将原本封闭的学校教育场所改建成一个互通互联的学习共同体,成为一所集学习与娱乐于一体的乐园,彰显对儿童的人文关怀,满足儿童需求。

一、人本理念：环境文化改造的取向

人本,即以人为本,最早起源于人文主义思潮,它所具备的范畴既广泛又复杂,包含多个方面的内涵。以人为本强调一切历史创造都要以人为前提,以人为基础,以人为动力,以人为目的,概括起来就是强调人是目的,人是关键,一切为了人,一切依靠人,最终达到人类的全面解放、全面自我完

---

①余清臣,卢元锴.校园文化学[M].北京:北京师范大学出版社,2010.

善,实现了人的自由全面发展。在价值取向方面,它对一切为人这一点加以强调,对人的需求、尊严以及价值加以尊重,所做的一切工作都是为了促进人的全面发展,使人的价值得以实现。中国教育学会原秘书长杨念鲁表示,"面向未来的学校变革是多方位的,包括办学理念、学校形态、学习方式、教学管理、师生关系、资源配置等方面,但万变不离其宗,它必须遵循教育规律,体现教育本质;必须以培养人为根本价值追求"①。顾明远先生也曾表示,在未来,教育的本质并不会因为信息技术的介入而发生改变,教育传承文化、创新知识和培养人才的本质不会变,立德树人的根本目的不会变。②

(一)基于儿童视角

以人为本的理念体现在学校就是基于儿童视角,人本主义心理学代表罗杰斯认为:人类具有天生的学习愿望和潜能,它们可以在合适的条件下释放出来;当儿童了解到学习内容与自身需要相关时,学习的积极性最容易被激发;在一种具有心理安全感的环境下可以更好地学习。因此,学校的根本任务一定要从教学生知识的误区中走出来,学校的根本任务应该是为学生提供一种适合其学习成长的环境③,进而帮助学生学会学习和成长。从儿童视角看,学校就是要给儿童营造一种氛围,让他们按照自己的兴趣和喜欢的方式去体验、去学习。每一个人的成长都需要自我发展、自我选择、自我设计,学校教育就是要为他们的发现、选择、设计提供条件。④学校管理者和教师要蹲下身子,去看看儿童的真正需求,去体验儿童的思维方式。

1.关注儿童需求

小学是儿童认识事物的初始阶段,他们对周围世界有着强烈的好奇心和探究欲望,乐于动手操作和实践。所以,学校空间作为思想、方法、精神等教育资源的载体,应追求激发学生学习的需求和欲望,促进教育效果的最大化。

此阶段的儿童,除了有学习的需求外,更不能忽视的是他们爱玩、好动

---

①靳晓燕.未来学校在未来,也在路上[N].光明日报,2016-08-02(14).
②顾明远.教育的变与不变[N].中国教育报,2016-08-11(3).
③王毓珣.教育学视野下的未来学校[M].上海:华东师范大学出版社,2020.
④褚清源.未来学校图景[N].中国教师报,2013-01-16(12).

的天性。利用学校传统教室空间，将学生控制在同一时空内同时做一件事情，其实是违背儿童的正常需求的，在未来学校的发展过程中，应该尽可能避免这样的情况，多关注儿童天真童趣的需求，理性对待他们追求释放天性的行为。

儿童还有被爱的需求、渴望被尊重的需求、期待个性张扬的需求、与人交往的需求等。这些情感需求是否满足直接关系到儿童在学校的幸福感。学校物质文化建设要处处彰显对学生情感的保护和关注，让学生自由、被爱，这些才会逐渐印在他们的内心，并在今后某一天"反馈"给社会和世界。

2.读懂儿童思维

儿童之所以为儿童，是因为他们有着不同于成人的思维方式。传统的学校硬环境一般以成人的思维去设计、打造。但未来学校的发展，一定不是成人的学校，而是更具有儿童意义的学习生活场域。因此，读懂儿童思维非常重要。我们认为，在小学阶段，儿童思维具有以下特点：喜欢模仿、思维水平逐渐发生变化。

首先，儿童喜欢模仿。模仿教师、模仿年长同伴甚至同龄同伴。因此，在学校物质文化建设过程中，学校空间的打造要有利于儿童相互欣赏学习与模仿，联结人与人之间的关系，而不是割裂。

其次，儿童的思维水平在小学阶段逐渐发生变化。根据皮亚杰的认知发展理论，人从出生到20岁会经历认知发展的四大阶段，分别是感觉运动阶段、前运算阶段、具体运算阶段和形式运算阶段。而小学阶段的孩子经历了前运算阶段到具体运算阶段再过渡到形式运算阶段。前运算阶段(4~7岁)的孩子能对事物的表面现象做出反应，并有着自我中心的表现，从自己的立场和观点去认识事物；具体运算阶段(7~11岁)的孩子出现了初步的逻辑思维，但大部分的思维活动还需要与具体事物联系，开始去中心化，能够理解所看到的事物的静态动态表现；形式运算阶段(从11岁或12岁开始)的孩子开始形成完整的认知结构系统，思维发展趋于成熟。作为正在成长中的人，从空间的角度而言，儿童正从家庭走进学校，生活空间不断扩大，内心世界的发现和自我意识的觉醒，使儿童对自身的发展有着强烈的关注和尚不清晰的勾勒。他们已经开始构建理想的自我并以此规划自己的行为，他们有着强烈的自觉选择和自我追求。①根据小学阶段的这种变化,我们的校园物质文化建设必须考虑到儿童的变化,针对不同阶段的儿童要设置相应的环境、设备来帮助孩子顺利发展与成长。

(二)凸显人文关怀

人本理念的另一层含义,我们认为是要时刻凸显人文关怀,把人视为终极关怀的目标。人文关怀就是用人的方式去理解人、对待人、关怀人,特别是关怀人的精神生活、生存状态及其命运。②学校物质文化具有隐性育人的重要价值,学校的物质文化环境无时无刻不包围着学生,学生在其中的游戏、学习都潜移默化地被影响着。因此,学校物质文化要起到教育的功能,必须充分凸显对学生的关怀,以便捷共享、舒适安全为校园环境的最基本要求。

在校园各空间布局上提前规划,确立人的主体性,不以追求建筑的宏伟高大为目标,而以能真正读懂学生心意,便于学生幸福成长为目的。另外,人文关怀也体现在充分尊重学生的声音,让学生一起参与校园建设,这样的校园硬环境才是想学生所想的。

(三)秉持开放心态③

封闭落后的理念和学校环境,必然无法培养出具有创意思维、高感知力和高行动力的人才。开放意味着消除隔阂,拆除看得见和看不见的围墙。学校管理者和教师在学校教育中要秉持开放、包容的心态,去对待学校物质文化建设和学生教育教学工作。学校建设的开放表现为学校各功能区域不再紧紧封闭,而出现联通、融合、灵活的状态,可根据学生的学习生活需求随时变换。可让不同的人、异步的学习方式在同一个时空内共存。

未来,一所好的学校物质文化必然是包容学生的一切(在成人看来好的和不好的),保护学生天性,充满可能性和未知性,能让学生自由生长的群体文化。

---

①③王枬.未来学校的时空变革[J].全球教育展望,2019,48(2):64-72.

②杨黎珍.论人文关怀视角下校园物质文化建设[J].中小企业管理与科技(下旬刊),2010(12):142.

（四）指向幸福生活

学校从独立建校之初就确立了"幸福生活每一天"的办学理念,该理念体现了学校注重生命关怀,希望在校的师生都能轻松自由地学习、工作,与人沟通,实现自身存在价值,享受在校生活每一天的美好愿景。若单从学生培养角度来说,"幸福生活"意指胜利实验学生能在当下追求、营造、享有的一种学习生活状态和未来将要经营的一种生活美好期待。要实现"幸福生活每一天"的办学理念,需要落实到学校工作的方方面面,包括学校硬环境的规划、布局与布置。学校将这一句话以落地字体的形式排列在正对学校门口的大厅里(见图6-1),让人一踏进校门就能看到,从而映射到心里。正是源于我们提出了正确的办学理念并努力践行着,近年来,学校逐渐在家长中树立了良好的口碑,社会满意率在全区小学中处于绝对领先地位。

图6-1　学校大厅"幸福生活每一天"

基于人本理念,2018年,学校在上级部门的大力支持下,进行了校园环境品质提升工程,开启了学校面向未来的"教室革命"和"校园重建"两大行动。试图通过硬环境的改善来满足学生个性化的软性需求,赋予学校硬件文化特色。

二、教室革命：环境文化改造的重点

面向未来的教室革命是指对教室内各种学习活动展开和延续的基本过程、空间以及由此产生的各因素之间的相关影响共同构成的一种存在样态的革命。学校针对常规教室和专用教室分别围绕学生的学习生活进行了改造。

(一)常规教室：首创低学段Loft教室

大黑板、高讲台、秧田式课桌椅摆放、四周用以宣传展示的墙报……这些是人们对传统的常规教室的印象。这样的教室印象存在了上百年，便于集体授课，提高讲授效率，也便于教师"看管"甚至"控制"学生的一举一动。然而，未来的学习必然是自主的、个性的、异步的。这样毫无生命气息、没有尊重可言的教室布局，必然与未来的学习方向背道而驰。2018年，在进行品质提升工程规划时，学校行政层面就提出要基于低学段学生的需求与思维特点，满足学生幼小衔接需求，在低学段教室进行改造，首创杭城"Loft"常规教室（见图6-2），学校将原先的教室开辟出一个小阁楼，将同一时空分割成相对独立的两大空间，支持学生异步学习，以实现以下三个翻转。

图6-2　低学段Loft常规教室

1.从为同步学习而建走向为异步学习而建

过去的学习是同步学习，大家同一课表、同一时空、同一份作业、同一教材。未来的学习是异步学习，当下，同步学习时代即将终结，异步学习时代已经向我们大踏步走来。王毓珣认为，未来学校是基于每个学习者的学习需求、最近发展区、学习速度、学习节奏、学习特长、学习个性、学习风格等，适时、适性、适度、适地进行异步学习的场所。[1]异步学习体现的是尊重学生的差异，尊重学生的个性需求，是一种差异教学和个性学习的外显形式。如何支持异步学习？除了依托大数据、"互联网+"等新技术进行智能个性学习

---

[1]王毓珣.教育学视野下的未来学校[M].上海：华东师范大学出版社，2020.

支撑之外，通过改变传统教室结构布局，也可以做到让不同孩子不同的学习方式和水平在相同的教室内共存，实现从集体共学的同一时空走向支持异步学习的个性时空。如学有余力的学生可以上阁楼开展个性化学习活动，而其余学生可在楼下继续巩固所学；如开展项目学习时，不同的学习小组要进行不同的活动，有些学生希望独立思考就留在楼下，有些小组希望进行研讨，可以上阁楼小声研讨，互不干扰。

2.从单一学习空间走向混合生活空间

传统的小学教室不同于幼儿园，以学习活动场所定位。但幼儿园的教室更多以混合生活空间定位，如在教室里游戏、午睡、过家家、阅览。教室空间的大转变，让幼儿感觉陌生、紧张、焦虑，这必然引起幼儿进入小学的不适应，进而导致情绪及心理出现问题。我们创建Loft教室就是为了缓解低学段学生的紧张不适，配合学校的9月幼小衔接课程，在空间上也帮助他们进行顺利衔接过渡。因此，Loft教室要实现从单一学习空间走向混合生活空间的转变，让教室具备生活、学习、社交等不同功能。

教育即生活，学生的生长也应该在生活中实现。低学段Loft教室是低学段学生生活的乐园，他们能在教室里自由地选择活动，或三五成群在阁楼下棋，或安静地看书，或在阁楼谈天交流，或在涂鸦墙上自由涂鸦，在自由自在的生活中实现自觉成长（见图6-3）。

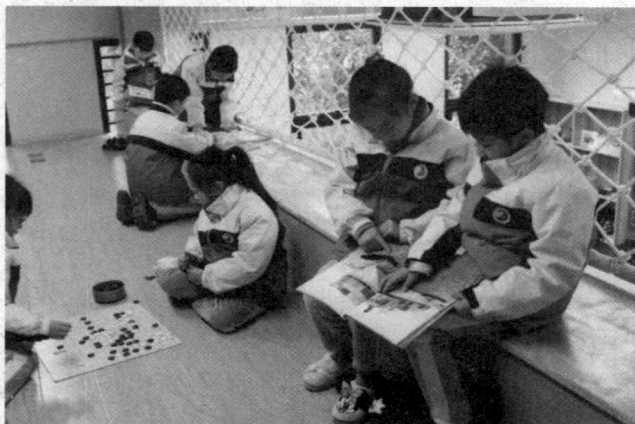

图6-3 学生在阁楼下棋、看书

3.从指向独立学习走向促进交往学习

学校相对封闭、模式化的传统教室对发展学生的交往能力,促进学生学会关爱显然不能产生积极的影响。传统教室通过桌椅就规定了学生必须独立思考,即使偶有合作交流,也很难充分实施,空间和时间都不允许。但要培养学生会交往、善合作的素养,必须有切实的行动落实。低学段Loft教室的改造大大促进了同伴之间的交流与沟通,从很大程度上改变了学生的校园生活状态。交往学习让学生更有同理心,交往学习让学生视野更开阔,交往学习让学生更快乐(见图6-4)。

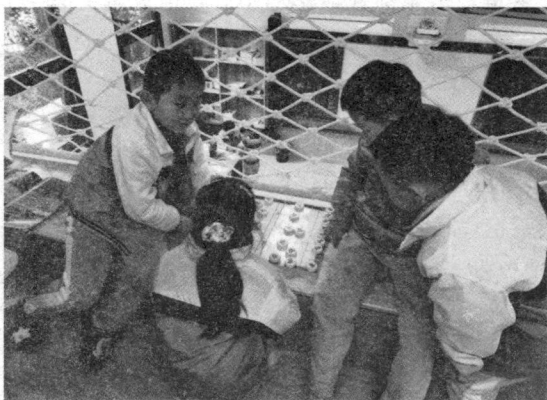

图6-4 学生在阁楼交流

(二)专用教室:为未来而建,共享便捷

学校除了常规教室外,还有很多专用教室,支持学生各项活动,如科学实验室、数学实验室、创意智造学习中心、美术教室、音乐教室、图书馆等。在这次的品质提升工程中,我们也将目光投向专用教室,使专用教室在实现特有功能的基础上,为未来学习而建,达到共享便捷的目的。

1.专用教室的理念

(1)未来的学习是融合的,也是互动的。学习的经历是完整的,有独立思考、有动手操作、有演讲展示、有技术操作等。专用教室的建设要让学生在适合的时候随时运用不同的学习方式。因此,专用教室的布局要集群化、中心化,而不是并列排布。例如,创意智造学习中心不是一间封闭的教室,而是位于学校教学主楼西侧的二楼、三楼的木工教室、机房、综合实践教室、人工智能学习区、录播教室等场馆的集群。未来的学习是互动交流的，专用教室的建设和功能区布局要便于学生交流合作、开展项目学习。

（2）共享便捷是专用教室建设的趋势。未来，学校的专用教室必然没有钥匙，而是面向全体学生开放的敞开空间，任何学生有个性化的学习需求，定能在学校的某一个角落得到满足，甚至学校已经开始将课程服务延伸到校外学生。我们大胆假设，未来不同学校各自建有特色化的专用教室或学习中心，这些资源供区域内学生共享，学生只要手中有一份课程清单，对什么课程感兴趣，就可以自主前往该学习中心学习课程。学习是菜单式的，学习场馆也是共享开放的。这样的学习真正能满足学生个性化、多样化的需求。

2.专用教室的实践

学校专用教室各有特色，下面就选取一些进行介绍。

（1）科学实验室。[①]

小学科学课以动手实验为主，课堂操作非常多，实验过程中也需要用到不同的工具、材料。科学实验室既是工具库、材料库，又是学习区、实验区和展示区。而小学阶段的学生特别是低学段学生，注意力维持时间较短，易被一些实验材料等吸引注意力，且对自己的言行控制能力较弱，从而降低了学习的效率。学校科学老师专门针对学生特点和实验课要求，思考并尝试了科学教室的布局，包括材料台、小组合作区、小组组号等设置。

取放器材代表了实验的开始和结束，而这个环节是学生情绪波动的关键点，极容易扰乱课堂纪律，进而导致教学效率低下。因此，如何节约取放器材的时间是避免课堂秩序混乱从而提高教学效率的关键，我们应着眼于减少学生不必要的走动，根据科学教室的布局，合理预设学生拿取器材的路线。

如图6-5和图6-6所示，教室环境的布局左右两侧为材料台，前部正中间为讲台，学生分布于讲台下的走廊中。在分配座位时，教师在桌子上贴上

①该小节来自学校张旖珩老师。

组号和座位号(见图6-5),低学段学生对左右前后的含义并没有很熟悉,若在分配座位时用左前、左后、右前、右后等词语去描述座位,很容易引起教室秩序的混乱,但他们对10以内的数字还是比较熟悉的,教师用几组几号去描述座位,小朋友能很快找到并记住自己的座位,逐渐树立小组意识。为了方便材料的拿取等实验的前期准备,在安排1~5号座位分布时,左排小组逆时针排布,右排小组座位顺时针排布,确保每组1号(组长)居走廊中间,每组4号(材料员)靠近材料台(见图6-6)。这样可以确保组长有问题汇报老师及材料员取放器材的路线最短且不从学生之间穿过,避免课堂秩序混乱。

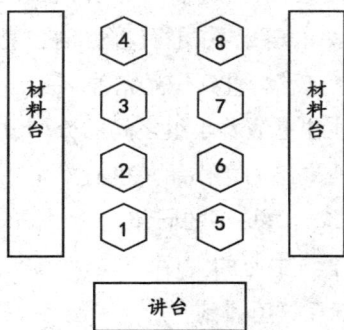

图6-5 科学教室分布模拟图

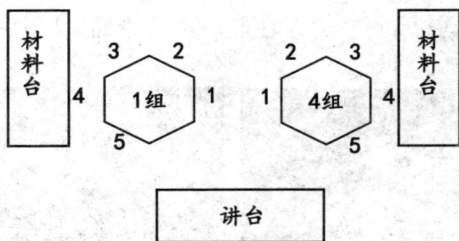

图6-6 组内座位分布模拟图

(2)创意智造学习中心。

学校从2018年开始,在区域推进学习中心建设行动的指引下,建成"创意智造学习中心",占地400平方米,学校创意智造学习中心是一个汇聚一切创新资源与工具的立体集成空间,保证人人都有机会便捷地、随时随地地创新并进行个性化学习。"两维互补"是学习中心的主要特点，具体指实体与虚拟两个维度的空间相互补充，以共同支持学生便捷地进行创新学习。

①实体空间。主要指真实存在的物理空间，包括学习中心主题区、机房、录播教室等。学习中心主题区又分成不同的功能区块（见图6-7）。

头脑风暴路演区：这里是创意产生的地方，学生在这里自由讨论，头脑风暴、模拟情境，产生困惑、提出问题。

人工智能学习区：这里有很多的电脑设备和软硬件支持，学生在此进行创意编程、微课学习。

3D打印区、激光切割区、木工制作区、制作调试区：这四个区域是将想法变成产品的区域，学生动手实践，共同将理念、创意变成现实。在这里，学生还要不断进行反思、调整、反馈，直到作品完善。

作品展示区：这里往往上演着小组之间的分享故事，也有学生在这里模拟演讲，试着如何更好地推广创意作品。也有学生在此录制微课，将作品的产生过程通过视频的形式告诉更多的同伴。

物料陈列区：这是学习中心的宝库。学生在学习、制作、分享过程中需要用到的材料、工具都能在这里找到。

自主阅览区：在这里，教师提供了上百套书籍，内容丰富，基础技能学习的教材、教师用书，甚至有学习中心学生自主编制的教程。这里的学习资源是丰富的、滚动的、更新的，更是学生随时可取用的（见图6-8）。

图6-7 创意智造学习中心主题区　　图6-8 学习中心自主阅览区

当然，学习中心是面向全校学生开放的，因此，这里也有严格的使用规则，必须在安全、自我管理的前提下取用，否则将被剥夺自由选用材料、工具的机会，甚至无法自由进入学习中心学习。这是学生共同讨论制定的规则。

②虚拟空间。虚拟空间具有弹性自由度，弥补实体空间不足，主要指个人创意网站、UMU互动等汇集线上微课的学习平台。平台上的微课面向全体学生开放，助力学生翻转自学；同时不断优化生成以课程资源形式积累的历次活动案例。这样的功能布局，让课程教学组织更具灵活性，不同学习方式在学习中心都能得到实现。更值得一提的是，我们在实施课程时，秉持着学习展示无处不在的理念，打破传统的围墙，让校园成为学生作品孵化的大空间，将整个校园纳入广义的学习中心空间。

（3）图书馆。

自学校进行品质提升工程后，图书馆焕然一新，成了师生最期待的区域，也成了外来客人必到之处。图书馆内分成藏书区、自主阅读区、班级阅读交流区。

①藏书区。分成两部分：一部分是地下室，师生不能随意进，主要用来保存副本书籍；另一部分是一楼区和阁楼区，学生可以随读随取。

②自主阅读区。这是学生的最爱，在这里阅读，可以找一个自己最舒服的姿势，坐在咖啡桌前，坐在下沉的小广场软包上，甚至可以半躺在"滑梯"上。是的，我们的图书馆内有滑梯，这是学校特意为学生添设的，为了让学生找到阅读的乐趣。

③班级交流区。在图书馆的下沉小广场中有投影设备，每班每月都会有固定的阅读时间，可以来图书馆集体安静阅读两节课，也可以来图书馆开一个大型读书会，全凭班级自定。

图书馆改造后，欢快的色调、明亮的灯光、竖式的座椅，让人爱上阅读，享受阅读（见图6-9）。

图6-9　图书馆阅读、分享场景

三、校园重建：环境文化的提升

面向未来的学校，将是一个时空界限逐渐消融的空间，学生的学习与生活不断融合。未来成长并不仅仅在教室内发生，随处可见学生的成长和进步，学校是一个释放儿童天性、适应儿童成长的幸福乐园。我们希望校园的角角落落都成为个性自由成长的场所，学生在每一处活动与交往都对他的成长起到积极的作用。除了教室革命外，我们也基于人本理念，开展了校园重建。这里的校园重建并不是指拆除原有建筑添置新建筑这样传统意义上的重建，而是指赋予校园环境以新的文化意义，做一些适当的环境改善。

（一）打造像家一样幸福的童趣乐园

学生是一个"完整的人"，要用全面的眼光看学生，要蹲下身子用孩子的视角看问题。学生当下的幸福不仅仅来源于学习经历，学生的生活应该是丰富多彩的,他们想爬墙就能攀爬,想玩沙就能实现,想蹦床就能蹦……教育无小事,学生的这些看似"幼稚"的小渴望,在学校老师眼中都是珍贵的,都应该被保护,处处从小事着手,成就学生大大的梦想,让"幸福成长"的文化理念在这所幸福校园里逐渐落地生根。学校通过组织各项活动,开发大厅、走廊、庭院的交往功能,将校园环境改造成梦幻式的童趣乐园,更贴近儿童的身心发展规律。

设施1——蹦床:低学段的孩子爱玩、好动,如果在教室外面设置一些运动设施,既能丰富课余生活,又能起到锻炼的作用。所以,蹦床运动因其变化多、难度低、入门容易等特点出现在胜利实验的校园里,备受低学段学生的喜爱,甚至连高学段学生都愿意从三楼跑下来蹦两下。

设施2——沙滩:学校二年级附近庭院里有一块空地,我们将其开发成"迷你沙滩",满足学生喜欢在跳远沙坑里玩沙的欲望。由于沙子既是固体的,又是流体的,它变化无常又易被掌握,适合所有心智状态的孩子,玩法也变化无穷,学生能得到极大的满足感和成就感,以自己喜欢的方式玩沙,心情也变得愉快。从此,学生不用再跑到操场的另一端玩沙了,课间时间也能去迷你沙滩搭一搭城堡。

设施3——攀爬网:综合学生在校园里学习知识和增强能力的情况,学校还为学生设计了攀爬网,帮助提升技能和健全人格特征。学生可喜欢攀爬网了,一下课那里就成为必去的打卡点。攀爬时他们需要调动手、脚、眼及身体各个部位协调运作,使他们的身体更灵活,反应更敏捷。

设施4——三楼"赛道":你以为只有低学段学生那么幸福,有各种设施?中、高学段学生同样有他们的幸福乐园。学校品质提升工程中,将不同楼层的走廊赋予不同的主题和颜色。三楼以黄灰色为主色调,地面设置成灰色赛道。充满创意想象的学生,利用赛道自创游戏,玩得不亦乐乎(见图6–10)。

图6-10　沙滩、赛道、攀爬网、蹦床

还有金鱼池、攀岩墙、蜗牛山……散落在校园里的各个游玩设施，都是为胜利实验的学生量身定制的。学校努力以这种积极、正面的方式引导学生合理规划课余游乐时间，让他们在不同的活动中学会选择、学会相处。"幸福是在蜗牛山与昆虫的相遇，是在西花园听蚂蚱呢喃……"想必在胜利实验校园里生活着的学生都会有这般的幸福感受。

【案例6-1】　蹦床上的别样风景

学校硬环境改善之前，蹦床的位置是一块不大不小的草坪。平时，这里门庭冷落。低学段学生似乎不太喜欢这里，偶尔会见到一两个学生在草坪上睁大眼睛寻找什么，但彼此之间也没有交流，更别说互动。因为没人，这里几乎没有发生过争吵，也没有传来过欢笑。可是，自从有了两张蹦床后，这里每天都是孩子们的"春天"。一到下课或午间闲暇时间，这里虽人满为患，却很和谐。孩子们排着长长的队伍，非常有序地轮流着，丝毫没有要去插队或一窝蜂挤上蹦床的意思。假如此时你怂恿其中一个排队的学生打破规则上去跳起来时,他一定会指着墙上的"蹦床规则"告诉你:"不行,这样的话我会被同学批评的。"

自从这个空间设计意图变为"交往""开放"后,到此处"蹦一蹦"的学生不断增多。而他们在"蹦一蹦"的同时已经有了交往。他们既是规则的制定者,也是规则的执行者。他们在嬉戏中学会了敬畏规则,学会了尊重,懂得了如何调解矛盾,如何担当责任。

(二)打造自我管理设计的创意校园

每一个校园设计都应该有属于自己的故事,这样才会使学校有着源源不断的活力,才不会停下前进的脚步。2018年,胜利实验精心统筹规划,积极将校园改造成为梦幻式乐园,打造出品质校园空间和硬件设施。如今,经过两年的光辉岁月,我们的学生也由原来对学校的喜爱提升为对"家"的依赖和情感,他们会思考如何让校园成为更适合自己成长、更安全舒适的生活环境,所以校园里不断涌现出由学生的智慧凝结而成的作品,童趣乐园同时又是自我管理的创意校园,这让学校的物质文化变得更接地气,更贴近学生心灵。

【案例6-2】 校园拐角防撞器的由来与设计应用

在校园里,学生总喜欢跑来跑去,在走廊里游玩嬉戏,在快速奔跑的过程中,学生总是因为不知道墙角另一边的情况而容易与其他同学相撞,磕掉门牙。这个既让家长心疼,又令老师费心,还浪费学习时间的问题,经常在学校的课间上演着。汤××同学(现已毕业)非常想解决这一问题,他在老师的帮助下专门开展了区域内其他几所学校的随机抽样调查,发现80名同学里,有近86%的人表示,曾经在墙角与另一边的人发生过碰撞。为了防止拐角相撞,除了多次的当面提醒外,还有哪些有效的方法呢?有的学校也注意到这个问题,就在拐角处安装了凸透镜,但由于视线原因,奔跑中的同学不能及时反馈到另一边的情况,所以还是会出现相撞的情况。于是汤××同学和同伴一起讨论规避拐角处两人相撞的方法。

生1：如果在下课玩耍时，时刻记住老师的话，就不会出现这种问题了。

生2：我在跑步的时候，也会因为想着和同学玩，忘记老师的话了，要是在拐角的地方，有老师提醒我们慢一点，我想我也会马上停下来的。

生3：老师不可能一直站在走廊那里等着我们，要是像开车有导航提醒一样，拐角的地方有人工语音提醒，我想这个问题就能解决了。

生4：这个办法好，要是有这样的机器，那跑步的同学也会马上收到提醒，危险就不会发生了。

经过同学们的讨论与总结，大家找到了解决问题的方法。随后，他们和创意智造学习中心的老师进行了联系，余老师通过上网搜索，发现没有厂家生产专门用于拐角提醒的设备。于是，大家思考自己设计出一种在拐角就能知道另一边情况的机器，进行充分预警，防止相撞。胜利实验首创的"拐角防撞器"由此诞生啦！

拐角防撞器的诞生得到了学校的大力支持，学校与以汤××同学为代表的团队签署了"成果孵化意向合作书"，为其提供经费、人员的支持，并要求团队不断优化作品，直至真正能在校园投入使用。

作为"校长签约"项目之一的校园"拐角防撞器"，其指导专家简泊智能公司顾问提出两大建议：一是提高灵敏性。拐角相撞时往往速度极快，就在一瞬间。因此，灵敏性是校园拐角防撞器的关键，如果作品没有灵敏性，不能在第一时间反应，检测对面人像，则作品毫无意义。二是注重产品外观。作为专业的产品，在重视功能性的同时还应重视产品的审美，外观设计还需要综合考虑环境因素，要与周围环境相匹配。听取建议后，项目成员继续完善这两个方面。在外观上，仔细观察学校大厅改建后的色系和材质，设计出匹配的外观并成功地完成作品。目前，拐角防撞器已经被安装到学校人员流动最密集的几大拐角处，能第一时间反应拐角对面是否有人，帮助同学防范拐角相撞的事故，实用性非常强。

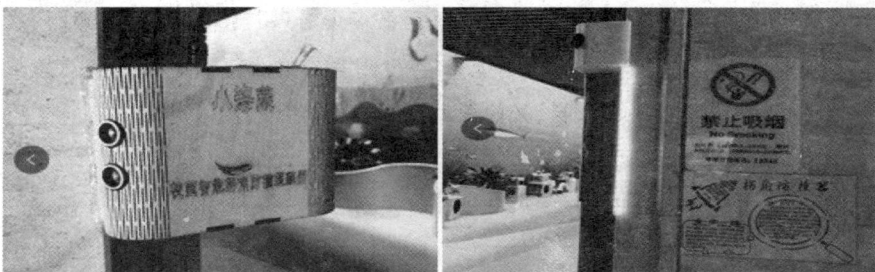

目前，汤××同学已经毕业，但校园拐角防撞器却在校园里不断更新换代，迭代创造。不同的学生在原有的基础上进行不断探究，完善功能，这便是同学们以小主人的身份打造着校园的文化，充分展示了他们的智慧。再如，2018学年第一学期，学校因原校舍装修而在另一个校区过渡。新校区是两校共用的，家长和同学对校园都不熟悉。孙××同学（现已毕业）想起学校小海燕"飞翔创客社团"引进了创造栗的语音识别套装，刚好他也学习了使用语音模块实现声音的识别与控制，所以，在余老师的帮助下，他尝试设计了一个语音导航机器人，为来访客人和家长提供精准导航服务。而现在，他制作封装的语音机器人也已更新换代，自从有了"AI pepper"机器人的加盟，每次学校大型活动时，创客社团的同学们便利用机器人，自主编程，为客人、教师提供导航服务。学校里的创意作品越来越多，BMI指数监测仪已安置在学校大门口，供学生上下学期间检测BMI指数；烟雾报警器安置在操场和学校大门口，检测空气质量并发出警报，提醒大家是否适宜户外活动。这些设备可能在校外市场上已经有成熟的技术和产品，但在校园里它赋予了学生自主管理、自我设计、自我超越的珍贵意义。

【案例6-3】 新校园十景

学校环境品质提升工程后，校园里充满了童趣，为了让学生尽快熟悉校园环境，也激发他们对校园环境的热爱与保护之情，学生处组织了一次"新校园十景"投票活动和"新校园十景"命名征集活动。让学生作为学校小主人，参与学校物质文化建设。最终以下十景荣登榜首，并且经过学生的智慧，都有了自己富有特色的名字(见下表)。可以看到里面很多命名以"燕"为名,如海燕蹦、燕栖亭。这既是指燕子,又有我们学校的学生是幸福的小海燕的寓意。例如胜实园,既说明果园里果实累累,又隐藏着"胜利实验学校"的简称。

校园十景	学生命名
银杏林	杏坛环趣
西花园	三味耕读
雕塑群	校友林
蹦床	海燕蹦
蔷薇花	幸福花开
四季花园	四季花田
亭子	燕栖亭
攀爬网	蜘蛛爬
金鱼池	龙门池
果树林	胜实园

(三)打造凸显自我个性的展示舞台

为学生搭建凸显个性的多样化舞台是校园重建的重点之一。我们不断地思考,怎样的布局规划能给学生以更多平台,激励学生更积极地展示自我?除了观摩教室之类的正式舞台,校园哪些地方也能成为孩子的展能区呢?于是依据学生展示领域分类,我们创设了一些开放性的舞台环境。

1.音浪舞台

如将大厅下沉舞台和LED电子屏结合,我们创设了音浪舞台,供有声乐舞蹈类特长的学生开展个人展或联展,时间一般在每天午后的闲暇时光。下沉广场周边两圈马赛克台阶是专门为小观众们而设的开放式座位,游玩经过这里,有音乐会,驻足停留,静静欣赏。平时每天早晨,这里就是班级晨间音乐会。如果你会某一种乐器,但对于开展个人音乐会还有点小胆怯,没关系,和班级同学一起弹奏一曲,伴随着同伴入校的脚步,这是多么美好哇!而大厅的LED屏幕则会播放演奏者的相关介绍(见图6-11)。

图6-11　同学们围坐台阶,静静欣赏

2. 小海燕展厅

利用艺术楼一楼大厅玻璃墙、学校主楼大厅玻璃墙,我们创设了小海燕展厅,供美术、摄影、书法类特长的孩子展示。图6-12就是一名酷爱摄影的六年级学生在毕业晚会当天参展的毕业摄影展照片。在他小小的镜头下,满是对师生、对学校的依依不舍,以及对生活的细致观察。

图6-12　2020届毕业生吕××在自己的摄影作品前和张校长合影

3. 小海燕电视台

小海燕电视台、图书馆下沉小广场为有演讲、讲故事等口才特长类的学生提供了展示的舞台。这些个性展示舞台不同于传统舞台,具有开放互联的特征。我们希望个性展示能打破班级、年级的界限,让不同年龄、不同班级的孩子都能通过开放的个性舞台,相互吸引、相互交流、相互模仿、相互学习,这才是成长。

(四)打造延续师生温情的时光隧道

学校有毕业课程,这些毕业课程借助什么来实施呢? 我们希望给胜利实验的学子以更多温情的美好印记,让他们在多年后回忆起来,仍记得母校某一位老师和他发生的故事,记得同伴之间的一次小误会,而这时候他的嘴角是微微上扬的。因此在校园重建中,我们延伸了学生的在校学习时光,将校园生活拉伸保留至10年、20年,甚至30年后……

1.胜实园

学校的果园、菜园,被孩子们亲切地唤作"胜实园",象征着果实累累,象征着孩子们在这里的6年收获满满。为了让毕业生能亲手为母校收获果实,我们在果园菜园中种植李子树、落花生、土豆等,在毕业季让六年级孩子亲手体验收获的快乐,将这份快乐珍藏在内心(见图6-13)。

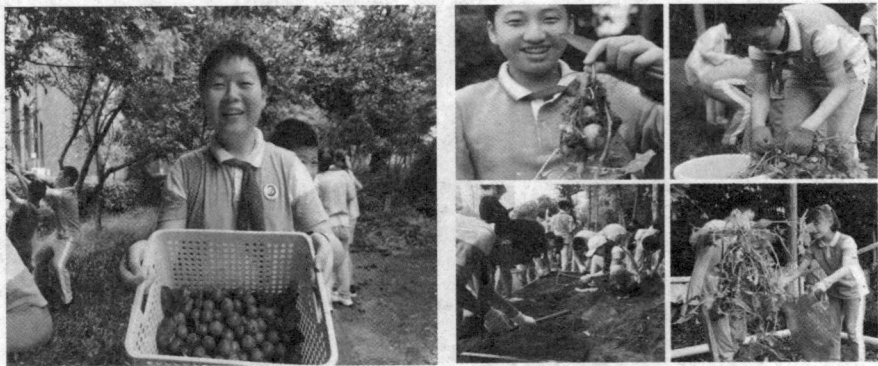

图6-13　六年级学生在胜实园中摘李子、挖土豆的场景

2.校友林时光隧道雕塑群

为了帮助学生留住童年的回忆,学校行政部谋划在校友林设立十二生肖雕塑。从学校独立建校开始,每一届毕业生认领一座雕塑,利用技术在该雕塑上植入一个二维码,这个二维码中珍藏着这一届毕业生的校园活动影像,在他们日后随时回到校园,扫描二维码就能见到昔日的同窗、老师和充满乐趣的校园活动。这表达了学校对小海燕的人文关怀,也希望小海燕日后永远记住母校的点点滴滴,学会回首感恩(见图6-14)。

图6-14　校友林中的雕塑群

　　众所周知,学校环境是展现学校文化和体现办学理念的重要内容。也正是基于这种认识,我们在指向未来的学校变革行动中,把环境的改造作为新学校文化建设的重要内容,依据学生未来成长的需要,对原有的学校环境进行改造,使其发挥引导学生成长的育人功能。

第二节　重构：基于民主理念的学校精神文化建设

　　学校的文化体系是由物质文化、精神文化等要素构成。因此，本节就具体来阐述面向未来的学校新文化建设中的精神文化建设。学校精神文化是学校师生在校园工作学习生活所形成的各种意识形态的集合，具有学校个性与特色。然而，学校精神文化因其难以有看得见、摸得着的载体，故而具有较强的内隐性和抽象性，但又肩负着价值引领的重要作用，更能凸显校园文化独特的"化"人作用。

　　在以人为本的理念指导下，我们认为未来的学校一定不是层级分明的常规组织架构，校园里没有传统意义上的领导，师生之间是平等互学的关系，人人为学校的未来发展思考着、努力着、创造着，不论身份。这是一所好学校所彰显出来的精神风貌。基于这样的思考和期待，我们确立民主管理理念，建设学校精神文化，包括学校制度文化、关系文化、自由文化。从根本上关注师生的生活及需要，充分尊重其个体差异，给予生命发展进步的自由空间。由此可以通俗一点讲，学校文化建设的全部努力是为了激发每一个人的主动性、积极性和创造性。

一、民主理念：学校精神文化建设的取向

　　追根溯源，"民主"一词来源于古希腊，最初的意思是"人民的统治"。古希腊历史学家希罗多德在《历史》一书中首次使用这一概念，用来指希腊城邦国家雅典的政治制度和政治实践。由此看来，"民主"从一开始就是一个政治概念。它指公民大会拥有无上权力；全体公民直接参与立法与司法活动；官员通过直接选举、抽签和轮流等多种方法产生；官员与普通公民一样

不享有任何特权等。[1]民主是一种权利,源于人与人之间的平等;民主也是一种力量,意味着汇集集体的智慧结晶。最初的民主是指一种国家的政治制度,但我们将这种理念迁移至学校管理中。学校的民主最为关键的是以师生自主发展为文化资源,最终实现师生的自主管理。[2]具体包含以下三个方面。

(一)民主是指人人参与的公平

民主的第一个体现是群体内的人都有参与管理的权利和义务,这种公平适用于每一个人。人人参与管理有助于提高群体决策的科学性、合理性。同时也能促进个体责任意识和主人翁意识的增强。人往往对于自己参与的事务更尽责,参与程度也更高。另外,还能促进民主监督规范化。学校成员主要分成教师和学生两类,这两类人都有权利参与学校事务管理。学生参与班级治理,共同将班级打造成心目中的理想家园。学生也可以参与学校治理,包括学校环境建设、学校德育管理制度,都应该开通渠道让学生有机会建言献策。例如,学生投票选出新校园十景、学生投票选出四大学院命名等,都是充分尊重学生的知情权、自主参与权。

教师有权参与学校治理,包括涉及学校整体发展的学校层面事务和关系个人权益的教师发展、教师绩效考核等事项。学校成立教代会,一些重大事项如学校三年发展规划、教师绩效考核方案、干部民主评议等,都需要全体教师表决投票而定。

(二)民主是指交流对话的平等

民主的第二个体现是平等交流对话。民主不仅是结果与形式,更指向过程与内容。民主是群体中的个体相互协商的过程。在协商过程中,群体中的每一个个体都会积极研究、分析问题产生的原因与过程,发现问题的本质,厘清相关概念,进入全面、持续的思考过程,以研究的态度对待个别变化,以严谨的科学态度吸取不同意见,从中发现自己未发现的问题。所以,我们主张校园里,师生之间、教师之间、行政管理老师与普通老师之间要保

---

[1]梅宁华.民主究竟是什么[EB/OL].http://www.cnr.cn/luntan/sytt/200802/t20080225_504713511.html,2008-02-25.

[2]王毓珣.教育学视野下的未来学校[M].上海:华东师范大学出版社,2020.

证交流对话的时间和平台。

学生与教师之间的交流对话，很多班级都设置了"心里话信箱"，如604班设置了"苏麻麻信箱"，这样亲切的称呼是班主任苏老师设想的，希望学生把自己当作妈妈一样敞开心扉，有困难、有疑问通过这样的形式提出想法。学校也会设置校长信箱，学生有建议可以直接写信给校长，大胆提出自己的观点。

教师之间的平等对话有很多机制来保障，如每学期期初的基层干部谋划会。在谋划会上，教研组长、年级组长是主角，他们发表自己一学期工作计划的初始想法，大家进行头脑风暴与思维碰撞，逐渐明晰发展思路，最后才进入计划制订和学校规划制定阶段。

（三）民主是指包容个性的自由

民主的第三个体现是包容个性的自由。群体中每一个个体都有鲜明的个性特色，正是因为有了这些个性，才会让群体迸发出大于个体的巨大力量。民主虽是服从大多数人的意愿，但绝不扼杀大多数人的个性。我们要正确地看待个体个性，并用开放的心态去包容个性，让群体中每个人都有发展的自由，并同时感受到群体的支持与尊重，这是真正美好的民主。

学校里，每一个孩子都是天使，即便有些"特殊儿童"，作为教师要用更多的爱去温暖他们。每一位老师都是智慧的，他们有自己的教学风格与教育理念，学校不仅要尊重这样的个性特色，更要创设平台，助力个性特色的发扬与推广。

二、自治：校园精神文化建设的基石

我们从学生的民主参与来阐述学校校园自治文化如何形成与打造。我们引导学生主动参与学校管理，从巧妙激发自治意愿、齐心创建制度文化和共同经营文化宣传三个方面着手。

（一）巧妙激发自治意愿

让学生当老师、学生当管理者，这是深层次的师生之间主体关系的表现，也是促使教师放下既定角色，与学生平等对话，让学生主动参与学校管理的关键举措。我们通过发布各种征集令，让学生自己制定班级的规章制度,发现校园安全隐患并主动管理校园里同伴的安全等举措,撕去教师的权威标签,将学生视作教育教学过程中的同行者、合伙人,转变师生间的主客体关系,激发学生自治意愿。

1.班级管理招募令

班级是学生学习、生活最直接的场所,班级硬环境的布置,班级的各种规章制度,班级的文化氛围等都直接与学生息息相关。我们大力提倡学生是学校的主人,教师要转变育人理念,充分发挥学生的主人翁精神。每学期开学前,班主任们就会通过不同的方式,陆陆续续发布"环境美化"的招募令,让学生自主报名,自主商量分工及布置方案,自己解决过程中的意见不一致等矛盾,最终达到教室整洁美观的目的。

【案例6-4】 9月开学前一周发布在班级群的招募令

各位同学:一眨眼暑假接近尾声。你们想念美丽的校园和我们熟悉的教室了吧。老师可想快点看到大家了。不过,经过一个暑假,我们升了一级,教室也由原来的东边二楼换到了西边二楼。新的教室卫生如何?我们能做些什么让教室更干净整洁,更有班级文化气息呢?如果你有想法,你有为同学服务的热情,那么请你带上你对同学的爱,带上你的好主意,于8月28日上午9点到学校西边二楼401教室等我,不见不散哦。——401谢老师

开学初,像这样的"招募令"几乎每班都有。教师通过这样的方式,引导学生自主报名参与班级期初的卫生打扫及环境布置,而后听取报名同学商量并制订教室布置方案,把教室环境布置权完全交给学生。

此外,班级规则的征集对培养学生练习自治,促进学生自觉遵守规则更有现实的价值和意义。《中小学德育工作指南》"管理育人"的实施途径中,其中一条就是制定班级民主管理制度,形成学生自我教育、民主管理的班级管理模式。的确,我们倡导校园里"人人都有话语权","人人都是管理者"。我们给予学生话语权,让他们享有与班主任甚至学校行政同样的权力,鼓励学生参与班级管理和学校管理,并试着承担相应的责任。

每个学期开学初，各班级在班主任的组织下，围绕"我的班规我制定"主题，运用情景剧表演、案例分析、小品等形式多样的表现方法，人人建言献策，人人参与讨论。最终在大家的共同商量下，制定班级公约并张贴在教室里。

【案例6-5】 504班发布的"规则征集令"

家有家规，国有国法。你是班级的主人，更是班级的管理者。班级的荣辱成败与你息息相关。作为班级的一员，你认为目前同学们的言行，哪些是能提倡的，哪些是必须改正的？面对班里屡犯错误的同学，你认为其中的原因是什么？如果犯错误的是你，你喜欢老师用怎样的方式与你交流？本周五的班会课，期待优秀的你献计献策，让我们共同建设美好的班级。

利用班会进行规则的"征集令"，这在学校也是普遍现象。学生在班会上畅所欲言、各抒己见。班级所有的规章制度都由学生自己商量确定，奖惩也由他们来制定。学生真正成了班级制度的制定者和实施者，他们也由被动接受规则变为主动遵守规则。

2.学校环境征集令

自学校品质提升工程后，学校开放式的空间增加了不少，学生与不同群体之间的交往频率逐渐增多。这意味着学生发生矛盾的概率也随之增加。2019年年初，学校利用开学典礼对全体同学就校园安全问题进行了专题教育，也要求班主任在班里加以落实。可开学后没多久，还是有不少学生在蹦床、沙坑、攀爬网等娱乐设施上不同程度地受伤。其中有自己玩法不当造成的，更有玩耍过程中与同学发生矛盾动手导致的。看来由上而下的规则只是学校或班主任从权威的角度提出的一个要求。学生并没有参与规则的制定，因此对大部分学生来说，他们只是在被动执行，其约束力微乎其微。

基于学生的认知与生活经验，为了规范学生在公共空间的言行，创设良好的人际交往环境，更为了让学生自己管理自己，自己教育自己，共同遵守自己制定的规则，学校大队部组织了一场"小学生大领导"的活动，以一封

"杭州市胜利实验学校公共空间规则征集令"激发学生主动参与学校管理的热情。

【案例6-6】 杭州市胜利实验学校公共空间规则征集令

同学们：

你们是学校的主人，你们发现学校存在哪些安全隐患？同学们在课间玩耍时哪些地方特别容易受伤？让我们行动起来，为你、同学和老师的安全，一起尽绵薄之力吧。

要求：

1. 表现形式：儿歌、儿童诗、打油诗、画、创意作品等。

2. 围绕规则、安全，主题鲜明。

3. 构思新颖独特，读起来朗朗上口。

4. 截稿日期：自今日起两周。

5. 投放地点：大队部门口的箱子或与大队辅导员面谈。

通过老师、同学代表的评选，将挑选出你们最优的规则，署名后制作张贴在相应的公共区域，提供给全校师生共同遵守。

期待你的创意！

杭州市胜利实验学校

2019年9月1日

该征集令发出后，学生们参与的热情空前高涨。他们根据当期征集令上的"公共空间"进入创作阶段。开始商量如何收集到最好的资料，如何根据资料进行规则的撰写，或者利用自己的特长给予同伴更好的提醒等问题，而这就是学生真正练习自治的开始。

3. 学校生活小提案

学生自治不能仅仅停留在班级、学校制度的制定上，学生参与学校管理也不能受时空限制。为了能给学生提供更多自治的机会，我们在每年少代会上都会有一个颁奖项目——十佳红领巾小提案。

"红领巾小提案"引导学生全面关注学校老师和同学生活、学习、工作等方方面面的事情。学生唯有真正深入教师、同学甚至社会生活中去调查、研究，才能写出操作性强而又具有现实意义的提案。这是督促学生关注身边人、身边事的最好办法，也是锻炼学生实践能力的很好载体，更是鼓励学生参与学校管理的有力举措。

【案例6-7】 2020年"红领巾小提案"征集情况

2020年少代会在2020年7月4日召开，但活动的筹划从5月就已经开始了。面向全体同学的提案征集在5月班主任会议和5月第二周晨会上做了布置。学生根据大队部的要求，或合作，或独立完成自己感兴趣的某一问题的调研，而后撰写成报告。本次共收到学生提案85份，内容涉及教师工作环境、学生健康、食堂饭菜、校园环境等。其中，师生健康和校园环境占比较高。以下为本次少代会上表彰的"十佳红领巾小提案"的获得者名单。

序号	中队	提案人	提案名称
1	102	汤××	科技兴国，我们想做发光的小星星
2	104	沈××、徐××、包××	头盔在手，安全你我
3	202	陈××、陈××、朱××	午休增加预备铃
4	301	301中队全体	小海燕报社
5	402	张××	关注眼健康，预防近视
6	403	洪××	对完善学校垃圾分类机制的提案
7	404	施××	培养新时代少先队员勤俭节约的好习惯
8	501	陈××、陈××、叶××	关于合理使用电子产品的建议
9	503	徐××、沈××、黄××	不妖魔化网络游戏，正面应对智能时代的到来
10	602	郏××	校园中开设垃圾分类专项课程的提案

从提案者所属的中队看，各学段学生的数量分布较为匀称，并不存在高学段有明显优势的现象。从提案的名称看，各学段学生都关注到了同伴的健康问题，如近视问题、安全问题。而高学段学生则对电子产品、网络游戏

等较为关注,这也是现实存在的一个让家长头痛的问题。诸上种种足以说明,"红领巾小提案"让学生从被动地接受管理到主动地去发现问题、解决问题。

(二)齐心创建制度文化

要让学生能真正以小主人的姿态加入班级及学校的管理中去,要充分尊重学生的自治权。组织大家一起讨论集体生活中该遵守的规则无疑是最好的办法。这让本来自上而下的制度变成了大家共同遵守的公约,大大提高了执行效率。

1.班级公约共商议

一个班级就像一个独立的人,每个人都有自己的性格和脾气。而每个班级的三四十个学生也各具特点,班级在制度建设、文化建设方面都有自己的特色。因此,在校级规章制度的指导下,各个班级也有其个性化的约定。而这些约定就是全体学生一起参与讨论,经过很多次的商量最终确定的。这是一个班级制度环境建设的重要举措,也是培养学生归属感和责任感的良好契机。

【案例6-8】 各中队讨论产生"复课公约"

2020年防疫抗疫期间,学生常规的校园生活发生了变化。怎样让学生认识到防疫抗疫的重要性并做好自我防护?学校号召全体班主任在正式开学之前,组织班里同学、家长开始了一次"云班会"。各中队结合学校推出的"防疫流程图",对校园中不同场合和情境下注意的事项开展了讨论并形成了属于自己班级的"防疫公约"。如洗手间排队要保持一米距离;下课接水要分批;水杯要带盖子才卫生;课间管住腿,尽量不要向隔壁班迈开腿等。经过一个半小时的"云端讨论",各班都形成了属于本班的"防疫公约"。以下是303中队讨论班级复课公约的情况。

准备工作	中队成员说	家长说	画重点
队员与家长一起认真阅读了学校发布的《有序开学"图"你平安》一文，明确了学生在校防疫要求	队员们讨论交流意见： 1.防疫从我做起 2.进校携带市民卡检验绿码 3.佩戴口罩 4.勤洗手 5.不扎堆活动 6.课间餐不分享食物 7.每日准备好必要学习用品，避免遗漏 8.在校外不去人员密集处 9.放学不在外逗留，尽快回家	1.以身作则做好个人防护 2.监督和提醒小朋友保持良好卫生习惯 3.有感冒发烧情况自觉居家隔离 4.上学携带酒精片、湿巾等防护用品 5.建议学校安排相关教育宣传课	大家共同复习了七步洗手法： 内·外·夹·弓·大·力·腕

2.学校公约同遵守

校园空间安全征集令发布后，每个人都用与平常不同的方式走近该空间，为环境建设献计献策，充分显现出了学校主人翁的良好姿态。

学生结合平日的观察以及自己的实践体验后，从安全隐患、公共规则等方面对进入该空间的"要求"做梳理，用自己喜欢的方式表现出来。尽管最后交上来的作品水平参差不齐，但每一个都是他们合作的成果，是对同伴爱的表现。我们要充分尊重学生自治的成果。

如有同学在提醒同伴攀爬"蜘蛛网"时创编了一首儿歌："蜘蛛网，魅力大，小朋友们齐上爬。网绳虽粗要踩稳，当心踩空把脚崴。排队有序上去玩，互不谦让把人害。商量谦让很重要，开心快乐人人爱。"

再如低年级同学套用打油诗来设定规则："小同学，上'花'墙，不守规，下不来，叽里咕噜掉下来。皮擦破，脸划伤，遂发誓，要谦让。自此后，讲秩序，脚踩稳，一步一步稳下来。"

自由创编结束后，所有参与学生的作品经过专家、教师和同学的认真评选,将学生中优秀的作品经过制作张贴在相关的区域内,这对撰写者来说是一次褒奖,更重要的是该作品对来该区域游戏的学生来说是一次提醒,为开展主体间性交往有了基本保障,更是一次爱的享受。

【案例6-9】 从学生中脱颖而出的规则运用于蹦床和沙坑空间

规则征集活动受到了学生们的喜爱。有的学生为想出更接地气的合理的规则又特地进行实地体验;有的学生还相互合作,召集了擅长画画、文字等的同学一起策划完成。走廊、游乐设施、图书馆都有了专属"规则"。下图是沙坑、蹦床两处空间规则征集中脱颖而出的作品。该作品是二年级学生团队共同努力的成果。

因为这两处就在二年级教室旁边,他们最有深切体会。设计的小学生根据自己平常游玩的经验,合作完成了蹦床和沙坑规则。在实用性、通俗性、趣味性方面,这两个规则从所有规则里脱颖而出。我们将这些规则张贴在相对应的区域,供学生游玩时参考。而同时,设计规则的人自然而然成了规则的解释者。

设计者:203 恽×× 傅××

设计者:202中队 蒋×× 李××

组织公共空间规则的征集活动,意在让学生在自我实践和体验中明白在该空间与同学玩耍和相处时应该遵守的规则。这是自治的前提。"人人为我,我为人人"的自治文化逐渐形成。

(三)共同经营文化宣传

陶行知先生指出,学生自治的办法就是划出一部分"事体"让学生集体自治。所谓"一部分事体"就是我们说的"符合学生能力的合适的事情"。学校墙面文化建设是一项伟大的工程,需要学校系统性地考虑该问题。比如,不同楼层的墙面布置主题是否需要一致？ 学校的发展历史、荣誉奖杯等摆放在哪里合适？ 校园环境中何以体现学校"智慧管理"的特色？ ……这些问题均要从学校的整体布局入手,结合学校文化统筹考虑。显然,这些问题已经超越了学生的能力范畴,不适合让学生参与建设。因此,在提供学生练习自治的机会时,学校首先要对该板块所有任务进行梳理,筛选出适合学生能力范围的可行性任务,让学生实时地参与学校文化宣传。

【案例6-10】 学生自主申报环境布置

2018年,学校进行品质提升工程后,学校计划第二学期搬回甬江路80号。可元旦后,当我们所见的是一所只剩钢筋水泥的空壳学校时,学校决定抓住机会,充分发挥老师、学生的力量,联手让校园焕发具有胜利实验特色的文化魅力。

首先,学生处运用学校公众号"带"全体家长和学生"游览"新校园。公众号内容包括新校园建设的图片和视频,尤其是改造后的教室、公共空间等变化较大的区域图。通过公众号让学生了解学校改建后的变化,激发学生对新校园的期盼,为后续认领任务、布置环境打下良好的心理基础。

其次,梳理适合学生共同完成的区域及要求,利用校家委会发布"美化校园等你来"的邀请函。确保每一个学生都了解该信息,并进行线上自主报名。

区域	布置要求	完成时间	我要报名	备注
二楼学生活动宣传窗(8块)	以学校的几大节日为主要内容;要求活泼、美观	3月初完成		所需素材先自己收集,如不够可向相关老师求助
学校走廊各拐角	以确保师生安全为主要目的	3月中旬		
三楼学生科技宣传窗(8块)	以科技、劳技、创意智造为主,体现科技气息;与三楼的创新实验室相呼应	3月初完成		所需素材先自己收集,如不够可向相关老师求助
教室门口的宣传软板	除教室内几块功能区的内容外,体现班级文化即可	3月初完成	各班向班主任报名	

上表所列的项目符合学生的能力,学生根据表格所列的项目进行自主报名。报名结束后,负责本次环境建设小组的4位教师自主认领一个项目,并组建该项目的环境建设群,以备后面讨论交流使用。

【案例6-11】 学生担任校园文化解说员

学校墙面文化是学校宣传的第一窗口，是学校的软广告。我校每年进校参观的国内外兄弟学校的领导、教师多达十几批。虽然他们来校参观的目的各有侧重，但相同的是参观校园。以往，一般由行政处轮流负责。这一过程中，介绍较多的是学校的发展历史、学校的办学理念等。自从让学生参与校园文化建设后，我们结合上面项目，聘请组长加入校园接待团中，由他们负责介绍自己的创新作品。此外，学生的创意智造作品有很多已经在校园孵化应用，如拐角防撞器、楼梯音乐、分贝测量仪、坐姿提醒仪、校园导航机器人等。在校外教师参观时，我们也邀请各项目负责人担任该项目解说员，参观教师来到一个项目面前，就由最了解熟悉该作品的学生来介绍。对于学校来说，要抓住机会不断激励学生，助力学生成功；对于学生来说，除了课堂、舞台外，这也是很好的展示平台，更是对学校管理的深度参与。

三、平等：校园精神文化建设的核心

民主必然涉及对群体中个体之间关系的讨论。对话的、平等的关系文化，有利于催生创新的想法，提高组织的灵活性，而控制、管束的不平等关系长期下来，只会让组织活力下降。学校一直努力创建一种平等沟通的关系文化，建议教师在课堂上要给予学生发表不同见解的机会，杜绝"一言堂"，要打造"百花齐放"的课堂。在班级管理中，让学生有胆量、有机会传递心声。这需要教师翻转理念，正确看待师生关系，学校从行政层面带头做起。

【案例6-12】 一位高学段女生的来信

2020年的新冠肺炎疫情让同学们宅家学习两月有余，开学的脚步近了，学校已经做好了迎接学生的准备。校内绿化已经全面维护，硬件设施已全

面修缮,就连三楼的女生卫生间也换了新颜。为什么学校这么多学生厕所只对三楼女生厕所进行改造？这还要从一个六年级女生写给张校长的一封信说起。

信中女生将自己的尴尬写信给老师和校长,希望学校采纳进行厕所改造。一般来说,六年级女生对此事会难以启齿,但为什么在信中孩子愿意吐露心声？这源于日常学生与班主任平等的关系,源于日常张校长与学生的平等相处,让她

致张校长的一封信

亲爱的张校长：

您好！

我是来自603班的李**,这次疫情打乱了我们的假期,也打乱了我们上学的脚步。我们迟迟不能来到熟悉的教室上课,不能在美丽的西花园散步,不能在上学路上看见美美的蔷薇花……我想学校的每一个角落应该很想见我们吧！在此之下,我也想向学校提出一些建议,希望张校长可以采纳。

现在的社会发展快速,有许多孩子会有提前发育的现象。女孩子到了一定时间也会迎来自己最特殊的一天,我们班的同学包括整个六年级的女生都会迎来这一天,我发现班里有许多女生,包括我自己都已经来了,可我们却都不愿意在那几天去我们学生的卫生间而去教师的卫生间。

我们已经是六年级了,是个大姑娘了,可我们的卫生间隔板太低了,站起来后一切尽收眼底。有许多女生会将这件事传出去,会让我们觉得十分害羞。所以我们会选择去老师那儿,那里一间间隔开私密性好。可这样却给老师带来了不少麻烦。我们希望可以将五、六年级卫生间隔板建高一点,保证私密性更强,这样我们再也不会担心,也不会因为这几天而感到害怕。

希望张校长可以采纳我的建议。

祝张校长：

身体健康,工作顺利！

李**
2020年3月20日

感受到被尊重、被信任,也自信自己的诉求,学校一定会积极采纳。我们便看到,张校长立刻召集后勤人员加以完善,并对来信及时主动反馈。这样的来信还有很多,很多低学段孩子还会用稚嫩的笔触写信给张校长,并悄悄塞到他的办公室门缝里。在这里,我们看不到高高在上的校长,只看到彼此相互信任的师生关系。这就是我们所倡导的平等对话。

在胜利实验,不仅师生关系平等,学校教师之间、行政管理干部和教师之间也流淌着平等对话的文化。只有建立教师参与的民主管理,开通教师表达诉求和建议的通道,才能实现幸福学校的理念。学校教师参与学校的幸福管理,不仅帮助建立团队间平等、和谐的人际关系,还促进教师自身的

幸福发展。学校在建校之初便制定了教师代表大会制度，将教师管理学校的民主权利从组织上得到保证，凡事注重商讨，主动倾听所有人的意见，讲究平等沟通、平等对话。关系到学校改革推进和重大决策的执行情况等问题，以及关乎每位教职工切身利益的重要事项，都不会在最后请教师草草签字通过，而是从制定决策开始就广泛听取教师的需求、建议。在进行每一项制度和细则的制定或修改之前，都会深入教师群体。先将意见征询稿发到每位教职工手中，由年级组长牵头组织教师讨论、补充及修改；再汇总至行政领导班子逐条讨论与整理，形成正稿；最后经由教代会反复讨论，试行一段时间后，再次补充修改形成定稿，特别是学校绩效考核制度形成了一年一修订的机制。

【案例6-13】 校园品质提升金点子提案

2018年下半年，围绕"幸福生活每一天"的办学理念，以服务全校师生为宗旨，以素质拓展为目的，学校完成了校园品质提升工程。考虑到老师们对于"新家"的期待、兴奋、紧张、开心的情绪，学校抓住契机，立足实际，突出特色，全员参与，在学生正式返校前，组织了校园环境建设（含文化建设）金点子大赛。

教师集思广益，群策群力，围绕学校办学特色，寻找新校园环境建设亮点。细心的老师还从安全、美观、育人等角度提出了很多改善建议。例如，看到一年级门口的天井花园边上一圈马赛克瓷砖，他们提出疑问：这么滑的瓷砖，学生会不会滑倒？学校要好好考虑一些防滑措施。也建议学校周围放些绿植引起孩子关注。学校后勤人员也采纳了老师的建议，现在一年级学生都非常自觉地走阶梯，而马赛克瓷砖上则是一盆盆美丽的绿植。

四、包容：学校精神文化建设的特征

真正的文化从来不强迫人，不限制人的自由，它的价值始终是敞开的。[①]这种敞开包含对外和对内，我们对外兼容并包，对内则包容文化群体内部个体的个性。在此，特指学校努力创设自由的文化氛围，让师生感受到自己的成长是自由的并且有依靠的，享受在学校中的自由发展。从学校文化来说，我们珍惜每一个个体的特色与个性，尊重每一个个体的自由选择，包容甚至希望个体在学校内都形成自己的特色领域，成为学校文化的代表之一。

在胜利实验，有一条被全体老师所认同的价值观：教师要欣赏知识，多读书，增强运用知识的能力；要欣赏他人，用欣赏的眼光对待家长、学生和同事；还要欣赏自己，多反思，多总结，要自信。在这样的价值引领下，学校充分尊重老师的个性发展。因为在胜利实验人看来，差异是一种资源，胜利实验的每一位教师都是一座富矿，为此我们组建了名师优质团队，鼓励骨干教师组建团队，带领青年教师，分享个性化的教育观点来拓展全体教师的教学思路，从而提升整支教师队伍的活力。在这里，我们能见识到从课堂到课程，从学校文化建设到学校管理与规划等方方面面都闪动着教师的智慧和创新。学校也充分信任教师的各项工作，比如学校没有烦琐的检查项目，因为我们的教师职业素养很高，过多的检查反而会浪费他们很多时间。但底线管理不代表不检查，偶尔的抽查中如果教师不过关，那么他在学校的教学资格就会被打上一个问号。

除了优质团队方式外，学校还结合上级主管部门设置的目标管理统筹奖，积极拟定考核办法，希望这一考核办法既能鼓励本校教师在教育教学过程中勇于创新与实践，将每一项工作做实做精，凸显特色，形成品牌，又能真正惠及每一位教师。我们开设了自主申报项目，大体分为班主任工作系列、少先队改革系列、基于小问题的学科教学策略、校本资源开发系列、学校接

---

①林倩如.开放和包容的文化，才有生命力[EB/OL].http://www.360doc.com/content/18/0307/21/30515088_735225694.shtml，2018−03−07.

待工作系列等模块。每学年初教师会拿到如下申报表（见表6-1）。表格中给教师以充分的自由去设想自己的计划，也允许教师以小团队形式申报，取长补短。以2020学年为例，教师或个人独立承担，或共同承担，共申报了26个项目（见表6-2）。这样的研究基于教师教育教学的真实问题或兴趣爱好，不受学校限制，更能激发教师的动力。项目立项后，教师按期完成并上交相关成果手册，通过接受专家考核来获得一定的奖励。教师发现，按照自己的意愿做自己喜欢的项目，最后还能得到专家和学校的认可，何乐而不为呢？所以大家的申报积极性一年比一年高。

表6-1 杭州市胜利实验学校自主项目申报表

项目类型	个人申报		团队申报	领衔人	
				参与人员	
项目名称 （10字以内）					
预期目标 （清晰可检测）	1. 2. 3. …				
实施过程 （清晰可操作）	1. 2. 3. …				
成果形式及校内 推广计划					

表6-2 2020学年教师自主申报项目列表

序号	项目名称	申报人
1	益智游戏欢乐大比拼活动设计与实施	张丽孟、曹心怡、张琴、陈丽
2	三年级小学生项目化学习指导的策略研究	胡珏、叶子扬、许频、赵小凤
3	六年级小古文拓展练习资源开发	毛莲君、钟燕文

序号	项目名称	申报人
4	融入课堂教学的小学数学Scratch课件设计与制作	田秋月、谢琰翡、郑家卫、黄利群
5	学校办学成果推介书	张浩强
6	六年级数学课前3分钟练习的设计与实施	章剑、黄建
7	熟知古今中外100幅名画	郑蕾蕾
8	戏剧教育在低学段班级管理中的实践应用研究	郭立敏、王小燕
9	体育精品微课资源开发	刘杰、罗正骅、何燊杰、周培培
10	校园集体舞	林玥、赖韵安
11	二年级写话起步阶段微课程	张雪姣、顾聪
12	四上课外阅读课程的设计与实施	袁红、施燕、罗淑好、邹丽慧
13	四年级专项过关检测的设计与实施	盛玲燕
14	"智慧家长·幸福家庭"课程设计及实施	苏丹、殷晓艳
15	文化行走 悦读家乡——五年级"红领巾小导游"爱家乡实践活动指导	李一村、陈雪影、杨苏燕、毛越夫
16	小学音乐监测资料汇编	黄愉皓、吴瑶香
17	经典艺术"童语化"的单元性课程构建	张丹妮
18	美术名作奖励卡设计与应用	吕凉琼
19	科学校本作业的编写	王司闫、赵皆喜、李菲菲、张旖珩
20	二年级数学课前3分钟习题的设计与实施	陈芳、冯骏驰
21	有趣、有效、有益的英语早读课探究	张萍、杨炜玮、俞勤、陶克亮
22	读写结合:提高中段学生习作能力的实践研究	李雪慧
23	校外良好习惯养成探索	任慧丽、李珍珍、董毅妮、茅丽春、蒋萍、赵楚艳
24	玩转pepper趣学编程 微课程开发	余国罡
25	体育精品篮球与训练课研究	张立权、李保新
26	校园文创手工作品设计	祝超俊

精神文化是物质文化的内在动力，是在物质文化基础上衍生出来的独具特征的人类共有的意识形态和文化观念集合，包括文化精神、文化道德价值观念、文化理想、行为准则等，这是人类新精神观、价值观、道德观生成延续的主要途径和来源。因而，在不同的领域会形成各自人类群体认同的精神文化，体现文化的同一性和多样性。在学校区域就会形成学校文化精神。正因为如此，我们十分重视学校精神文化的建设，努力让学校精神文化成为全校师生的精神食粮，孕育师生的精神家园，决定师生的精神状态和精神生活，实现价值导向的功能属性。

第七章

责任·智慧:教师新角色的重塑

　　我们谈"教育"一词,行为主体是教师。不论是过去的教育、现在的教育还是未来的教育,都不可避免要谈及教师这一群体。学校面向未来进行整体变革,开展课程改革、课堂变革,校园生活打造,都依靠教师的创造性工作。因此,教师成长是学校变革中特别关注的重点。我们必然也要谈一谈,在面向未来的视野下,教师的角色发生了哪些变化? 教师发展在学校变革中的定位? 教师发展的目标定位在哪里? 学校又是通过怎样的途径和策略来推动教师成长的?

第一节 重塑：教师角色转换的时代视角

大数据、云计算、物联网、区块链等新技术迅猛发展，将深刻改变人才需求和教育形态。面对如此巨变的世界，2019年2月，中共中央、国务院印发《中国教育现代化2035》，绘制了未来近20年的教育理想蓝图和实践路径。其中十大战略任务之一就是建设高素质专业化创新型教师队伍。夯实教师专业发展体系，推动教师终身学习和专业自主发展。这是面向未来做出变革的主动态度，因为教师的职业好比预言家，我们从事的教育工作不是为了今天，更不是为了过去的知识，而是为学生的未来做准备。我们必须时刻认清未来将会带给教师怎样的挑战，才能从容应对，主动适应。

一、教师面临的挑战

技术的普及应用，未来社会更新速度的加快，让很多人失去工作。于是，人们也在不断质问：教师职业将来也会被替代吗？我们认为，教师职业涉及人与人之间心灵的交汇，涉及生命成长的意义，这一点决定了教师不会被机器或新技术替代。然而，我们不得不承认，教师也面临诸多挑战，出现了"教师不易做"的现象。对教师的挑战既有来自学习资源的爆炸性增长，也有来自人工智能对教师发展提出的更高要求，当然还有新时代对教师立德树人根本任务的更高要求。

（一）学习资源的爆炸性增长

知识与信息的数量呈几何倍数增长，这给教育带来了影响：一是学习来源变得越来越普遍和习以为常，正规与非正规的学习之间的界限变得模糊。学生学习资源不再单一来源于学校、教师或教材，而是可以通过家长、网络、同伴等不同渠道,教师不再是学生学习的唯一权威。"三人行,必有我师焉"用在未来社会的意义更广,任何场景、信息、技术、任务都可以是学生的学习资源,技术的发展正在逐渐消解教师作为知识掌控者的权威。二是必须承认人的一生远不可能穷尽所有知识。因此在校园里,"知识取向"的教学终究被时代抛弃,未来没有人会理会你在学校学了多少知识,也无法衡量,大家关注的是学习能力如何。正如加拿大著名教育家迈克尔·富兰教授指出:"教师不需要再去亲自传授广泛知识内容;此外,学校也无须传授那些理论上学生以后生活所需的全部知识。"[1]三是教师和学生地位越来越平等。双方都有丰富的学习资源来源,甚至学生通过网络或技术获得信息的速度比教师更快,师生之间以"知识掌握"为评判标准的距离越来越小。

(二)人工智能的挑战

未来(甚至现在)将是一个人机共生的智能时代,我们周围充满了人工智能的影子,如智能家居、手机虚拟个人助理Siri、电动汽车特斯拉自动驾驶、工业生产中线上的智能机器人等。人工智能是人类创新的产物,来源于人类智能,也帮助人类完成了很多工作,这是人工智能之所以能存在并快速更新的原因。以此为假设,那么教育领域是否也能引入人工智能,替代教育者做一些工作?答案是肯定的。目前流行一款"爱作业"App,深受教师和家长喜爱,因为它能替代人类批改简单的计算题,如口算。从目前发展来看,不仅能批改口算题,还能批改递等式、竖式、应用问题等,甚至可以进行错题分析,自动生成错题集推送。这些工作仅需在几秒钟内完成,比人类批改、分析、出卷速度快得多。所以,朱永新教授等也指出,任何体现重复性的需要、有大量数据积淀的事情,都可以被人工智能取代。[2]如果教师还停留于做一些简单重复劳动,重复往年的知识教学,那么人工智能必将取代教师,甚至做得更好。"通过学校教育来培养掌握一定知识和技能的劳动者,这在

---

①迈克尔·富兰,等.极富空间:新教育学如何实现深度学习[M].于佳琪,等,译.重庆:西南师范大学出版社,2018.
②朱永新,袁振国,马国川.人工智能与未来教育[M].太原:山西教育出版社,2018.

智能时代将变得越来越没有必要。"[1]

另外，人工智能的创新性和能力已经远远不止做一些简单劳动，它甚至可以利用大数据做出深入分析，理性研判，寻求个性化诊断和服务。这对于教师来说具有更高的挑战性。

当然，也有专家指出，教师区别于（高于）人工智能的关键特质是教师具有情感、道德、审美等，因此不可能被完全替代。这一观点，我们完全认同。但我们应该警惕另一个层面的挑战：教师不能直接被人工智能替代，但不主动学习运用人工智能的教师终将被主动应用人工智能超越自我、完善自身关键能力的教师所替代。[2]《教育信息化2.0行动计划》指出，从提升师生信息技术应用能力向全面提升其信息素养转变。全面提升师生信息素养，推动从技术应用向能力素质拓展，使之具备良好的信息思维，适应信息社会发展的要求，应用信息技术解决教学、学习、生活中问题的能力成为教师必备的基本素质。

（三）学习型社会的必然趋势

承接上一点，面对爆炸性的学习资源，极具挑战性的人工智能立体环绕，教师唯有不断学习，才能适应社会和学生的变化，这就涉及终身学习。未来社会不仅是人工智能飞速发展的社会，更是学习型社会。不进则退，活到老、学到老将是学习型社会最"直白"的特征。

教师身处学习型社会，第一，要通过学习转变观念。教师学习观是指教师对学习的本质、目的、方式、内容的认识与理解，决定着教师学习的价值取向和行为方式。[3]不同的时代，学习方式、学习内容等都有区别，需要教师理性看待，并及时积极地转变观念。第二，教师要通过学习，获得自身的学习能力。泰德·丁特史密斯在《未来的学校》一书中写道："传统学校是创新时代的博物馆文物。"[4]这句话讽刺的是教育的僵化，更折射出教师这一群体的学习落后性。而且，教师所面对的是鲜活的、具有快速更新特征的学生群

---

① 项贤明.在人工智能时代如何学为人师?[J].中国教育学刊,2019(3):76-80.
②③ 王毓珣.教育学视角下的未来学校[M].上海:华东师范大学出版社,2020.
④ 泰德·丁特史密斯.未来的学校[M].魏薇,译.杭州:浙江人民出版社,2018.

体,这要求教师主动拥抱未来,具备"如何学习"的能力,让学生在一个不断更新的学习环境中成长,让学校成为创新思想和新事物产生的发源地。第三,教师要通过学习,有效地研究学生,研究未来发展走向。没有不断地学习,仅谈研究学生是狭隘的。教育要面向学生的未来,而不是我们的过去。只有这样,学生才能适应未来发展需要。

总之,无论是技术的挑战,还是学生不断成长的需要,或是未来学习型社会的必然,教师都必须且迫切需要进行学习,否则将被时代的浪潮所抛弃。

(四)新时代中国特色社会主义的历史要求

"教育是民族振兴、社会进步的重要基石,是功在当代、利在千秋的德政工程。"习近平总书记将教育作用定位在如此重要的高度。党的十八大以来,曾多次就教师队伍建设发表重要讲话、做出重要论述,教师发展已然成为习近平新时代中国特色社会主义思想的重要组成部分。党的十九大报告描绘了新时代中国特色社会主义的宏伟蓝图,其中就指出要加快教育现代化,办好人民满意的教育,建设教育强国。这些都需要大力加强教师队伍建设,《中共中央 国务院全面深化新时代教师队伍建设改革的意见》也是在这样的背景下应运而生的。《世界教育信息》杂志曾就新时代教师发展问题对教育部教育工作司司长王定华进行访谈,从中我们可以比较清晰地了解新时代中国特色社会主义对教师提出的历史要求。

新时代对教师职位进行了新的定位。做的是传播知识、传播思想、传播真理的工作,是塑造灵魂、塑造生命、塑造人的工作。教师要做学生锤炼品格的引路人、做学生学习知识的引路人、做学生创新思维的引路人、做学生奉献祖国的引路人。①

新时代对教师工作提出了新要求。立德树人是教育的根本任务,习近平总书记在党的十九大报告中指出,加强师德师风建设,把提高教师思想政治素质和职业道德水平摆在教师队伍建设的首要位置。教师要引导学生坚

①王定华.新时代教师队伍建设的政策与策略[EB/OL].世界教育信息微信公众号,2018-01-18.

定理想信念，厚植爱国主义情怀，更要有人类共同体情怀，将个人发展与国家命运、人类发展紧密结合。这些都依靠教师这一群体来实现，都对教师提出了更高的要求。

二、教师角色重塑的价值定位

面对以上诸多挑战，教师角色重塑迫在眉睫。作为教师，面向未来，该塑造哪些角色形象，担当哪些责任？很多教育学者都有过论述，如中国教育科学研究院曹培杰博士、天津教育科学研究院王毓珣老师等。学校在实施教师培养过程中，从责任和智慧角度提出了教师的新角色重塑思路。作为一所新兴名校的教师，应该不同于普通学校教师，这个不同点就体现在我们的教师要成为智慧育人者，在责任与智慧两个方面找到生长点。

（一）责任：教师以立德树人为根本任务

未来社会纷繁复杂、价值多元。教师教书育人、立德树人的根本任务应该被提到最重要的位置。教师必须从"心"出发，融"情"于教，以"情"育人，这也是教师职业无法被技术或机器人替代的重要原因。

1.从学科教学者到素养培育者

儒家"五常"的仁、义、礼、智、信，强调一个人立于社会，要具备五个方面的素质，缺一不可。从工业时代开始，教育的人才培养视野逐渐窄化，过度关注"智"的教化，将教师的角色定位在知识教学者上。立德树人是教育的根本任务，五育并举的人才培养要求，强调了教育的价值取向，应该是培养完整的人，培养德、智、体、美、劳全面发展的具有创新精神与创新思维的人。教师也要主动走出知识教学桎梏，让自己从一个"教书先生"转变成一位致力于育人的"灵魂工程师"。

育人者应强调以下几点。

育人者要把"培养完整的人"作为教育目标。除了智育外，还要将道德养成、习惯培养、心理疏导、个性培育等都囊括在育人过程中，育人者不仅育智，更育德、育心、育思想。特别是在这个价值多元、诱惑不断的社会，如何引导学生树立正确的价值观显得尤为重要。转变以往"知识教学为主，德育为辅"的教育思路迫在眉睫。习近平总书记也特别重视思政教育，强调教师队伍的建设要致力于为国为党培养人才,培养出能担当民族复兴大任的新时代人才。

育人者会运用有效的方式智慧育人。学科德育就是一条有效途径。每一个学科都有其独特的德育价值,任何学科的教师都要发挥好课堂主渠道作用,将德育根植于日常的教学中。教师要通过有意识地创设情境、设计活动来渗透德育。同时教师自身的言行就是非常宝贵的德育资源。另外,德育不仅仅是说教,通过学科知识,将德育过程做深、做透,让学生不仅明白"必须这样做",也能理解"为什么要这样做",让学生在知识学习中养成道德,在道德养成中发展思维,才是真正有效的育人。

2.从"教书匠"到活动指导者

学习活动是教育的重要环节,面对学习活动,教师的角色也将(应该)发生变化。传统的学习活动中,教师是勤恳的"教书匠",负责将知识通过口口相传的方式传授给学生,教师活动设计单一,且教师是主要角色,学生是受众。而在未来社会,我们越来越感受到学习方式的变革,教师不再处于核心,学生拥有新型学习方式的核心地位,教师"退居二线",发挥设计、支架作用。因此,教师对学习活动的指导者角色包含以下几个方面内涵。

(1)教师是学习活动的设计者。学生的学习活动不是随意随机的生活活动,而是需要经过系统设计的活动。教师就是这一类学习活动的直接设计者。教师带着他的实践智慧和教学理念,确定学习目标,决定如何处理学习资源,如何更好地设计学习活动来促进学生思维发展、获得个性成长,并逐渐学会学习。教师设计学习活动的目的不是知识的呈现和灌输,而是通过让学生体验一个个有意义的学习活动,帮助学生获得解决复杂问题的能力与品格,并形成正确的价值观。

(2)教师是学习活动的支持者。我们秉持着这样的观点:学习活动一定是以学生为中心的,行为主体一定是学生。那么,教师在活动开展过程中充当什么角色呢? 教师在"二线"发挥着重要的支持者作用。教师不再居高临下地教育学生,而是在学生活动中出现困难无法解决时提供支架的助力者,或是在学生无法把握正确方向时的提醒者;教师不再仅仅是评价学生的考官,而是引导学生学会自我评估和调整的长者。教师成为活动的支持者后,相应地，学生就能自由地掌握自己的学习进度与节奏，根据自己的目标、兴趣选择合适的学习资源，通过合理的学习方式开展学习活动。总之，教师不再"控制"着学生，但会一直陪伴在学生学习活动始终。

（二）智慧：教师要主动适应未来社会

未来的教师要带有一点"智慧"味，即有激情、会学习、有更新，能适应解决多变的复杂问题。因此，教师角色要进行必要的翻转和重塑。

1.从资源权威者到资源共享者

无论是古代还是现代，传统教师充当着知识掌握的绝对权威者。古代书院制，大部分普通民众无法接触文化知识，知识掌握在少数人手中，如"书院先生""学者"。因而，掌握知识而考取功名的人特别具有权威性，受到敬仰。而在现代工业社会，因大量的工业生产需要，必须培养一批拥有知识和技能的人从事工业劳动，专门开设学校，灌输所需知识与技能就显得尤为重要。因此，一部分人专门从事传授知识的职业，教师就诞生了，这时候，教师还是掌握知识的权威者。在人们的印象中，学生在进入学校前是一张"白纸"，由教师负责在白纸上添色，学生不会产生质疑，因为他们就是来向教师学习知识的。

面向未来，我们不再将眼光局限于"已经形成的知识"，而是拓宽到"学习资源、信息"概念，教师作为知识权威者的地位也在逐渐消解（前文有论述），教师更像是学习资源的"共享者"。与谁共享？与学生共享。这一共享者角色，内涵丰富，包括以下几个方面。

（1）与学生相互提供资源，成为资源的提供者。海量学习资源包围着教师和学生，师生就某一个主题、话题或问题，共同探讨，共同收集资源，相互分享。在此，教师需要注意的是，不仅要想办法收集更多相关资源提供给学生，更要引导学生学会从不同渠道获取不同的资源，如从网络渠道、教材图书、家长、社区等获取资源，也要引导学生学会运用不同方式获取资源，如访谈、问卷、阅读、观察、分析等。让学生不仅能从教师处获得资源，更能利用自身提供资源。

（2）认真选择优质资源，成为资源筛选者。学校一直强调给予学生选择的权利，培养学生的选择决策能力。教师在此发挥着至关重要的作用。大数据时代,网络、报刊、新媒体信息爆炸,向社会不同群体传递着各式各样的信息,诸多虚假诱导信息扰乱了正常社会的信息流通,亦使不少人丧失了正确合理的分析和判断能力。①在学生还没有足够的科学决策能力前,面对海量学习资源,要么不加选择囫囵吞枣,要么选择有偏差。这就需要教师帮助学生筛选优质资源,并同时建立资源选择的标准;当学生有相对明确的选择意识后,教师需要引导学生根据一些原则进行自主选择。

(3)参与学习资源的开发,成为课程开发者。教师已经不再仅仅是课程执行者,更是课程设计开发者。教师可以依据自身对学生的分析,对国家课程进行个性化处理,创造性地进行课程教学。同时,教师也可以依据自身特长、学生培养需求,开发特色拓展性课程。在这方面,学校应给予教师足够的平台,人人参与课程开发。这时候,教师不再是学习资源传递给学生的"摆渡者",而是学习资源的首席提供者,这对教师的课程意识、课程开发能力都提出了更高的要求。同时教师也能在课程开发与创造性实施中提升能力。

总之,面向未来,教师不仅自身是资源的"共享者",还要助力学生成为能干自主的资源"共享者"。正如徐巧英引用联合国教科文组织在《学会生存:教育世界的今天和明天》一书中的话,"教师正在逐渐成为一位顾问,一位交换意见的参加者,一位帮助发现矛盾论点而不是拿出现成真理的人"。②

2.从知识传授者到终身学习者

在传统的视域中,教师的使命就是教书育人,似乎是以一个教育工具人的状态存在。教师作为知识传授者的印象在人们心中根深蒂固。然而在未来,教师的形象应该是丰满立体的。他们不仅是教育者,更是自我成长中的独立个体,这无关职业和岗位。教师具备良好的终身学习素养既是作为教

---

①姬国君.审辩性思维的基本内涵、研究现状和培养路径[J].现代基础教育研究,2017,27(3):95-101.

②徐巧英.从"校本培训"走向"校本学习":基于教师专业发展背景下校本培训转型研究[J].中小学教师培训,2003(8):12-15.

育者的逻辑要求，也是作为终身学习时代每个成员的自然使命。①

（1）教师作为终身学习者符合教育者的职业要求。知识信息爆炸性增长、"互联网+"和人工智能的时代，学生必须养成终身学习的意识和能力。要求学生终身学习，教师作为学生锤炼品格的引路人、学生学习知识的引路人、学生创新思维的引路人、学生奉献祖国的引路人，也必须拥有终身学习能力和引导学生终身学习的能力。作为教师，终身学习意味着要不断更新自己的教育教学理论与方法，不断学习教育政策，不断学习新技术，盘活、丰盈自己的教育知识体系。

终身学习意味着教师要学会用不同的方式学习。首先要会研究，研究学生心理、研究学生差异、研究技术与教育教学的融合。教师要善于发现问题，具备教育科研能力，能以教育理论为指导，以学生、教育现象等为研究对象，通过科学的研究方法去论证、解决和完善。其次要会实践，中小学教育的研究大多是行动研究，教师要将思考与计划付诸行动，以改进自己的教学。最后会会反思总结，形成独特的教育风格，真正利于学生。

（2）教师作为终身学习者是自我成长的自然使命。教师作为一个普通的社会人，适应学习型社会，终身学习是其个体自我追求的目标。教师在日常生活工作中养成终身学习的习惯、方式，学会高效学习，也是其个体价值的体现。同样，终身学习的态度更为学生做出示范和榜样，效果甚于苦口婆心。教师学习看似与教育没有关系的信息内容，也能不断充实自己的闲暇生活，充盈自己的内心世界，做一个学生敬佩、羡慕的老师，个人的幸福感也获得提升。在这个跨界深度融合的社会，拥有丰富的不同领域的知识并与多个网络紧密联系的教师在未来更能胜任教育工作。

总之，面向未来，教师应该积极拥抱新技术、新挑战，主动重塑角色。作为学校，无论是从助力教师个人发展还是从推动学校整体变革考虑，都应重新审视本校的教师发展现状，调整教师发展途径与策略。个人与集体命运相联通，教师发展好，学校面向未来的变革才更有实现的可能。

---

① 王毓珣.教育学视角下的未来学校[M].上海:华东师范大学出版社,2020.

三、教师角色重塑的构想

为了使面向未来的教师成长有抓手，转变教师对自身发展的倦怠和排斥，我们着手"基于同侪互助的教师学习共同体"的构建，在学校内部不断完善专业成长网络，组建起不同教师学习共同体，以实现不同的研究学习目标。

美国麻省理工大学资深教授彼得·圣吉教授在《第五项修炼——学习型组织的艺术与实务》中对学习型组织有所阐述："一是自我超越，要求成员充分分析现状，不断建立新目标，实现自我开发与突破，这是学习型组织生命力的源泉。二是改善心智模式，要求正视自我的不足，通过自我开发与完善，改善心智，提高认知。三是建立共同愿景，要求成员开放交流，建立共同目标。四是团队学习，使集体力量大于个人力量，实现共同愿景。五是系统思考，要求集其他各项修炼于一体，从整体出发，系统观察事物变化过程，把握事物间的内在联系，不断反馈、调节，最终解决问题。"[①]依据彼得·圣吉的阐述，我们认为，学校的教师学习共同体是未来教师成长的有效途径。教师学习共同体指由拥有共同的学习愿景，具有不同知识技能背景的教师组成，以同伴互助分享为核心，进行相互交流、共同进步的非正式组织。教师学习共同体不同于传统的教研组、年级组或行政组织，而是以学习研究为目的组建的自由学习团队，具体有以下特点。

（一）自发自主

教师学习共同体由学校层面提议，但成员并非行政指定，而是由教师自主申报、组建或邀请。因此，团队成员作为个体，基于自主自愿原则加入团队，成员必然具有较强的自我发展意愿和明确的成长目标。而团队成员之间有情感沟通基础，更利于后续团队活动的积极开展。例如，优质团队由领衔人自主招募，师徒结对由师徒双向选择邀请，移动课堂先锋队由青年教师自发组建，同伴"悦"读团队由教师自主选择报名，不论哪种形式，均充分基

---

①钟建林.学习型组织视野下教师专业发展共同体建设研究[J].教育理论与实践，2020,40(20):25-28.

于教师的自主性。

（二）愿景激励

学校一直注重教师团队共同愿景的建立。早在独立办学前，学校就认为教师团队应该建立在共同愿景基础之上，贯彻"文化引领""愿景激励"的思想，强调培养教师群体的共同信念，关注教师个人的价值和尊严。这是促进教师自主发展的内在动力。[①]共同愿景是团队之所以集合在一起的黏合剂，共同愿景也是持续激励共同体成员投入学习研究的动力。例如，优质团队在成立之初就有一个共同的研究课题和成长目的，移动课堂先锋队的成立则以"择机而用、择有所用、用有所思"为理念，以推动学校的智慧教育迈入新台阶为目标。这一愿景将个体学习与学校发展紧密结合，实现了个体与学校共成长。

（三）同侪互助

这一特点是学校教师学习共同体区别于传统组织团队的最大特点。同侪互助研究学者乔伊斯和夏威尔斯认为，同侪互助是指教师形成伙伴关系，通过共同阅读、讨论与示范教学，来彼此学习新的教学模式或完善已有的教学策略。美国著名学者道尔顿与莫伊尔则认为，同侪互助指教师分享知识，相互提供支持；为提高教学技能、学习新知识、解决实践问题而相互帮助，给出反馈意见。[②]从中可以看出，同侪互助强调的是教师同伴间的相互支持与帮助。而给予支持与帮助的方式方法可以多样，如共同阅读、经验分享、听课反馈等。例如，学校组建不同学习共同体，师徒结对是有经验的骨干教师对青年教师的助力和指导，而移动课堂先锋队的成立，则充分发挥青年教师的信息技术应用能力优势，带动年长教师共同学习更新技术。

---

①张浩强.传承与创新：新教师文化培育的理论与实践[M].上海：上海教育出版社，2013.

②张仙，黎加厚.同侪互助：教师培训的新方式[J].中小学信息技术教育，2007(3)：52-54.

第二节 实践:教师角色重塑的途径与策略

我们已经在第一节阐明面向未来,教师角色重塑的必要性与方向。胜利实验历来重视教师队伍建设,坚持"脚踏实地、艰苦奋斗、精诚协作、荣辱与共"的胜利精神。本节将重点阐述学校如何在胜利精神引领下,帮助教师顺利转变角色。

我们认为,未来教师成长是一种综合素养的成长。应该逐渐从外力推动为主转换成自我需求为主,教师要更多地主动参与、群体合作,特别是在技术的快速发展与应用的当下,教师的成长有了更多可能性。有学者指出,教师成长的主要途径包括校本培训、校本教研、个人的独立学习。[①]学校在此基础上,对教师学习成长进行革新,主要通过学习共同体建设和校本培训转型两大路径来实现。

一、建设基于同侪互助的教师学习共同体

建设基于同侪互助的教师学习共同体是学校在重塑教师角色的实践中所采用的第一条路径。这条路径的意义在于让教师的成长过程从以往单一的接受培训转变为教师相互间的培训与被培训。换言之,教师不仅是接受培训者,同时也是培训他人者。

(一)骨干辐射:优质学术团队建设

在任何一所学校,教师的专业水平都是有差异的,这就决定了骨干教师在教师队伍建设中有着特殊的作用。通过骨干教师的引领,带动全校教师

---

①王毓珣.教育学视角下的未来学校[M].上海:华东师范大学出版社,2020.

的专业提升。

1.操作定义：优质学术团队

在学校的发展过程中，我们逐渐发现一些骨干教师的学习动力不足，而他们往往是经验丰富、富有教育教学智慧的"宝藏教师"。他们的言行在一定程度上会影响一些年轻教师的言行。因此，为了充分发挥学校第一梯队骨干教师的辐射力量，也为了充分调动第一梯队教师的学习积极性，学校从2014年开始组建具有骨干辐射力量的优质学术团队。以"1+N"为特征，"1"表示团队领衔人，"N"指其他团队成员。具体指以第一梯队教师为领衔人，以教学研究为主要内容，由同一学科不同层级教师自发组建的教学研究性团队，领衔人充分发挥示范引领作用，团队成员在研究中抱团成长，共同改进教学。而教研组活动也以优质团队承担教研活动为抓手，学校依靠一个个学科优质团队，推动整体课堂教学改革走向新高度。

2.操作流程

为了使学校的优质学术团队能够在全校教师专业提升的过程中发挥更为积极的作用，我们制定了具体的团队运行流程，见图7-1。

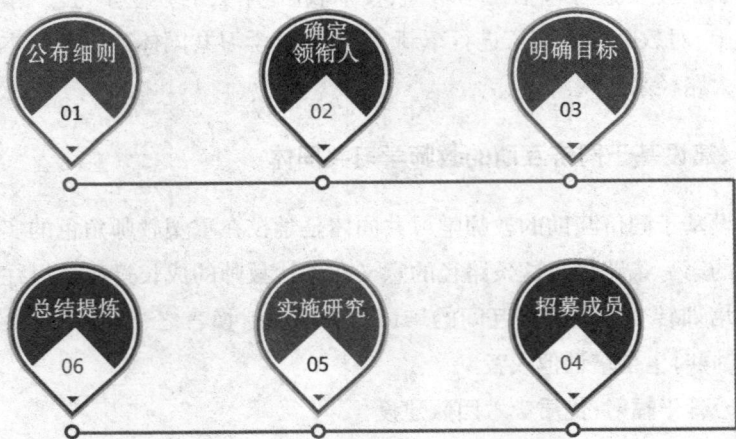

图7-1　优质学术团队运行流程

（1）公布细则。该环节由学校科研室负责。在每学年初，依据学校发展目标、绩效考核制度，修改完善《杭州市胜利实验学校优质团队考核细则》。

该细则包括优质团队领衔人申报要求、领衔人责任与义务、领衔人权利。希望通过细则让教师在明确努力方向的基础上,再思考是否申报成为领衔人。

（2）确定领衔人。该环节由个人申报和学校审核确定。能担任优质团队领衔人的教师主要指学校的省特级教师、区特级教师、学科带头人、省市教坛新秀、高级职称教师等优秀骨干教师。这些教师有资格申报组建优质团队,并在申报时,初步提出研究主题,学校从学科、研究主题综合考虑,公布领衔人名单及其研究主题。

（3）明确目标。该环节指领衔人依据初定研究主题,具体思考本优质团队的研究问题、研究计划和成果,围绕研究主题,确定本优质团队的发展愿景和目标。

（4）招募成员。该环节由领衔人在教研组内公布团队研究方案和成员招募要求。组内教师依据年级、研究兴趣等自主申报是否加入该教师优质团队。一般来说,每个优质团队内成员至少有一名5年内教师。

（5）实施研究。该环节指优质团队自主开展主题研究,研究进度、方向拥有足够的自主权。在每学期期末,可通过承担学科活动、学历测查命卷、成果交流等方式至少进行一次展示活动。

（6）总结提炼。该环节指一个学年末,领衔人组织组内教师进行个人发展反思与总结,领衔人进行团队发展总结。学校层面组织各优质团队进行期末汇报考核,了解各优质团队研究开展情况并予以评定。

3.考核细则

学校除对教师优质学术团队的运作进行了流程的规范之外,还制定了专门的考核细则,以保证教师优质学术团队的运作质量。

【案例7-1】 杭州市胜利实验学校优质学术团队考核细则

学校名优教师教育教学经验丰富,积累了很多教育智慧,可供学校其他教师相互学习,为了进一步发挥名优教师的辐射和领航作用,科研室拟开拓优质学术团队建设和运作新路径。具体细则如下。

一、申报对象

高级教师、学科带头人、省市教坛新秀、特级教师可申报优质团队领衔人。

二、运行流程

(一)学校公布优质团队考核细则。

(二)以"自主申报+学校审核"方式确定领衔人。

(三)领衔人明确团队成长目标和研究目标,制订研究方案。

(四)领衔人公布成员要求,招募成员。

(五)优质团队开展为期一年的研究。

(六)优质团队自评+学校汇报考核。

三、领衔人职责

(一)组建学术团队,每学期带领由本团队教师围绕本团队研究点开展一次展示活动,要求有课例、有观点报告(注:展示活动包括校级接待、教研活动或外出支教活动);作为教研组长,可积极发挥优质团队作用,开展校本教研活动。

(二)承担学校学科活动、学力测查命题等任务。

(三)承担师带徒工作。

(四)担任青年教师成长营集中学习课程讲师。

(五)担任学校科研专家资源库成员,指导学校教师论文、课题等研究指导和评审工作。

其中(一)为必须,(二)至(五)满足一点即可。

四、领衔人权利

(一)各种评优评先活动具有优先权利。

(二)每学年外出考察学习一次。

(三)领衔人职责(二)至(五)点考核奖励参照绩效考核相关规定。

从上面的细则中反映出学校对教师研究能力的重视,以优质学术团队形式,让教师将教学与研究相结合,共同探讨,共同成长。同时学校对团队领衔人的辐射作用也非常关注,希望领衔人在团队内部能够起到示范引领作用,带领团队内教师(特别是5年内青年教师)开展研究,助力成长。另外,希望通过领衔人承担支教、接待等展示活动,以点带面地发挥学校对外的辐射引领作用。

(二)教学相长:师徒结对团队建设

在发挥骨干教师的力量,建立优质学术团队的同时,学校继续沿用了传统的师徒结对的方式,以促进教师的专业发展。

1.操作定义:"1+1"和"N+N"结合的师徒结对团队

如果说优质学术团队是"1+N"模式的教师学习共同体,那么师徒结对团队则是"1+1"和"N+N"结合的教师学习共同体。师徒制一直是新老教师技能传授、情感交流、职业意识培养的传统途径。老教师的示范、点拨,大大缩短了青年教师熟悉教学常规、提升教学水平的周期。同时,老教师的言行也会潜移默化地感召青年教师,逐渐完善师德。在这一过程中,新教师的学习和老教师的再学习、再思考与再研究是同步发生的,绝不是一方传授和一方服从的关系,而是"相互促进""教学相长"的过程。[①]

"1+1"和"N+N"结合的师徒结对团队指学校5年内青年教师一对一自主配备师傅,开展日常师徒指导活动。而所有5年内徒弟群体和师傅群体组成的"N+N"团队,开展青年教师成长营课程研修。由N位师傅担任课程讲师,N位徒弟为课程学员。

2.操作流程

为了保证师徒结对团队的建设能够促进师徒双方都得到专业提升,我们制定了具体的团队操作流程,见图7-2。

图7-2　师徒结对团队操作流程

---

①张浩强.传承与创新:新教师文化培育的理论与实践[M].上海:上海教育出版社,2013.

（1）确定师徒名单。这是建立学习共同体的初始环节。我们强调师徒结对团队的自主性，师徒遵循"自主邀请、双向选择"的思路，主要由徒弟主动发出邀请，充分尊重师傅意愿来确定学年师徒名单。自主性还体现在给予徒弟和师傅更大的自由权进行流动与更换。师徒结对一学年确定一次，一学年后若徒弟或师傅发现彼此不适合（如兴趣、研究方向等），可以重组师徒。另外，基于方便交流与指导原则，建议5年内青年教师主动邀请本学科、本年级名优教师做师傅。

（2）举行师徒结对仪式&成长营课程开营。学习共同体强调愿景激励。学校设置具有仪式感的师徒结对仪式和课程开营仪式，共同解读愿景和目标。这两个活动一般整合开展。师徒结对仪式关注"1+1"共同体建设，师徒通过互赠礼物、师傅送寄语、徒弟发言表态等形式，增进师徒情感。通过签订"杭州市胜利实验学校师徒结对协议书"，明确职责与要求，为后续活动开展指明方向。

【案例7-2】 杭州市胜利实验学校2020学年师徒结对协议书

为加强杭州市胜利实验学校教师梯队建设，发挥学校现有教育教学优秀资源，积极促进学校内部良性互动，使青年教师在师德师风、班级管理、课程教学、家校沟通、自我反思等方面得到进步和提高。学校研究决定，在教师中开展"师徒结对"活动。师徒双方通过双向选择，结成师徒，学校通过专门会议举行拜师会，双方签订本师徒结对协议书。

一、导师职责

导师应身先垂范，主动关心徒弟的成长，对徒弟在师德上提出严格要求，在业务上给予精心指导，使徒弟尽快成为一名师德良好，具有较强业务能力、科研能力、班级管理能力的合格（优秀）教师。履行如下职责：

1.制订有针对性的培养方案，对徒弟提出明确具体的要求，指导徒弟制订一个有具体期限的成长提高计划。

2.言传身教，指导徒弟具有忠诚党的教育事业的思想，严谨的治学态度，认真刻苦的敬业精神。

3.检查徒弟的教案、作业批改等情况，及时指导。提高徒弟课堂教学、辅导学生的能力。

4.每月为徒弟上示范课不少于1节，并主动向徒弟阐述教学理念和设计意图。

5.热情指导徒弟上课，每月听徒弟2～3节课，保证课前指导、课后点评，使他们能尽早掌握教学常规，胜任育人和教学工作。徒弟上课，由导师每月公开发布1节。师徒结对的听评课记录在本学年的听课笔记上。

6.鼓励徒弟积极投身于教育科学研究之中，刻苦学习教育科研理论，指导他们读书、看优秀视频案例，写有一定质量的教育教学笔记（或教后记）、读后感、观后感。

二、徒弟要求

徒弟要虚心向导师学习，主动向他们请教，诚恳接受他们的指导。履行如下要求：

1.认真规划并制订出一学年的教师专业成长计划。

2.严格要求自己，抓紧时间钻研业务，刻苦学习，努力提高理论水平和业务能力。

3.主动向导师提供典型教学设计，请师傅指导备课方法，提高备课能力。

4.每月听导师示范课至少1节，听同学科或同年级老师课至少1节，做好听课笔记，努力找出自己与导师在教学中的距离，及时弥补不足。

5.每月积极邀请导师听自己2～3节课，课后认真听取、虚心接受指导老师的意见，每次认真撰写教后反思，不断提高课堂教学水平。

6.积极参与隔周一的集中课程学习，如有特殊情况，每学期允许请假一次。

7.参与每学期一次青年教师比赛。本学期比赛为"走进名家"阅读项目研究汇报，下学期为五四青年教师赛课（或基本功比赛）。

8.积极参与教科研工作，及时总结教育教学工作中的得失，根据导师要求积极读书、看优秀视频案例，写出读后感、观后感。每学期至少写1篇质量较高的教学反思或案例、读后感。

三、学校评价考核

1.督促师徒落实责任，通过定期检查听课笔记、定期参与师徒结对公开邀请课，了解听课指导情况。

2.每学期至少开一次师徒座谈会，多方听取意见，扬长避短，及时调整。

3.制定《杭州市胜利实验学校"欣胜"青年教师成长营项目实施奖励办法》，将师徒结对纳入学校绩效考核：

(1)师徒完成以上基本指导任务，导师获得1000元/学年绩效奖励。

(2)除基本要求外，徒弟个人在教育教学、科研、学生活动等方面获得荣誉和积极参与的培训都可以积分形式累加，最终按奖励积分确定星级排名，师徒共同追加奖励。

(3)若徒弟未完成基本要求，则在奖励积分中扣除相应积分。

四、本协议一式三份(导师一份,徒弟一份,学校一份),自签订之日起生效,有效期为2020年9月—2021年8月

立议人：导师　　　　　　　　　　　　徒弟

签字时间：　　年　月　日　　　　　　年　月　日

杭州市胜利实验学校
2020年9月

成长营课程开营，关注"N+N"共同体建设。学校在开营仪式上公布课程设置。课程从"师德师风""班级管理""课程教学""家校沟通""自我反思"五个模块进行设计。课程讲师以师傅团队为主，以校外专家、校内部分教师为辅，表7-1为2020学年第一学期"欣胜"青年教师成长营课程安排。

表7-1　2020学年第一学期"欣胜"青年教师成长营课程安排

课程名称	培训期数	负责人	培训地点
青年教师成长营	11期	陈丽	会议室
培训目的	提升青年教师素养,帮助青年教师尽快融入团队		
培训对象	5年内青年教师		

日期	课程内容	所属模块	主讲者
9月7日	开营仪式	师德师风素养	张浩强
9月21日	家校沟通实例分析	家校沟通素养	李一村
9月21日	班级突发事件处理	班级管理素养	茅丽春
10月12日	心育，一首如歌的行板	班级管理素养	杨苏燕
11月9日	从班级管理到学生帮扶	班级管理素养	陈雪影
10月26日	我的研究故事	自我反思素养	赖韵安
10月26日	我的课题之路	自我反思素养	赵小凤
11月9日	让有温度的评价抓住学生味蕾	课堂教学素养	张丽孟
11月23日	书法生活	课堂教学素养	郑蕾蕾
12月7日	学员读书分享	自我反思素养	陈丽
12月21日	我的贵州雷山之旅	师德师风素养	盛玲燕
12月21日	我在非洲支教的故事	师德师风素养	胡珏
1月4日	支教虽有任期　援疆却无时限	师德师风素养	邹丽慧
1月18日	成长沙龙	师德师风素养	李雪慧

（3）开展师徒指导活动&实施成长营课程。师徒结对团队分两条路径开展共同体学习活动。第一条路径为日常一对一师徒指导活动。师傅和徒弟一般通过制订学年计划、分解月计划、开展听评课、指导阅读、撰写读后感、案例、论文等方式展开。学校一般要求师傅每月为徒弟上示范课不少于1节，并主动向徒弟阐述教学理念和设计意图。徒弟每月邀请师傅听2~3节课，保证课前指导、课后点评，尽早掌握教学常规，胜任育人和教学工作。一对一的指导，让学习更有个性，更具有针对性，对青年教师的成长帮助非常大。而师傅在设计示范课、点评中也会围绕问题开展，无形中提高了师傅的问题研究意识和指导能力，实现了教学相长。为了形成青年教师听评课浓厚氛围，相互激励，设计了"公开邀请"制度。徒弟在每月师徒指导课课前，由导师在微信群公开发布，邀请学校空课老师一起参与青年教师的指导。公开邀请后，教研组长或本学科、本年级老师会积极参与听课，以此形成互助合力。表7-2为师徒结对月计划。

表7-2　师徒结对月计划

徒弟姓名			师傅姓名	
听评课 关注重点				
师傅听 徒弟课	时间	课题	级别备注	是否按计划
徒弟听师傅 示范课	时间	课题	级别备注	是否按计划
月反思				

注：1.级别备注：校级展示课、区级展示课、市级展示课、省级展示课……

　　2.月初填写上交教科室存档。月末将"是否按计划"和"月反思"两栏填写完整后，同教案反思一同上传平台。

　　成长营课程隔周进行：一是通过以师傅为主的骨干教师的故事或案例分享，助力青年教师从容面对教育教学过程中的困惑，顺利解决问题。二是为青年教师提供相互交流学习的平台与机会。三是通过经验分享，推动名优教师（师傅）主动总结提炼自身特色工作，形成独有的教育教学风格。成长营课程让师徒共同进步。

　　学校非常重视课程的实施，每次安排一位行政干部一起参与学习，了解青年教师的学习感受，及时调整课程，提高实效性。安排一位青年教师记录学习要点，制作学习简报（见图7-3），形成课程资源。

（4）总结回顾。一学年总结回顾环节，通过三种方式进行。第一是师徒自评，自我反思，一学年的成长与不足。第二是成长沙龙，所有师徒结对团队成员和学校行政教师坐在一起，共同回顾学年学习情况。第三是师徒结对团队考核，以相对量化的绩效考核肯定认真开展学习活动的师徒，也进一步激励大家明确后续努力方向。

（三）个性领衔：同伴"悦"读团队建设

学校有这样一些教师，他们是阅读爱好者，博览群书，能有效利用闲暇时间通过阅读充实自我，丰富自己的精神世界。学

图7-3　学习简报

校也有这样一群教师，疲于工作，没有时间阅读，也找不到好书静心阅读，或者苦于没有阅读氛围，无法坚持阅读。若能让前者带领后者一起抱团阅读，相互交流感受，娱悦身心，不仅能提升教师个人的阅读素养和自我学习的能力，也能让学校充满浓厚的书香氛围。同伴"悦"读团队的存在就很好地达到了以上目的。

1.操作定义：同伴"悦"读团队

同伴"悦"读团队由学校资深阅读达人领衔，确定阅读主题以及推荐书目后，发出邀请，感兴趣的教师自主选择参与，形成"1+N"模式的学习共同体。团队成员共读书目，定期交流，共同成长，反思教育，感悟人生。这种教师学习共同体，以读书为载体，丰富教师阅读体验，拓展教师学习方式，教师在自由轻松的状态下实现自我成长，因此我们选取谐音"悦读"来替代"阅读"。

2.操作流程

为了保证同伴"悦"读团队能够规范地进行运作，我们制定了同伴"悦"读团队的操作流程，详见图7-4。

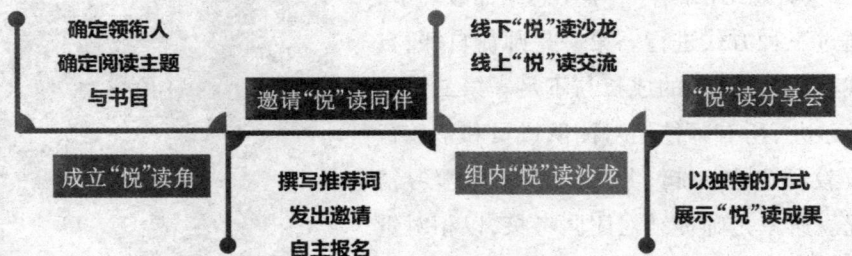

图7-4　同伴"悦"读团队操作流程

（1）成立"悦"读角。本环节充分挖掘学校阅读达人作为悦读领衔人，并请领衔人确定本"悦"读角的阅读主题和书目。这里充分尊重领衔人的阅读爱好与自由，希望在他最擅长和熟知的领域发挥其最大的个性领衔作用。

【案例7-3】　2019学年"悦"读角领衔人的确定

2019学年第二学期，学校邀请吴瑶香老师带领大家读国学，杨苏燕老师带领大家读文学，殷晓艳老师带领大家读懂学生。吴瑶香老师为我校音乐特级教师，热爱教育、中华传统文化，她身上也散发着一种古典优雅的浓郁气息。杨苏燕老师酷爱文学，即使工作再忙，也将阅读作为放松身心的一剂良药，她认为教育需要人文，学生需要人文，教师更需要人文。殷晓艳老师是学校资源教室负责人，虽然年轻，但在特殊教育领域不断钻研，形成了自己的独特风格和经验。三位老师经过深思熟虑，分别确定了《学庸论语》《教师人文读本》《问题学生诊疗手册》为"悦"读角共读书目。

（2）邀请"悦"读同伴。这一环节主要由"悦"读角领衔人和学校科研室共同完成，领衔人为本"悦"读角撰写推荐词，发出邀请，吸引教师报名参与，科研室负责组织全校教师自主报名。"悦"读角的阅读主题和书目往往与教育教学没有直接的关系，我们希望教师在专业之外，能有一些闲暇时间阅读自己感兴趣的其他领域的书籍，一个具有跨学科素养、精神丰满的教师更能胜任工作，享受人生的乐趣。

【案例7-4】 吴瑶香老师"悦"读角推荐词

《学庸论语》《论语别裁》伴读推荐

此次我向大家推荐阅读《学庸论语》。我们要了解中华传统文化,必须了解儒家学术思想。要讲儒家学术思想,便要研究孔孟的学术。要讲孔子的思想,必须先了解《论语》。《学庸论语》是儿童中国文化导读系列的第一本,依据秉承全球"儿童读经"发起人——王财贵教授的教育理念而编订的,不仅适合儿童读诵,也方便一般成人读诵。我认为教育是百年大计,学生学习任何一种知识,都应该要有师长的指导带动督促鼓励,才能有事半功倍之效。作为教师,有责任和义务发扬中国优秀文化传统,使下一代成为"人文与科技融汇"的文明一代,让我国优秀的传统文化代代相传,绵延不绝。

另外,作为成人,在阅读《学庸论语》的同时可以延伸阅读南怀瑾先生的《论语别裁》,南先生讲《论语》,采用一贯的经史和参的方式,结合注重自己的人生经验和历史典故,对《论语》的解释生动活泼、广征博引、拈提古今、联想丰富,重在"入乎其内、出乎其外地体验"。让我们一起品读《论语》,一起致敬经典。

（3）组内"悦"读沙龙。"悦"读沙龙环节形式丰富,充分展现各悦读角的特色,包括线下"悦"读沙龙和线上"悦"读交流。每个"悦"读角一学期进行1～2次线下沙龙,填写记录表,而线上交流则更自由。例如,在每本书上设置"感想交流"二维码,老师们阅读后的感悟扫二维码在UMU平台进行记录。例如,直接在微信群发表感受。"悦"读角也可利用个性化App,开展诵读展示。

（4）"悦"读分享会。前期的交流都在"悦"读角组内进行,在最后环节,三个"悦"读角联合进行同伴"悦"读分享会。汇报本组"悦"读成果的同时,了解学习其他"悦"读角阅读动态。经过分享,为后续的阅读提供了方向和思路,阅读的张力就产生了。

【案例7-5】 2019学年第二学期"悦"读分享会

分享会上，三个"悦"读角各显神通，用三种不同的方式展示成果。

杨苏燕老师为整个学期的同伴"悦"读活动创作了一首题为《这是一本怎样的书》的诗歌，以诗朗诵的形式带领同伴，共同走进诗歌里去细细品味生命的意义。紧接着，黄建老师、陶克亮老师、毛越夫老师分别代表不同的人生阶段，依次发表对《教师人文读本》的阅读感悟。

吴瑶香老师娓娓道来，"一身浩然之气""一篇古文习作""一张照片""一首校歌""一份高考卷"藏着她对国学的情怀，在五个"一"中，带领老师们接受国学经典的熏陶。随着古筝的伴奏音乐响起，吴老师和她的团队成员有感情地朗诵着经典《论语》。

殷晓艳老师则化身"推销员"，以幽默的语言倾情"推销"诊疗师必备的三本"宝典"——《问题学生诊疗手册》《学生行为问题与教育方案》《身心障碍者的正向行为支持》。殷老师还依据自己在特殊教育领域的阅读体验，结合"小铁拳"的实践经验从几个方面进行了介绍。在殷老师的讲述中，老师对学生常见的几种问题有了更明确的应对方法。

(四)青年引领：移动课堂先锋建设

学校一直致力于现代教育技术与学科教学的深度融合研究。近10年来，在交互课堂方面的实践探索取得了令人瞩目的成绩，形成了较大的区域影响力。《教育信息化2.0行动计划》提出，促进教育信息化从融合应用向创新发展的高阶演进，信息技术和智能技术深度融入教育全过程，推动改进教学、优化管理、提升绩效。学校响应未来课堂研究需要，配备了较先进的移动课堂教学硬件系统，其中iPad 45台、Macbook2台、Apple TV4台、移动充电车2台等，能充分满足教师在移动课堂教学中的探索需求。然而必须面对的问题是，有了设备，有了海量的平台软件，大部分教师却望而却步。当然，我们学校更有一批有活力、有闯进、有勇气的青年教师，自学能力强，对新事物有极高的接受能力，也对教学有着独到的见解。如果说前三类教师学习共同体有一些行政推动的影子,那么由青年教师引领的移动课堂先锋队则完全自发组成,其充分体现了教师学习的自主性。

1.操作定义:移动课堂先锋队

移动课堂先锋队的成立起源于学校信息技术教师和个别青年教师的跨界合作。他们在技术与教学融合的探索过程中,看到了移动课堂探索的可能。于是自发组建团队,招募更多青年教师,以"择机而用、择有所用、用有所思"为理念,根据课堂教学需要,率先尝试合适的App,应用于教学,并开设移动课堂课程,分享推广给校内外教师,共同推动学校的智慧教育迈入新台阶。这一愿景将个体学习与学校发展紧密结合,实现了个体与学校共成长。

2.操作模式

移动课堂先锋队的操作流程与后文校本培训转型中"先锋引领"式的分享学习会有交叉,但此处从团队建设角度出发介绍,后文从教师学习方式角度出发介绍。

(1)先锋队成员招募。部分最核心的青年教师自发组建移动课堂先锋队,提出想法,提供设备,在校内动员其他青年教师参与。先锋队采用自主报名的原则。目前已有20多位青年教师参与,涉及不同学科。这些青年教师就是一批走在智慧教育前沿的先锋者,他们的行动源于兴趣和勇气,又肩负着带动学校所有教师共同参与智慧教育的使命。

(2)先锋队方案制订。先锋队以"择机而用、择有所用、用有所思"为理念,共同制定团队愿景:通过率先尝试,积极推广,主动迎接挑战,以移动课堂的方式践行智慧教育,推动学校智慧教育发展,同时个人获得成长。依据愿景,制订方案,做好分工,设计课程。

课程以UMU平台在线微课形式建设,内容分为公共基础部分与学科应用部分。公共基础部分为iPad课堂教学环境的搭建、iPad录制微课的方法、基于iPad应用的教学辅助工具等。学科应用部分则是各学科特色应用,教师可以根据需求进行选择。而组内教师也有不同分工。作为信息技术教师,主要负责基础应用课程的推广,学科教师主要负责学科应用的推广。表7-3为移动课堂先锋队微课清单。

表7-3　移动课堂先锋队微课清单

微课类别	微课名称	录制教师
基础应用	iPad 应用微课录制环境搭建	余国罡
基础应用	Classroom 基础配置与应用	余国罡
基础应用	直接使用 iPad 录屏	余国罡
基础应用	详解 iPad 自带屏幕录制	徐汉青
基础应用	iPad 的分屏操作技巧	苹果公司工作人员
基础应用	Keynote 的无线遥控技巧	苹果公司工作人员
基础应用	Airdrop 隔空投送	苹果公司工作人员
特色应用	美摄移动端非编神器	钱　丹
学科应用	Explain everything	陶克亮
学科应用	Explain everything 在习作教学中的应用	赵小凤
学科应用	橙果错题集	张　琴
学科应用	思维导图	黄　建
教学管理	Seesaw 简介与账号注册	余国罡
教学管理	Seesaw 活动设置与学生端操作	余国罡
特色应用	时光手账	苏　丹
特色应用	可立拍视频剪辑轻应用	俞　勤
学科应用	Stop motion 定格动画	吕凉琼
特色应用	易企秀制作一份家长会邀请函	董毅妮
学科应用	趣配音	张　萍
特色应用	拍照取字	刘　杰
学科应用	Playgrounds，learn English with code	陶克亮
学科应用	Explain everything 在课堂小练笔中的应用	殷晓艳
学科应用	几何画板1　以数学课《一半模型》为例	冯骏驰
教学管理	班级优化大师	王司闫
学科应用	iBook Author，哈利·波特的魔法书	苹果公司工作人员
学科应用	头脑训练营（数学思维训练工具）	徐汉青
学科应用	Learn english，play code lesson1	陶克亮
学科应用	阅伴　线下阅读，线上闯关	李珍珍

微课类别	微课名称	录制教师
学科应用	(数与代数1)用MathBoard开展整数四则运算练习	黄　建
学科应用	(数与代数2)用MathBoard开展分数知识的学习	黄　建
特色应用	AirMesure 随身携带的精确测量仪	刘　杰
学科应用	56教室　听课记录好助手	王司闫
学科应用	Learn English,play code2	陶克亮
学科应用	Learn English,play code 3	陶克亮
学科应用	Learn English,play code 4	陶克亮
学科应用	Learn English,play scratch 1	陶克亮
学科应用	Learn english,play scratch 2	陶克亮
学科应用	Learn english,play scratch 3	陶克亮
学科应用	Fractions 在分数的认识教学中的应用	黄　建
基础应用	利用iPad开展协作式学习的两种方式	余国罡

　　(3)先锋队升级换代。移动课堂先锋队有极强的自发性,因此发展以内驱力为主。往往内驱力强的组织,更新换代也会更快速。移动课堂先锋队不论是成员还是研究主题都在进行升级换代,移动课堂1.0聚焦iPad技术应用,从技术起源、技术介绍、技术应用三个方面展开。经过两年的实践与研究,已积累44节精品微课。目前,先锋队成员以浙江省教育信息化研究课题为引领,逐渐走向移动课堂2.0时代。教育技术的资源观从教育专用资源向教育大资源转变,技术与教学的关系从融合应用向创新发展转变,即从教育信息化到信息化教育的转变。

　　(4)先锋队分享学习。移动课堂先锋队的成立不是一群年轻人的"自娱自乐",而是肩负着推广引领责任的团队。因此,先锋队的学习方式主要是先锋引领式的学习,由先锋队成员率先尝试新技术、新应用,进而担任导师,通过在课程平台上分享微课教程或现场分享案例,推广给全校教师。在其他教师遇到技术困难时,先锋队成员给予一对一的精准指导。先锋队成员既是学习者,又是导师与指导者。在这多重身份的切换中,自身的信息素养得到显著提升,学校其他教师的信息素养也不断提升。

第七章　责任·智慧：教师新角色的重塑

二、基于教师主动学习的校本培训转型

2018年1月，《中共中央　国务院关于全面深化新时代教师队伍建设改革的意见》中强调要提高教师培训培养质量，建设高素质专业化教师队伍。越来越多的实践与研究证明，面向未来，教师培训要在内容、形式、实施上与时俱进。正如有学者所指出的："培训的理念要体现'以学习者及其学习为中心'，目标定位要考虑到教师专业学习与发展的特点，内容的组织兼顾知识的逻辑与学习者学习的内在机制，实施活动基于教师学习过程机制进行连环跟进设计，学习评价兼顾过程与结果。"[①]校本培训是促进教师专业发展最具效益和活力的方式之一。浙江省中小学教师培训中心在2019年10月研究制定了《浙江省中小学教师专业发展校本研修工作指导意见》，提出要以《中共浙江省委浙江省人民政府关于全面深化新时代教师队伍建设改革的实施意见》（浙委发〔2018〕37号）为依据，精准研修定位，强调"培训"与"教研"结合，强调需求导向，创新校本研修模式，促进教师与学校的共同成长，强调从"培训"走向"研修"。

根据调研发现，传统校本培训存在一些较突出问题，如培训目标不明，忽视主体发展，内容缺乏主题引领，方式单一，缺乏主体互动，过程缺乏动态调整，没有真正关注到教师个人作为主体成长的需求，校本培训的转型升级迫在眉睫。我们遵循"教师是主动学习者"的理念，以项目课程、多元学习、UMU平台精准实施为主要施力点，进行校本培训内容、培训方式、培训流程三个方面的转型升级。

（一）内容升级：从统一供给到项目课程样态的转变

传统的校本培训内容统一，没有选择性，随之带来的就是学习资源的封闭单一。而目前社会信息爆炸性增长，如果还是传统的培训内容设置，丰富的学习资源必然无法惠及老师们。另外，传统的培训主题零散，内容之间逻辑不清，不成体系。这样的内容设置，必然无法有效调动起教师的积极性，只有充满新意、需求导向、主题序列化的内容，才能引发老师们的深度思考

[①]陈霞.以教师学习为中心的教师培训课程重构路向[J].教育发展研究,2017(18):58-64.

与自主迁移。认识到这一点,我们着手进行培训内容的升级,期望通过多维主题引领、项目多元定制、资源开放共享三条路径实现"项目课程"样态,便于教师自主选择。

策略一:"课题·阅读·问题"的多维主题引领

据调研结果反映,校本培训没有明确的主线或理论引领是降低培训满意度的重要原因。因此在转型升级中,我们考虑校本培训的内容必须聚焦,以主题来引领串联,通过研究课题、阅读书籍、实践问题等凸显主题。

(1)课题引领,研训一体。以校本培训助力学校重大课题研究攻关,一方面提高培训实效与意义,让培训发挥最大作用;另一方面也给予全体老师了解学校变革一个合适的平台,并能适时参与。例如,学校在2018年申报市教育科学重大课题"未来行动:现代视野下小学生新素养培育的学校改进"。为了让老师尽快了解学校课题意图、理念,融入并参与到课题的实践研究中,针对全体老师的培训项目连续四个学期围绕重大课题确定主题。

(2)阅读引领,以书带训。阅读,与书本对话,可以帮助老师清楚识别一些实践困惑,不至于在琐碎的工作中迷失方向。通过共读一本书,将理论学习置于重要位置,以书籍主题来引领老师实践,培训结合书籍阅读逐渐展开,也让内容更加聚焦。

教师曾在调研中提到,校本培训没有先进理论引领、琐碎的教育教学工作导致没有时间阅读以更新自我等问题。可见,老师们有意愿主动阅读学习。作为教师,应该常读常新,无论多忙,也要抽出时间来阅读。因此,从2018学年开始,学校创新校本培训内容,加入"共读一本书"项目。结合学校重大课题研究内容,以新互联课堂的主体互联(师生、生生互动)为主题,每学期初选定一本书,过去两学期分别选取了合作学习相关书籍作为阅读书目。在学期初由图书室为全校老师采购,做到每人一本。

2019学年第一学期的阅读书目是郑杰的《为了合作的学习》。

老师们围绕此书进行了批判性阅读,一方面学习作者郑杰所提出的合作学习策略;另一方面提出自己的想法,思考如何有效利用学习策略引导学生合作学习,提高课堂自主学习能力(见图7-5)。为了让老师们的感受能有输出的平台,通过交流再次促进自身的深度思考,科研室借助技术,利用

UMU平台，设置讨论环节，老师们可不定期地在书本空白处写下自己的感想，也可在平台上与同事进行线上交流。一学期下来，大家有共读书目，阅读越深入，思考越充分，对学校课题的理解也就越丰富。

图7-5 教师在UMU平台上交流感受

（3）问题引领，提升实效。除了课题引领、阅读引领外，科研室还尝试通过发挥教师主动性，以问题为导向，设置校本培训项目，让学习主题更聚焦，老师收获更大。如2018学年第一学期初经校本培训需求调研发现，老师们普遍对一类问题感到头疼：如何教育引导班级"特殊学生"？特殊学生上课不听还影响班级氛围怎么办？如何争取特殊学生家长的合作？如何引导家长正视问题？如何给出特殊学生的家庭教育建议？……基于此，科研室设立了以问题为导向的"德育工作沙龙"，围绕特殊学生问题开展一学期三次的沙龙，期望通过与专家面对面、与问题面对面、与经验面对面的形式，帮助教师科学、专业地解决现实问题。

策略二:"分层·分类·特殊"的项目多元定制

为了培养智慧育人者,让老师们在学习过程中感受自主性、选择性,更加主动地参与到满足自身发展需求的项目中,科研室转变以往校本培训内容"统一供给"的状态,分层分类设置了多元化培训项目,供教师自主选择。

(1)分层项目,精准帮扶。学校教师年龄不同,职称不同,发展需求自然不同。校本培训针对不同年龄段教师开设不同项目,针对5年内青年教师开设"青年教师成长营"项目,针对骨干教师开设"优质团队实践引领"项目。

(2)分类项目,以学定培。除了分层项目,全校教师共同学习的项目外,校本培训同时以教师学习需求为导向,设置了自主项目内容,供教师根据自身需求进行选择。如科研能力提升项目、育人小剧场项目、教师幸福感项目、移动课堂先锋队项目等(见表7-4)。这些项目并非人人都须参与,而是通过问卷调查了解到教师的需求,配合学校实际而开设的,教师则有自主选择的权利。

表7-4　2019学年第一学期自主项目课程列表

项目	课程内容	备注
科研能力提升项目	1. 课题研究方案撰写 2. 研究成果报告撰写 3. 优秀成果分享 4. 如何撰写学科论文	对撰写论文、研究课题有兴趣的老师,继续提升自身科研水平的老师报名
育人小剧场项目	1. 专家面对面:特殊学生问题 2. 案例交流	对特殊学生问题处理有困惑的老师报名(特别是班主任)
教师幸福感项目	教师的幸福感系列讲座	对教师职业幸福感问题感兴趣的老师报名
移动课堂先锋队项目	1. 信息技术促进教学变革 2. iPad应用微课录制环境搭建 3. IPad录制微课 4. Explain everything 5. 橙果错题集 6. 思维导图 …	期望通过信息技术来改变课堂样态的老师报名

【案例7-6】 移动课堂先锋队项目

学校早在20世纪90年代就成了全国现代教育技术实验学校。2009年积极引进白板技术,仅一年时间就成了白板教学示范学校。2012年又成为浙江省数字化建设示范校。学校在信息技术方面一直走在前列。此次移动课堂先锋队由学校年轻教师组队,带头进行移动课堂App的先锋尝试,并分享给学校教师。其中实用的App都是经过先锋队老师亲身试用,功能挖掘,并最终通过微课录制的形式手把手教有需要的老师。从年轻教师组队就可以看出,学校不仅关注骨干教师的辐射作用,同样重视青年教师的信息技术优势,让教师之间形成相互学习、信赖的氛围。此项目并非集中在学校会议室现场进行,而是利用UMU互动学习平台,线上课程"手把手教你玩转iPad移动课堂"供全体老师自主进行线上学习。

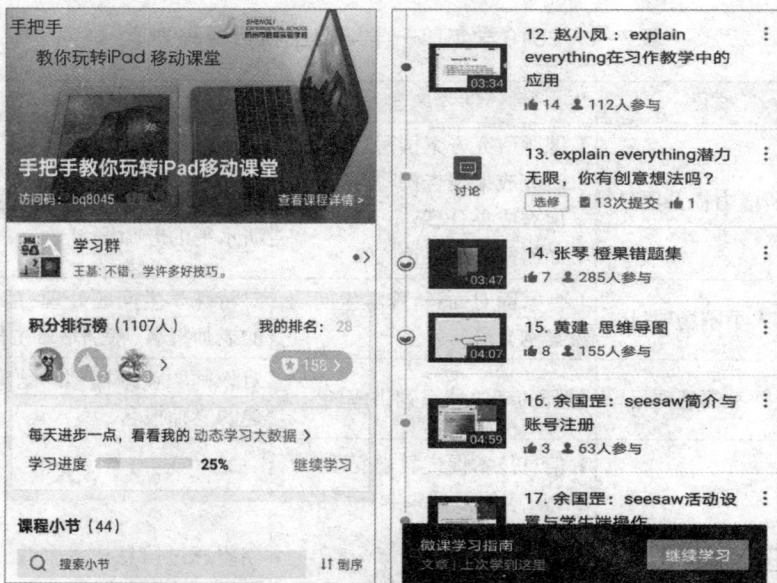

（3）特殊项目,共克难关。2020年新冠肺炎疫情防控期间,在教育部"停课不停学"的号召下,线上教学应运而生,这对老师的信息技术能力是

一大考验。为了帮助老师们顺利应对线上教学的要求,科研室快速集结校内信息技术老师为老师们开设了特殊而有意义的培训项目——使用UMU开展网络教学。17节简短的微课,内容包含如何录制微课、剪辑视频、使用UMU平台授课、布置作业等在线教学会遇到的问题。这是特殊时期的特殊项目,老师们在短短一周时间火线自学,共克难关,同时信息技术能力也有了质的飞跃(见图7-6)。

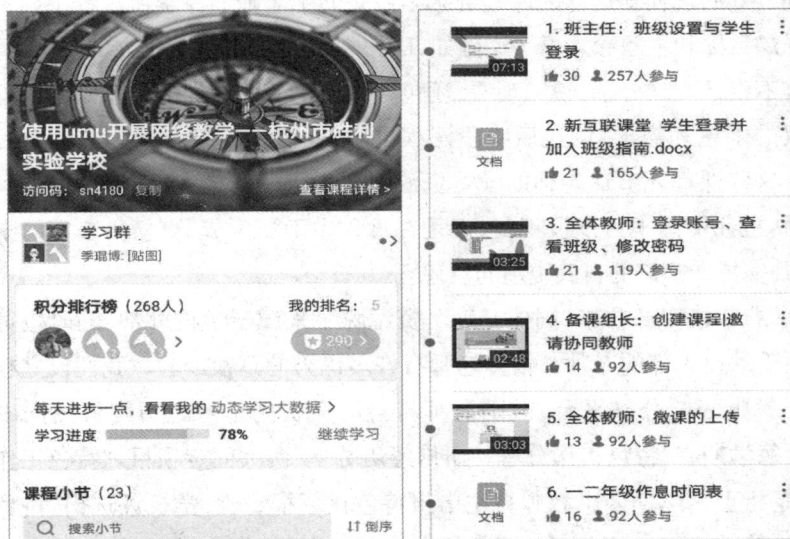

图7-6 2020年疫情期间"使用UMU开展网络教学"线上课程

策略三:"广纳·滚动·分享"的资源开放共享

在这资源爆炸的时代,传统的资源单一来源于专家或书本,已经无法满足现阶段教师主动学习的需求。为了转变以往校本培训学习资源封闭、有限甚至缺失的状态,支持项目化课程样态,我们从资源角度设计并实践了三种不同的资源共享方式:广纳优秀资源,拓宽视野;滚动生成资源,深化思考;草根资源分享,同伴互助。

(1)广纳优秀资源,拓宽视野。科研室做好前沿资讯的服务工作,让老师们在繁忙、琐碎的日常工作中也有机会接触和学习与专业成长相关的前沿理论、信息,开阔自身视野,更新理念。比如,配套线下校本培训,科研室在UMU互动学习平台上建立网上课程。课程包含相关文献阅读资源分享和学校重大课题研究阶段性成果，在文献阅读板块，科研室定期收集在线资源即时分享给老师们，让老师们不至于闭门造车。

（2）滚动生成资源，深化思考。我们倡导过程动态调整，从资源角度来讲，任何在教师学习过程中生成的学习体会、感想等都可以作为课程调整完善的依据，可以作为下一阶段的课程学习资源，这就是资源生成、滚动学习、螺旋上升的过程。这样的课程资源学习有助于老师们在学习过程中始终围绕既定目标和主题深入思考。例如，UMU互动学习平台上建立的网上课程，内容不仅是文献分享、视频观看，还包含讨论小节。师训部门依据老师即时生成的困惑和需求，调整后阶段课程重心，让课程更符合教师主动学习需求。这些课程环节让老师的学习资源不再局限于学校内部，而是延伸到了全网，也让资源不再预设不变，而是在过程中不断生成、更新。丰富的学习资源，支持老师们的自我更新与反思。

（3）草根资源分享，同伴互助。资源除了来源于学校外部，同时也可以来源于学校内部的老师。很多老师有许多优秀的草根经验。我们设立校内骨干教师经验分享平台，鼓励老师将自己宝贵的学习经历与校内同事分享。每学期有"特色工作分享""研修经历分享"两大固定项目。"特色工作分享"是指上一学期末由教师自主申报特色化草根经验，学校评选出"特色工作"项目。为了让特色工作得到推广，让更多教师借鉴学习，第二学期初在校本培训中开设"特色工作分享"项目，供老师们相互学习。此外，每年都有一些教师获得出国或国内研修机会、支教机会，我们希望老师们将外出学习的见闻与同事分享，因此设立了"研修经历分享"项目。

（二）方式转型：从单一输入到多元学习的跨越

传统的校本培训方式主要由学校出面聘请校外专家来校讲座，这是典型的"输入式"，而且仅此这一种方式。这样的方式可以带领老师们接触前沿理论，但依赖于专家擅长的领域，很难有学校特色，对教师成长的作用则更有限，单一的一次讲座很难让教师内化成自身的经验和智慧。如何转变这一方式，充分调动起学校教师学习细胞，发挥教师自身潜能，参与到学习甚至学习的组织中呢？无疑，丰富研修方式，寻找研修的着力点，搭建多元化模式是校本培训方式转型之路。本研究经过实践研究,总结梳理出以下几种创新学习方式:海报设计式合作学习、批判阅读式自主学习、模拟剧场式探究学习、先锋引领式分享学习,下面分别进行介绍。

1.海报设计式合作学习

海报设计式合作学习,顾名思义是一种合作学习模式。本研究中,指以小组形式开展,老师体验合作过程,共同研讨一个主题,头脑风暴,最终通过现场海报设计呈现小组研讨成果并进行汇报评比的一种小组参与式研讨方式。该方式最大的亮点是海报设计,能将小组内思想通过思维导图等形式可视化,提高组际分享效率。否则,其他组的成员光听口头汇报,交流效果不大。海报设计式合作学习方式分为六个环节,具体的操作流程见图7-7。

小组组建　主题引领　小组研讨　海报设计　组际分享　总结综述

图7-7　海报设计式合作学习操作流程

(1)小组组建。小组组建的方式可以多样化,如以共同研究的主题来组合、培训时临时组合(一般以现场抽签方式进行)、教师自愿长期组合。

(2)主题引领。主题引领一般由活动主持者负责,阐述活动主题背景,向小组提出研讨问题和要求。

(3)小组研讨和海报设计。这两个环节可以同时进行,小组成员先对问题进行头脑风暴,再进行观点整理和逻辑梳理,并将整理后的小组观点通过海报设计形式呈现。海报设计式的合作学习相比较其他合作学习形式的优势是:组内往往会按照不同教师的不同特长进行明确的分工,擅长逻辑分析的老师负责梳理结构,擅长绘画设计的老师负责海报设计绘制,擅长演讲的老师负责最后汇报,擅长领导组织的老师负责整个小组的活动掌控,乐于后勤服务的老师负责准备材料。这些是传统的合作学习无法达到的,老师们在合作过程中也逐渐发觉同伴的优点特长,学会欣赏同伴。

(4)组际分享。在这一环节中,各组相互学习欣赏,这一环节也是最容易出现"惊叹"的环节,老师们会发现,原来我们的同伴都如此"有才""能干"。

(5)总结综述。最后总结综述不可或缺,这是对学习活动中每一个小组观点的总结提炼,对整场合作学习活动效果的简单评价。

【案例7-7】 海报设计式合作学习操作案例

学校转型后的校本培训中,海报设计式合作学习已然成为常规活动形式。例如2019年第一次教学研讨活动、2019年8月的师德培训中,全校老师学习《中共中央 国务院关于深化教育教学改革全面提高义务教育质量的意见》(以下简称《意见》)都是用了此方式。

为了让老师们充分互动起来,此次《意见》学习,我们采取了抽签随机分组的形式,给老师们一种新鲜感。然后是主题引领,先由校长为全校教师解读了《意见》,并要求老师们在"学懂弄通做实"上下功夫。这是引领者的解读,便于老师们初步了解《意见》,但此时,老师们还属于被动听讲状态。接下来个体自主阅读环节,每一位老师带着问题和任务安静阅读《意见》的其中一部分,这时候同一组的老师阅读的材料相同,而不同组的老师阅读的材料则不同。老师们自主阅读时,与文本对话,对文件中自己有深刻感受的地方进行圈注与解读,随时记录感想和体悟。

在自主阅读基础上,小组成员在组内分享自己的观点,学习组内成员的观点,并通过思维导图形式将本组观点绘制成海报,最后进行组际导读分享。坚持"五育并举",全面发展素质教育;强化课堂主阵地,切实提高课堂教学质量;按照"四有好老师"标准,建设高素质、专业化教师队伍;深化关键领域改革,为提高教育质量创造条件。教师对照上述几个方面,结合自身教育教学实际对文件进行了深入解读。最后经过抽签抽取一位老师对全场的活动做一个总结综述。

小组参与式研讨形式之所以会成为我们常态化的合作学习方式,是因为它能促进每位老师养成积极合作的态度、彼此开放信任的心态,从而在学校这个共同体中共同成长。每一位老师在解读《意见》、提出下一阶段学校发展建议时,不仅将自己作为学习的主人,更作为学校的主人翁在投入思考,这就是我们需要的智慧的育人者,主动、创新、有担当。

2.批判阅读式自主学习

批判阅读式自主学习指以教师阅读为主的自主式学习。教师自主阅读，记录感想，做好线上交流，建立自己的阅读学习足迹。强调的是教师学习的主动性、自我规划和自我反思，反思来源于与同伴的交流。批判阅读式自主学习操作流程见图7-8。

图7-8　批判阅读式自主学习操作流程

（1）整本导读。整本导读是指每学期初，学校选取共读书目，由科研室牵头对整本书的内容、阅读本书的意义与出发点、阅读建议等做一个介绍和引导。

（2）自主阅读、线上交流和每周综述。这三个环节是循环反复的，即教师每周进行自主阅读，将感想记录在UMU线上平台，教师之间相互点赞评论，然后由一位教师对一周阅读进行综述，摘录集中观点，总结困惑，再反馈给大家。教师在阅读同伴感想和综述后，进行自我批判与反思，完善自己的观点，继续进入第二阶段的自主阅读、线上交流和每周综述。

（3）阅读评价。该环节指一学期结束后，科研室针对大家"共读一本书"项目进行评价与总结。一般形式有：第一，召开阅读总结会，针对书籍核心思想和观点，结合学校实际做学期综述；第二，表彰阅读最认真的教师（每周都会评选出最认真的10位教师，以此为依据）；第三，颁发证书（UMU线上平台会积累在阅读交流过程中教师的学习数据，并在阅读课程结束后自动生成证书）。有了阅读评价，教师的阅读积极性高涨。

3.模拟剧场式探究学习

模拟剧场式探究学习指以体验和角色扮演的方式进行小组探究性学习活动。通过剧场表演的模拟形式，让教师真实体验教育教学过程中遇到的种种问题,在表演探究中生成解决问题的智慧。此类方式多用于基于问题的德育类培训项目。模拟剧场式探究学习操作流程见图7-9。

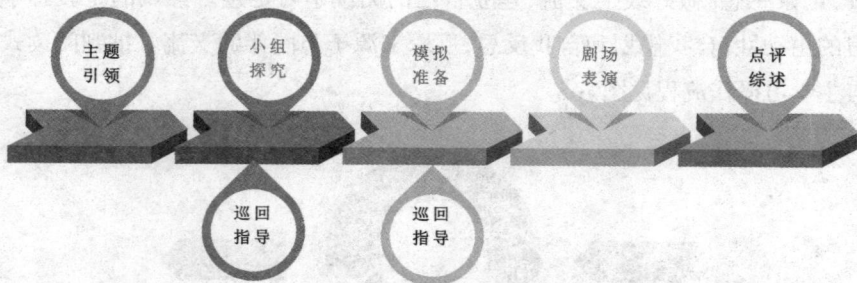

图7-9　模拟剧场式探究学习操作流程

（1）主题引领。该环节由活动主持者进行,和海报设计式合作学习相同,向小组提出研讨问题,供小组展开研讨。

（2）小组探究。该环节由教师组成小组,对分配到的探究任务进行熟悉、分析、形成观点,并思考用什么创意来展示小组观点。

（3）模拟准备。该环节则由小组现场准备表演,一般时间为20分钟。小组成员要在20分钟内排练预先设想好的场景,思考如何通过表演将观点充分表达。

在小组探究和模拟准备环节,活动主持人或专家要发挥指导作用,在每一组内进行巡回指导,让各组的表达能在不偏离大主题下尽可能个性化。

（4）剧场表演。该环节由各组表演,其他组一边欣赏,一边学习,整个活动现场俨然一个小型剧场。

（5）点评综述。该环节也由主持人或专家负责,对老师们的观点、表演效果进行点评,并对活动主题进行一个升华的提炼。

【案例7-8】　模拟剧场式探究学习操作案例

2019年3月18日,习近平总书记主持召开学校思想政治理论课教师座谈会,他强调,思想政治教育要"从娃娃抓起"。如何在小学思政课上做出创新呢？怎样既能落实习总书记提出的要求,又让孩子们喜闻乐见呢？学校邀请到了浙江省团校辅导员培训中心主任、浙江省少先队工作学会副秘书长裘芳老师,为大家带来了一场别开生面的培训,主要围绕"温故知新"和"扮演体验"两大板块展开。

老师们抽签分成了六个小组,分别思考裘老师提出的六个问题:"什么是少先队活动课?""为什么开设少先队活动课?""中队活动=少先队活动课?""怎样才是好活动?""队员怎样活动?""辅导员怎样辅导?"

在老师们探究过后,再次明确了少先队活动课的要求。但活动并未结束,只有真正体验了,才能有效内化。因此,主持人趁热打铁,让分组的老师们再次抽签领学习任务——这次老师扮演队员,上一堂活动课,要求流程完备,过程规范,5个组各进行3分钟的辅导展示,分别侧重体现少先队活动辅导的五个基本原则。

4. 先锋引领式分享学习

在信息技术浪潮的冲击下,教师也要主动适应信息技术对教育的影响。学校一直以来就有一支擅长教育技术的青年骨干教师队伍——移动课堂先锋队,我们的分享学习是由先锋队引领的。由先锋队率先试水,从众多纷繁复杂的新技术中搜寻适合运用于教育的,尝试新技术、新应用,进而担任导师,通过在课程平台分享微课教程,推广给全校教师。这种学习方式适用于教育技术类培训内容。先锋引领式分享学习操作流程见图7-10。

图7-10 先锋引领式分享学习操作流程

(1)主动尝试和拍摄微课。这两个环节主要由学校移动课堂先锋队成员负责。先锋队成员是一群爱学习、乐钻研的教师,本身有较强的学习意

愿和能力，会主动尝试一些新技术，并且尝试运用于自身教学。在他们经过试验，觉得值得推广后，会录制微课教程，上传UMU课程平台"手把手教你玩转iPad移动课堂"课程项目下。这两大环节中，先锋队既是一个学习者，也是一个讲师。

（2）自主学习。该环节针对的是学校其他老师。新微课发布后，所有老师都会收到短信提醒。老师们可根据自己的兴趣、需求、时间选择性学习。

（3）实践应用。该环节就是新技术真正得以推广环节。在此环节中，老师们遇到问题会主动寻求先锋队成员的帮助，在这里，先锋队成员又充当了指导者。

通过这样自主的学习流程，老师们积极性非常高，已经有相当一部分老师自发加入先锋队，目前先锋队成员已经占学校老师总数的三分之一。

【案例7-9】 先锋引领式分享学习操作案例

2020年年初，因为疫情，"停课不停学"在这"宅家"的日子里，先锋队成员主动请缨，成立线上教学技术保障团队，由信息技术学科余国罡老师带领，为学校"新互联课堂"的顺利开展保驾护航。先锋队从2月1日起就向全校教师推送了"使用UMU开展网络教学"的培训课程，内容涉及微课制作、平台运用、互动体验等17节。课程结构清晰，既有针对全体教师的通识性内容，也有针对班主任、审核小组、备课组长等不同角色的培训内容。

2月5日，学校又开展了面向全校师生UMU平台试运行，这一举动得到了家长的普遍认可。为了熟悉后续教学流程，预估学生可能遇到的问题，2月8日晚8时，全体老师角色反串，模拟学生组建"演习班级"，进行了一次全员预演。老师们在体验中熟悉学生的学习流程，预判学生学习过程中可能会存在的问题，通过"头脑风暴"，在讨论小节提出优化建议，既熟悉了流程，又促进了教学方法的改进。

（三）流程优化：从静态推进到UMU精准实施的升级

传统的校本培训多以会议讲座形式开展，一次性培训居多，每一次培训之间没有关联。培训前没有充分调研,培训实施过程中教师没有输出,素材没有积累记录,实施后缺少对教师学习体验的收集和反馈。这样的培训呈现出一种走过场的刻板静态样式,教师无法真正进入学习者角色,更像是配合预演的演员。为了让培训流程细节凸显,及时根据教师学习过程中的体会与状态动态调整培训内容、方式,以便更好地服务于教师的主动学习,我们选择借助 UMU 互动平台的相关功能,实现培训实施流程的转型,在准备、实施、评价三个阶段精准师训(见图7-11)。

图7-11　UMU平台助力具体功能选用

1. 准备阶段:问卷小节·需求调研

(1)UMU平台功能匹配:问卷小节。UMU互动平台的课程中有问卷小节功能,学校利用该功能进行校本培训需求调研,并便捷地获取调研结果分析数据(见图7-12)。

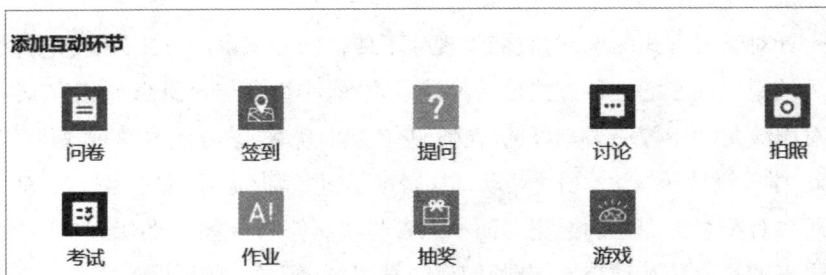

图7-12　UMU平台互动环节

(2)需求调研为培训设计提供方向。为了让培训设计更加科学、规范，转型后的校本培训在准备阶段都有需求调研，了解教师的培训需求和偏好方式。图7-13为2019学年第二学期初教师培训内容需求调研结果。从调研结果看，在针对培训内容中，有超过66%的教师希望近期能开展教学技能类培训；将近一半的老师还是非常希望接触一些教育前沿理论类的内容，各有近40%的老师希望学校有特殊学生处理类、科研能力提升类、学校重点课题培训类的内容。基于问卷调研结果，学校已经开展了应对疫情防控期间线上教学的相关微课课程。当然，针对老师反映出的培训内容多样化需求，科研室以自主选择项目的形式设置相关内容，以期满足老师们的学习愿望。

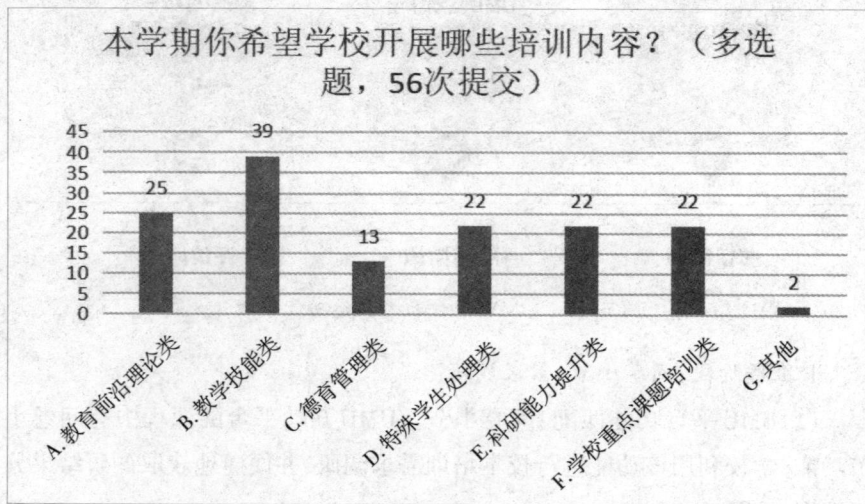

本学期你希望学校开展哪些培训内容？（多选题，56次提交）

图7-13　2019年第二学期初教师培训内容需求调研结果

针对学习方式的偏好，我们发现除了传统的专家讲座方式外，受老师们认可的稳居前三的三种方式是名师课堂观摩、小组参与式研修、专家与教师面对面沙龙(见图7-14)。可见，老师们有"趋向优秀、学习优秀"的强烈愿望。因此，学校设计开展学术研讨活动，引进名师课堂，满足老师们"不出校门"就能近距离观摩名师课堂的愿望。而小组参与式研修和专家与教师面对面沙龙则更多的是一种互动交流，老师们合作学习愿望强烈，海报设计式合作学习和模拟剧场式探究学习等多元化学习模式正好符合老师们的意愿。

需求导向的培训设计更具针对性,也更能提升老师的学习满意度和参与积极性,过程更科学、更充实。

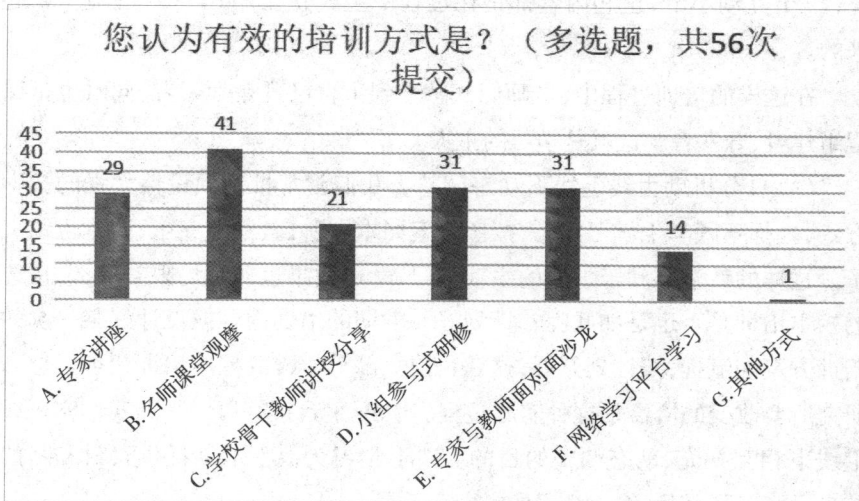

您认为有效的培训方式是?（多选题，共56次提交）

培训方式	人数
A.专家讲座	29
B.名师课堂观摩	41
C.学校骨干教师讲授分享	21
D.小组参与式研修	31
E.专家与教师面对面沙龙	31
F.网络学习平台学习	14
G.其他方式	1

图7-14　教师培训方式偏好调研结果

2.实施阶段:生成资源·动态调整

(1)UMU平台功能匹配:课程创建·AI分析。UMU互动学习平台以课程创建为主线,用户可在平台上创建课程,包含视频、文档、音频、文章、App图文等课程小节,同时还包含签到、讨论、AI作业、考试等互动环节。课程形式不仅丰富,最重要的是任何资源或足迹在课程内都能保留。

UMU的AI分析功能,能在众多文字中搜寻高频关键词。在讨论环节和AI作业环节作用非常大,能快速帮助培训组织者定位学习者的关注焦点。

(2)创建课程实时积累生成性资源。传统的校本培训要留存资料,需准备签到纸、打印学习资料、上交学习作业,费时费力,并且往往无法实现实时收集。最大的弊端是收集上来的课程资源很难进行分析处理为后续学习所利用,而我们通过UMU平台创建线上同步课程,签到在平台、学习资料提前上传平台、作业提交在平台……这些资源实时生成,既提高了培训组织者的工作效率,也让课程资源不断丰富。老师们在过程中的学习体会同样是宝贵的课程资源,可供二次学习。

以2019学年第一学期的一门阅读课程为例，我们并没有在一开始就完整地设置好课程，只对教师进行了课程介绍。到学期末形成了18个学习小节，17个互动小节，这些内容都是在过程中生成并在UMU平台逐渐积累起来的。

在这样的培训过程中，老师们都感受到了自己既是学习者，同时也是课程组建者、开发者。这就是学习的主人。

(3)AI分析助力线上线下动态调整。我们常常批判预设性太强的教学方式，教师不顾学生学习状态，按照教案照本宣科，教案上完了，课堂也结束了。这样的教学不利于学生的主动学习，学习效果也非常局限。那么，传统的校本培训是否也是如此呢？计划好一学期的培训内容或设计好某一次的培训方案与流程，按计划开展，这是目前大部分学校的校本培训状态。但本研究所要改变的恰恰是这种实施过程。UMU平台正好可以帮助我们实现线上线下相互补充、动态调整的目的。线上学习为线下活动提供素材和新的信息，线下活动保证线上学习的方向和质量。

例如，2018学年第二学期，我们开设了以合作学习为主题的线上阅读课程，同时，线下我们也进行了现场的交流培训。老师们的阅读从寒假就开始了，每周在平台上传学习体会。2019年2月，我们通过AI关键词分析老师们的阅读体会，发现大部分老师对"小组组建"存在困惑(见图7-15)，学校随即

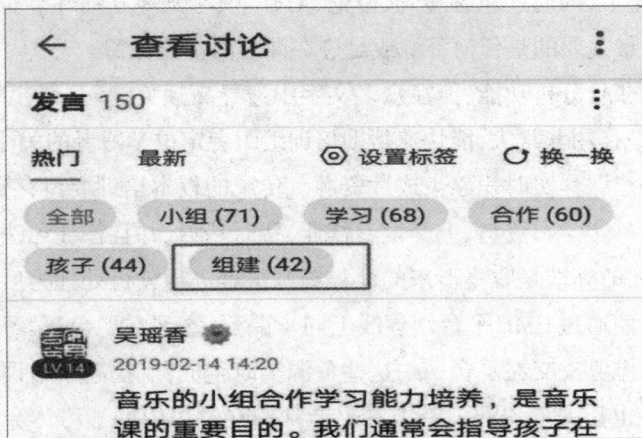

图7-15　UMU平台AI关键词分析

在3月初组织了一次"小组组建经验分享会",邀请校内两位已经在实施小组合作的班主任进行经验介绍,并拟出操作指南给教师作为参考。了解教师的需求变动,及时调整培训主题和形式,这是培训组织者所做的努力。此外,教师作为学习者也同样有调整。通过平台讨论互动,了解同伴学习状态,自觉调整自我状态。

3.评价阶段:基于数据·关注过程

(1)UMU平台功能匹配:学习大数据。UMU后台有强大的数据分析功能。每一门课程都可以收集学员学习大数据和课程数据。如图7-16所示,"学习大数据"和"学习证书"是针对学员学习情况的数据统计,可以提供课程创建者相关数据,帮助进行学员评价。"数据分析"则是针对课程本身的评价,包括参与人数、内容评价和点赞总数。这些数据有助于课程创建者评价课程质量,反思课程设置是否满足学员学习需求,是否受学员欢迎,以此来调整下一阶段的学习组织。

(2)基于数据关注过程创新评价。传统的校本培训是缺乏评价的,一次讲座结束,活动也结束了。一学期结束,培训自然也终结了。即使有评价,也是单一的结果性评价或技能层面的评价。然而,我们希望教师的学习是有始有终的,能够在一个阶段或一门课程结束后,对自我有一个总结梳理和反思,这才符合一个智慧育人者的学习状态:带着问题而来,满载而归,又有总结和反思。而作为培训的组织者,则要建立起以激励为导向的多元化、发展性评价体系。

图7-16 课程数据

UMU平台为过程性评价提供了可靠客观的数据支撑。图7-17为2019学年第一学期"智慧育人者培训之阅读课程"其中一位教师的课程大数据分析。该教师学习进度以条形统计图形式呈现,一目了然。学习过程的参与

度也以直观的数据来衡量，我们能从中了解该教师的学习态度与积极性。最后的雷达图呈现了该教师在完成学习、特别认可、积极学习、卓越学习、全部达成五个方面的表现。

学校科研室最终以此为主要参考依据，创新评价方式，以颁发"学习证书"的形式对教师本课程的学习进行了评价。教师对新的评价方式感到新奇，也乐于接受。

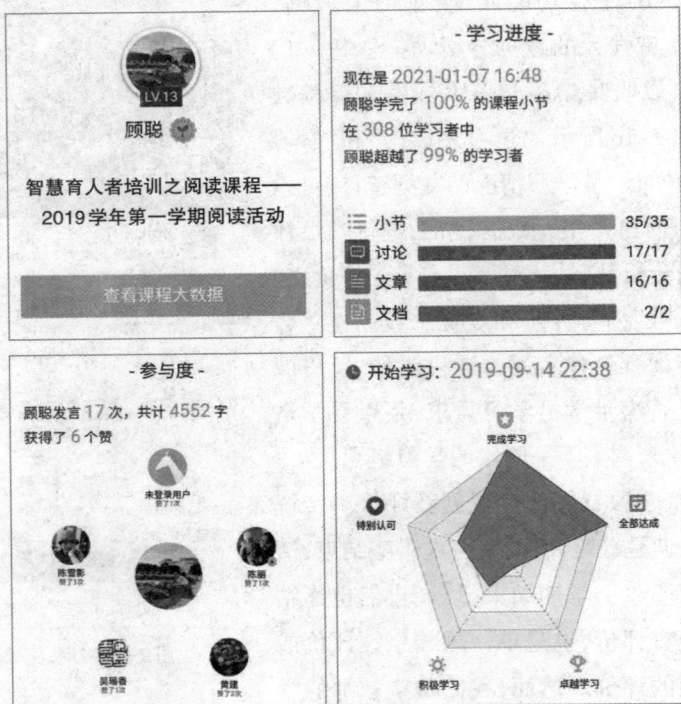

图7-17　教师的课程大数据分析

当然，校本培训的评价和反馈借助平台，但不完全依赖于平台。我们同样倡导评价要以真实任务情境为标准。因此，本课程的另一种评价方式是课例评比。在经过了一个学期的校本培训后，教师了解了学校课题思路、学习了新互联课堂的理念、阅读了相关书籍，最终以"课例撰写"形式上交一份特殊的"考试作业"。我们希望通过课例评比，让教师主动反思所学，并运用于实践。

第八章

收获·展望:"五新行动"带来的
丰硕成果

    精诚协作、脚踏实地的胜利实验人共同努力践行着"幸福生活每一天"和"培养未来完整儿童"的理念,以"五新行动"为抓手的学校变革经历了数年,终于积累了一些可喜的成绩。收获总是令人欣喜,这些成绩中最值得我们骄傲和自豪的自然是学生,学生在新导航课程、新互联课堂和新校园生活的体验中收获了面向未来成长的素养与心灵财富。本章将具体阐述"五新行动"为学生、教师、学校带来的新变化。在此基础上,对于更令人期待的未来提出进一步的展望与构想。

第一节　收获："五新行动"带来的校园新变化

今天我们行走在胜利实验的校园中，就会欣喜地发现，学校里的学生发生了积极的变化，这些变化让我们坚信，他们能更从容地参与未来，经营未来。学校里的教师也跟着发生了变化，主动追求成长的教师让学校更富有活力。学校样态更让我们惊喜，原来校园还有另外一些可能。

一、"五新行动"为学生的未来发展奠定了基石

"五新行动"是学校在历史继承基础上进行的以未来为导向的系统性变革。本书中我们反复强调，学校的系统变革始终指向人的发展，只是在不同历史情境下对人的发展的理解与关注不同。"五新行动"把握学生当下，着眼未来，学生是学校系统变革的最大受益者。因此，行书至此，我们有必要总结，基于"五新行动"的学校变革给学生带来了哪些变化。

（一）学生的生命活力得到了全面迸发

随着"五新行动"的持续推进，学生的主体地位在校园中日益得到凸显，学生的潜能最大限度地被唤醒，处处洋溢着生命活力。

1. 多姿多彩的校园生活为学生搭建了成长平台

无论是新导航课程的设置，或是新互联课堂的探索，还是学生校园生活的打造，我们都致力于给学生以更多的选择和可能性，为学生提供了更多学习机会，搭建了更开阔的平台。在学校，学生可以追随自己的兴趣爱好，在教师和同伴的帮助下找到自己最舒服的生活学习状态。每一个学生每天的学习内容不尽相同，每一天下课最兴奋的地方也不同，900多个学生，就有900多张可爱的面孔。有的高学段学生喜欢一放学就钻进学校创意智造学

习中心研究他心心念念的创客作品,有的学生一下课就溜进宽敞明亮的图书馆徜徉书海,有的学生午餐后自觉练琴,有的学生喜欢在阳光下和同伴来一场酣畅淋漓的球赛,有的则喜欢与同伴一起探讨困扰大家的一道挑战题……每一个学生每一天的生活都跟前一天不同,对于学生来说,学校里的每一天都是新鲜的。

【案例8-1】 一年级两个学生的日常一天

时间	小董(男)	小徐(女)
8:00—8:30	8:25到校	8:05到校自主阅读
8:30—9:05	语文	语文
9:15—9:50	数学思维素养B	数学思维素养A
9:50—10:25	体育大课间(周一晨会)	体育大课间(周一晨会)
10:25—10:35	课间餐(牛奶)	课间餐(车厘子)
10:35—11:15	体育	体育
11:25—12:00	美术	美术
12:00—13:10	午餐+蜘蛛网攀爬	午餐+白沙坑堆城堡
13:10—13:25	午间阅读分享	午间阅读分享
13:30—14:05	道德与法治	道德与法治
14:15—15:30	创意纸电路	汉字妙妙屋
16:00—17:30	快乐足球	儿童绘画

我们观察104班两个学生,找到他们某一周的周一,从一天的作息来看,两人虽然在同一班级,但活动不尽相同。小徐早上到校比较早,利用第一节课前的自由时光自主阅读。在全班都到齐后,两个孩子开始了第一节语文课。在数学思维素养课上,小徐学习A班内容,而小董则根据自己的实际接受程度,选择B班学习。课间餐由孩子自主携带,小徐带了水果车厘子,小董则一周五天,有三天带牛奶,两天带饼干类。中午时间最是自由,小徐最爱玩沙,午餐后早早和几个要好的女生约好在沙坑堆城堡。而小董则是典型的男生,好动,午餐后来到艺术楼前的蜘蛛网攀爬玩耍,其间还在攀爬网下面发现了几只小虫子,几个男生追着虫子要抓,无奈小虫子比他们敏捷,硬

是挣脱飞走了。两人都玩到午间谈话时间才回教室。午间谈话15分钟，104班有一个阅读分享的传统，班主任董老师请学生自主申报分享最喜欢的一本书，这周一午间谈话时间有两个同学正在分享最喜欢的绘本《牙齿大街的新鲜事》和《小旗手》，小徐和小董听得津津有味，很大方地给分享的同学报以掌声。下午第一节道德与法治课后，是同学们最爱的选修课时间，小徐和小董兴奋地冲出教室，冲向各自的选修课场地。小董开学初选择的是"创意纸电路"，这是劳科创课程群中的低学段课程之一，也是学校创意智造学习中心系列课程，学校这门课程曾获杭州市精品课程称号。我们看到的小徐是一个酷爱阅读的安静女孩，她选修课选择的是"汉字妙妙屋"，属于美育课程群。选修课后，一年级在15:40放学。为了解决家长困难，学校还开设了学后乐园课程。两个孩子又分别进入自己选择的课程学习，小董这一天要在操场学一个半小时的快乐足球，小徐则去艺术楼学习儿童绘画。

我们看到，案例只是最平常的一天，孩子的生活也充满童趣、充满选择和自由，学校尽可能让孩子在不同的选择经历中学会科学决策。其实，在胜利实验的最近3年，除了这样充满幸福感的日常外，还有很多校园节日和活动，如人人参与的幸福日、运动会、科技节、语言节、劳动日等，这样的日子则更丰富多彩。学校已经不仅仅是学习的地方，更是学生生活、玩耍、交往的地方。

2.学生的个性特长得到张扬

学校发展道路一路走来，我们不再以一把尺子、一个标准来衡量和培养学生，而是从育人的视角看待每一个学生，助力每一个学生，给他们提供更多个性展示的机会，因为我们坚信，每一个学生都有闪光点，只是以往我们更多地关注学习成绩而被掩盖了。学校不仅给学生以更多个性特长的学习机会（如各类可选择的课程），更用心地为学生个性张扬提供丰富平台，希望达到"人人参与、人人展示"的目的。

我们借助幸福日，让更多的孩子得到个性特长的展示。学校从2016年开始，每年12月底都会进行幸福日活动，目前已举办5届，每一届幸福日的宗旨都是"幸福日是孩子自己的节日，要让更多的孩子参与"。行政在讨论方案时不断强调，面向全体，让更多的人有机会，孩子上台就是展示。演出的节目尽量减少个人展示,希望在辞旧迎新活动上让每一个孩子都有参与感。因此,学校幸福日活动以年级组或学院整体节目为主。例如,在第四届幸福日上,策划组专门为兄弟姐妹都在胜利实验就读的孩子安排了一个节目,仅此一个节目,参与面就达100多人,孩子们有机会上台,个个洋溢着幸福的笑容。另外,幸福日配套美术展、科技展等,也要求每个孩子的作品都能得到展示,让每一个孩子在幸福日当天都能找到自己的作品和足迹。这样的全员参与、全员展示的理念,让学生的个性特长得到尊重与保护,学生更愿意投入去学习、去钻研。

【案例8-2】 音浪舞台给更多学生以展示平台

学校大厅的音浪舞台也遵循着让更多的孩子参与展示的理念。与其他学校专门为特长生提供个人展或音乐会的思路不同。我们开辟晨间演奏平台,每周一个班级,每个班基本在5~8人,除了一年级,二至六年级一共20个班级全部参与。一学期有140余人参与,一学年有近300人能参与晨间演奏,为同伴带去美妙的音乐。下表是2020学年第一学期胜利实验晨间演奏安排表。除此之外,也会利用音浪舞台举办大型的午间音乐沙龙,由学生自主申报展示。

周次	班级	负责教师	备注
第1周(9.1—9.4)	601	黄愉皓	1.每个班级参加晨间演奏的孩子为5~8人(根据班级情况酌情增减人数),自主报名,任教音乐教师审核确定演奏名单 2.演奏时间为7:50—8:10。注重表演礼仪,钢琴演奏完盖好琴盖,摆好凳子,其他乐器自备
第2周(9.7—9.11)	602		
第3周(9.14—9.18)	603		
第4周(9.21—9.25)	604		
第5周(9.28—10.2)	501	林玥	
第6周(10.5—10.9)	国庆		
第7周(10.12—10.16)	502		
第8周(10.19—10.23)	503		
第9周(10.26—10.30)	504	黄愉皓	
第10周(11.2—11.6)	401		
第11周(11.9—11.13)	402		

续表

周次	班级	负责教师	备注
第12周(11.16—11.20)	403	吴瑶香	3.每个班级演奏维持一周,小演奏家们提早一周做好演奏曲目准备,并做好个人及演奏曲目介绍准备发给负责老师
第13周(11.23—11.27)	404		
第14周(11.30—12.4)	201、202		
第15周(12.7—12.11)	203、204		
第16周(12.14—12.18)	301	赖韵安	4.负责教师做好演奏学生的照片拍摄和存档工作
第17周(12.21—12.25)	302		
第18周(12.28—1.1)	303		
第19周(1.4—1.8)	304		

学校不同平台的搭建,对学生的尊重,促进了学生的迅速成长,也使其综合素质得到极大的提高。近几个学年,学生获奖人数逐年增加,参与面也越来越广。有体育艺术类专项奖、科创类专项奖、演讲征文类专项奖,也有美德少年类综合奖。见表8-1所列数据(2020学年截止书稿撰写时只统计了第一学期)。

表8-1 学生2017—2020学年个人区级及以上荣誉获奖人次

学年	2017学年	2018学年	2019学年	2020学年(第一学期)
获奖人次	238	261	319	167

特别是在学校STEM教育、创客教育特色发展下,学校近3年学生中有近百人次获奖和在相关杂志发表作品(如《无线电》杂志),其中一、二等奖的获奖情况如表8-2所示。可见,我们的学生在各方面都有展示和锻炼的机会,也都在不同方面发挥自己的个性特长。

表 8-2　学生 2018—2020 年科创类获二等奖及以上情况

2018年参赛名称	参赛学生	奖项
杭州市第三届青少年创客大赛	马天阳、蒋梓恒、温煦桐	二等奖
2019年参赛名称	**参赛学生**	**奖项**
2019年上城区中小学生科技节Scratch趣味编程大赛	徐亦乐	二等奖
	徐启宸	
2019年上城区中小学生科技节"创意智造"大赛	董静沄	一等奖
	黄定邦	一等奖
	洪俊杰	
	马天阳	一等奖
	赖泽原	二等奖
2019年杭州市中小学生科技节Scratch语言趣味编程挑战赛活动	徐亦乐	一等奖
	徐启宸	
2019年杭州市中小学生科技节创客大赛	马天阳	二等奖
	黄定邦	
	朱子涵	
	黄定邦	二等奖
	洪俊杰	
2020年参赛名称	**参赛学生**	**奖项**
上城区科技节信息技术作品大赛"小学组程序设计"	徐亦乐	二等奖
	魏子荀	二等奖
	董皓程	二等奖
上城区科技节 人工智能作品大赛	黄定邦	一等奖
	陈林熹	一等奖
上城区Scratch趣味编程网络大赛(小学组)	柳泽安	一等奖
	陈在泽	一等奖
	徐亦乐	二等奖
	齐潇涵	二等奖
	徐启宸	二等奖
上城区科技节"@亚运@未来"创客大赛	陆宥	二等奖
	董静沄	二等奖

（二）学生未来成长得到扎实奠基

"五新行动"的目标不止于孩子的当下学习生活所呈现出的风貌，更关注对他们未来生活有没有帮助。如何来判断"五新行动"能真正助力学生适应未来生活呢？我们在实践过程中有一些抓手。我们认为，如果学生表现出有理想、有情怀、有责任，能自主、能创造、能迁移，会关爱、会交往、善合作等素养，那么他参与未来生活会更顺利，也更有意义。因此，我们的"五新行动"也聚焦这些素养的养成在展开。

1.学生更有担当责任意识

我们认为，胜利实验的学子必须具有大爱、大胸怀。他们不能仅仅局限于自身利益，而应该拥有大格局，拥有强烈的社会担当责任意识，这样其日后的行为、能力的发挥才是最有意义的。这样的担当责任意识，小到帮助班级打理一次书柜，大到为社会贡献自己的一份爱心，热心参与公益。为此，学校也一直通过课程传递引领正确的价值观，如"养正学堂""爱心沟通室""爱心研学营"等选修课程。通过学校"幸福卡"学生奖励制度的实施，发现并奖励学生自发产生的健康、自主、文雅的道德行为，来宣传引导全校学生树立正确的道德准则，形成自尊自律的氛围。通过"关爱世界·幸福你我"创意智造大赛，让全校学生参与到"我能为身边的人、事、物、环境做什么"的思考中，感受为他人而努力的那份快乐。一位同学的感言刊登在学校微信公众号。题为《创意智造爱的礼物》，其中一段话如下（见图8-1）。

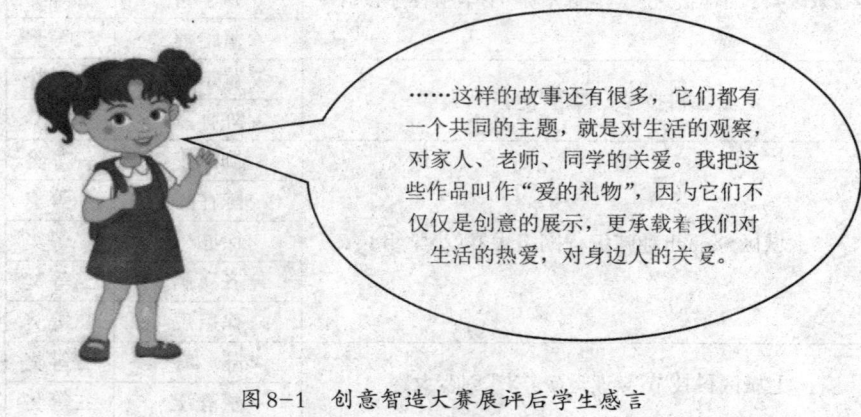

……这样的故事还有很多，它们都有一个共同的主题，就是对生活的观察，对家人、老师、同学的关爱。我把这些作品叫作"爱的礼物"，因与它们不仅仅是创意的展示，更承载着我们对生活的热爱，对身边人的关爱。

图8-1 创意智造大赛展评后学生感言

据调查,全校100%学生参与过学校或社会公益组织发起的一些爱心公益活动,其至很多学生和家长会利用假日自发组建团队,自发援助身边或贫困地区的同伴。

【案例8-3】 美德少年潘××的公益之路[1]

我校2020届毕业生潘××,是一个遵守社会公德、热心公益的好少年,曾获得"杭州市优秀志愿者"和"区美德少年"的称号。让我们来看看她的公益之路。

2014年至今,坚持每年暑假组织"暑期爱心义卖"活动,义卖所得款购买尿不湿后去看望杭州市儿童福利院的小朋友们和购买学习用品寄给贫困山区的同龄孩子。

2014年至今,每年生日,将过生日的钱省下来买书寄赠给云南、贵州、甘肃地区的学校。

2016年春假、2017年春假,在妈妈的帮助下分别组织同学和好朋友们一起走进贵州黔东南贫困山区4所小学,带给他们关心和关爱。

2018年国庆走进甘肃10户同龄贫困学生家庭,把爱带给他们。

2016年元旦走进滨江长河敬老院,为敬老院的孤寡老人送去冬日里的温暖;2016年暑假走进杭州社会福利中心,为患有阿尔茨海默病的老人们送去温暖。在2017年寒假和假日小队的同学们一起走进滨江老人公寓,为老人们送去了温暖。

与假日小队同学一起组织擦亮杭城的公共自行车活动。

暑假在省图书馆从事志愿者工作。

以下是她的一些感言:

"2016年,我们的爱心助学走进了黔东南方召乡的3所学校;受交通和运输物资的限制,我们所到达的地方,可能不是当地最贫穷的地方,我们所见到的孩子,可能不是当地最困难的孩子,但对我和同学们仍然是感触极大

---

①该案例由学校2020届优秀学生潘××提供。

的。在这里，我们见到的他们大多是上身穿着棉衣，脚上穿着拖鞋，衣服脏脏的；在这里，我们见到的校舍旧旧的，宿舍的铁床睡了2个或3个孩子；在这里，我们见到了最简单的快乐，我们送去的物资能让他们开心一个月；在这里，我们感觉很心酸……

"2018年国庆，我们的爱心助学走进了甘肃通渭县10户贫困家庭，对10户家庭进行结对帮扶困难学生。在那里，我们遇见了和我们年龄相仿的孩子的学习生活。我们和那里的孩子交流学习，一起吃饭，一起游戏。在那里，我们看到了他们的懂事、勤劳和努力，他们学习之余还要干农活，帮大人照顾弟弟和妹妹；在那里，我们看到了他们面对困难的笑容，让我们感受到了生活虽然艰辛，但依然美好；在那里，我们更深入了解了他们存在的困难，他们又是如何面对困难怀揣梦想努力学习的；在那里，我们知道了什么叫认真生活。"

潘××同学无疑是有大爱的，经过这样的公益行动，她的视野和格局已经不局限于自我，而是有了更宽广的胸襟，更能共情，更能主动担当责任，即使这些人、事、物和她的生活在空间距离上很遥远，但她的爱心永远贴近它们。像潘××这样的孩子近几年学校不在少数，一方面得益于家长的言传身教，另一方面也离不开同伴之间的相互影响。像潘××这样做公益，不仅一个人做，而且发动假日小队、通过班主任发动全班同学甚至全年级同学共同参与，学校对这样的行动非常支持，并且通过小海燕电视台、周一晨会等特别报道和推广，这份爱、这份责任感染到更多的同学。

【案例8-4】 全校孩子主动加入"书香衣暖 狮路同行"公益活动

这几年，贫困地区孩子们的困难一直牵动着5000公里外，杭城公益组织和爱心人士的心，杭州市胜利实验学校积极响应中狮联浙江代表处、无痕杭州公益发展中心的倡议，参与"书香衣暖 狮路同行"公益活动，向新疆的孩子们捐助冬衣、图书，为他们送去温暖和知识，也带去杭州伙伴的诚挚祝福。

2020年11月4日的早晨，学校观摩教室里热闹非凡，这是胜利实验第二次组织"书香衣暖 狮路同行"公益活动了，孩子们参与积极性非常高。几平每一个小海燕都带来了爱心包，多的同学甚至带了七八个，里面有厚厚的冬衣，精挑细选的一本好书以及一张爱心卡。这次一共收到的爱心包超过了1300件。

　　这样的活动，学校非常重视。当然也愿意将活动的组织动员机会留给学生自己，由大队部学生自主策划如何在周一晨会发起倡议，吸引更多的同学参与。活动让孩子们更有节约资源的意识，也让孩子们知道了我们需要尽自己的能力去帮助别人，希望将这份爱传递到新疆，让小康生活与我们同行，同在蓝天下，享受同样的生活。

　　2.学生的合作能力更强

　　我们认为善合作是学生从容参与未来生活，解决未来复杂问题的必备品格。一个人无法解决所有问题，只有善于寻求同伴帮助，善于沟通协调人际关系的人才能胜任未来。因此在课程的设置、新互联课堂探索中，我们时刻聚焦合作，利用一切可能帮助学生学会合作。例如，在新互联课堂中，我们用心思考充分展开合作过程，细化分解为团队建设、合作目标、合作任务、合作过程、合作评价等环节，针对每一环节优化需求，创新实施教学策略，以真正帮助学生学会合作、积极沟通与协调。希望让学生体验不同的合作策略，让他们在对比中学会自主选择合适的策略助力合作。

　　同伴之间相互欣赏、相互依赖成了学生自发的意愿和行为，学习生活遇到困难会自然想到同伴，看到同伴有困难会自发去帮助。

　　2020年度，我们进行了一次学生调研，其中"你有与同伴合作的经历吗"这一题，接受调研的学生100%选择了"是"。另一道开放题：在与同伴的合作中你有什么收获？一些代表性的回答如下。

【案例8-5】 学生关于合作的回答

"我知道了坐庄法、两人互查法、接力法、组际评价法……我们用过好多合作策略。"

"我一般做小组中的督察员，所以小组合作中，对于怎么督促大家好好讨论，我有点经验。"

"我知道要尊重别人，不要随意打断他人说话。"

"我以前不太在小组内发言的，因为有点怕说得不好。现在有了坐庄法什么的，小组内人人都要发言了，说着说着，我也就经常发言了，也不再担心了，大家都不会随便说同伴的，有时候我们组长还给我建议。"

"合作讨论后，我的思路往往会打开，有时候自己真的想不到那么多方法！"

…………

从调研中我们发现，同学们对于合作基本持拥抱的态度，而且都有了不同层面的收获，有对自我的肯定，有对同伴的欣赏，有对合作技能的掌握。总之，合作解决问题的能力在逐渐提升。

【案例8-6】 语音导航机器人中的合作

2018年，学校开展品质提升工程，整校搬迁至其他校区过渡。看到学生及其家长对校园环境的陌生，而市面上的导航软件又无法准确导航校内环境，小孙（2020届毕业生）很想制作一个校园语音导航机器人，帮助大家精准导航。但他是一个比较内向的男生，这个想法在他脑海中盘旋了很多天，他都没有勇气告诉老师，获得老师帮助，只是悄悄地跟最要好的同伴小邬说了。小邬听了他的想法，觉得非常有创意，但知道小孙的性格，平时也很少跟大家交流。于是他决定帮助好朋友实现想法。他首先找到了班长，决定得到全班同学的帮助，组建一支核心队伍。另外，他主动找到创意智造学习中心负责人余老师，得到余老师的支持。当全班同学知道小孙的想法后，纷纷给他点赞！为他的创意，更为他为他人着想的责任感点赞！报名加入的同学非常多，最后小孙在同伴的鼓励下，挑选了5名核心成员，但所有报名的同学在机器人的外观设计与制作上都纷纷提供帮助。"校园语音导航仪"项目团队课后在教室激烈讨论，一起动手制作小海燕造型，每一个人都是全情投入的。关于小海燕造型，班长跑去找美术吕老师，请求吕老师给点建议。吕老师的建议是要从节约能源、爱校护校角度出发考虑。所以，我们看到的小海燕造型都是由废旧报纸、穿旧的校服，再加上同学们的创作完成的。

项目结束时，小孙同学大方地站在舞台上向大家介绍产品时，骄傲地说："我要感谢我们班的同学和我最要好的同伴，是他们主动加入，让我的想法能够成真。没有同伴的合作，我一个人肯定完成不了这么大的项目。"

其实在校园里，像小孙同学这样遇到困难不知道如何沟通的学生还有很多，但像小邹和班上同学这样愿意主动加入、共同合作完成一个有趣的任务的学生肯定更多。我们要做的就是帮助孩子学会感受同伴的困难，主动去帮助，或者让孩子能够养成主动寻求同伴帮助的意识。同伴间的信任感和依赖感会随着合作经历的丰富而不断上升。

3.学生的创新素养得到提升

让学生有创意、能创造一直是学校面向未来进行变革的重要目标之一。经过近3年的实践，特别是创意智造学习中心的课程建设和学教变革，学生的创新素养得到了明显提升。

首先，学生的创新意识不断加强。我们理解的创新意识包括开放性思维意识、创新改变生活意识、创新成果推广意识。学生在学习中会碰到一系列问题，最终都通过自主学习、参与培训、寻求外援、相互谦让等方式解决，顺利完成作品。我们关注学生在过程中创新意识是否有所加强，思维的开放性是否得到加强。学校2018—2019年省规划课题"从精英到大众：城市小学依托创意空间站开展创新教育的研究"，课题组曾专项调研120名学生（三至六年级各30名），面对"学习上碰到问题你会如何解决"这一问题[选项A.

请教老师；B.翻书；C.不处理；D.其他(请具体写出)]在课题实施前后数据对比如图8-2所示。

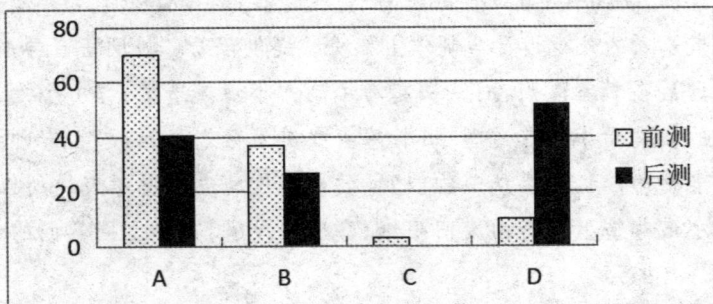

图8-2　"学习上碰到问题你会如何解决"调查结果

从调研结果看,课题实施前,学生碰到问题的解决办法相对单一,形成了思维定式,以请教传统权威——教师为主。但课题实施后,我们发现"请教教师"不再占优势,学生有更多可选择的方法。特别是选择"其他"选项的学生大比例上升,而且他们的方法非常多元,例如"我会求助于爸爸妈妈或教师,请他们帮助介绍专业人士""我会上网查询相关信息""我会和同伴商量对策"等。还有一些答案非常有意思,"我可能会画图仔细分析下这个问题,到底对我后面的任务有什么影响再决定如何处理",这显然是受了我们学习过程中设计思维可视化工具的影响。再如"当一条路走不通时,我会想一些替代的方法,条条大路通罗马",以上回答都体现出学生面对问题时多元的解决问题的思路,会积极地运用资源和工具主动找到各种替代方法。同时从调研数据中可以看出,没有学生选择"不处理",面对问题迎难而上,积极解决的态度初步养成,自信心及自主性得到体现。

此外,在学校环境、课程、活动的浸润下,学生将创意作品整理成图文报告,到目前为止,创意智造学习中心有10余篇学生文章在《无线电》杂志发表,学生有了非常强的成果宣传意识。

其次,学生的创新能力持续提升。他们学会了如何动手制作作品,懂得了如何接纳同伴建议,共同进步,懂得了如何调动资源为项目服务,这些跨学科的能力在逐渐养成。例如,我们总认为规划设计对于小学生来说要求较高,小学生的行为不容易形成抽象系统,他们往往想到什么做什么,但省规划课题调研数据显示,前测中有29名学生表示"接到一个综合性任务时,从来不会提前计划",仅有12名学生选择"通常会提前计划",但后测中总共有94.2%的学生选择"通常会"或"偶尔会",说明经过设计思维的指导,《学生操作手册》的支架训练,学生能有意识地提前规划,过程中记录,及时反馈调整。而规划能力、反思调整能力都是学生未来创造性地参与社会的必备能力。

2018年,学校学生参加区"七巧板"科技节,获得团体总分全区第二名的好成绩。学生参加杭州市创客马拉松比赛,也连续获得喜人成绩,如徐乐祺等3人的"指南伞"项目,获得了杭州市创客马拉松比赛一等奖、浙江省中小学电脑制作比赛创客项目二等奖。也因其暖心的创意来源,团队孩子一时间成了学校里的"网红"人物。我们认为,学生身上所体现出来的这种愿意用创意解决问题,愿意推广传播创意的意识,对其今后的人生都有重要的奠基作用。

4.学生更懂关爱与共情

学校对学生的德育评价都是从"爱"出发。无论是学校一直推行的"幸福卡"评价,还是"研学评价单",我们都强调轻知识的获取、重学生德行的修炼。在学校关爱氛围营造下,学生更懂关爱,更懂得与同伴、老师、长辈共情了。主动捡起地上的纸屑,主动把掉在地上的鸟窝放回到树上,悄悄打扫教室,给生病的同学送作业等充满爱的行为越来越多。

【案例8-7】 值周班级的责任是什么

学生干部负责学校学生活动的部分内容,包括学生值周班级的安排。为了实现学生自治,大队部将四至六年级定为值周班级,轮流担任。全校学生日常的纪律、卫生、健康、文明等由值周班级的学生来检查。一开始实行时,值周班级学生以"扣分"为主要目的,找到不合理、不正确的行为指出并扣分。这些做法让值周班级和其他班级之间产生了一些误会。我们在思考,学生值周班级自治的目的是什么?仅仅是让学生知道规则并扣分吗?显然不是,扣分绝对不是最终目的,我们希望通过值周任务,让学生之间体验混龄交往,学会如何用欣赏、关爱、助人的思维去管理。于是大队部对值周提出了一些说明,引导学生对违反纪律情况多问几个为什么,站在他人的立场去思考,对特殊情况下发生的违反纪律情况,经本班班主任同意后进行特殊处理。这一说明也带来了一些暖心故事。

一年级张老师一次在班主任QQ群里@604班的王老师,她说:"王老师,真心感谢604班在我班值周的这位小姑娘!工作特别认真耐心!周四我班有个小家伙悄悄留在教室里查字典没下来吃饭,其他同学去叫还不肯下来,她分完小番茄不放心,赶上去瞧,然后还帮他张罗来了饭和勺子!超级热心的大姐姐!"王老师也第一时间予以回复:"谢谢张老师的表扬,她一直是个热心的小姑娘,幸福卡已准备好,班级里再表扬,争取以后的值周生都能这么温暖。"

像以上这样的对话经常在学校班主任群里发生,大家被值周班级学生的"共情、关爱、助人"感动了。学校也已经形成了以帮助代替扣分,以帮助代替检查的值周气氛。

学校通过学院制、混龄研学活动等方式,让学生充分体验混龄交往。我们也欣喜地发现,学生的交往能力在提升,并且从混龄交往中逐渐感受到了家长和老师的不易,更加懂得理解他人了。下面摘录了几则学生在研学后的感受。

【案例8-8】 学生的研学感受

今天,我们要去杭州低碳科技馆研学啦。虽然我不太理解什么是"研学",但是听说可以去玩,还是兴奋地跳了起来。低碳科技馆我已经去过好多次了,但是这次特别不同,为什么呢? 因为这次是六年级的哥哥姐姐带着我们一起参观的。领着我的是一个大哥哥,大哥哥带着我楼上楼下玩得真过瘾。最刺激的是一楼的镜子迷宫,我一进去就晕头转向,差点一头撞到镜子上。大哥哥告诉我一个秘诀,要沿着地上的箭头才能顺利走出迷宫。回来的路上,我有点失落,六年级的哥哥姐姐毕业了之后,谁来领着我们玩呢？我又一想,那个时候可能轮到我们领着弟弟妹妹玩了吧！那我以后再去参观展览馆的时候,看到好玩的东西,学到有趣的知识,一定要好好记在心里,以后就能告诉弟弟妹妹啦。(201班　罗××)

我分到的是一个梳着两根小辫子的可爱女孩,稍微有点内向,话不多,但一双圆溜溜的眼睛总是好奇地东张西望。我牵着她的手,带着她参观每一个展馆,耐心地讲解展板上的知识。她对互动仪器最感兴趣,每个都要体验一下。我一边看着她玩,一边注意她的安全。她刚体验完一个项目,就拉着我飞奔向另一个目标。我不断提醒她要慢慢走,不要跑,要注意安全,可她依然跑得飞快。哎,真是操碎了心,我体会到了老师和家长们的辛苦。想当年,我们也是这样被拉扯大的。这次参观活动让我体会到,做一个好姐姐,需要爱心、耐心和责任心。而带着小朋友一起参观,我们更会明白自己需要以身作则,给他们做好榜样。大手拉小手,我们在责任中成长。(602班　郑××)

我带的小家伙叫孙××。他不但能说会道,而且精力无比充沛,满场馆地跑,我只好跟着他到处参观。我们去了低碳科技、儿童乐园等展厅,他都玩得不亦乐乎。他可真是个小淘气,在儿童乐园玩水时,他还把水喷到同学的身上,当我"批评"他时,他又一脸委屈,让人不忍心再说他。哎,跟老鹰捉小鸡似的,跑来跑去,结果他不见了。我到处找他,把二、三、四层都找遍了,只好回到儿童乐园,结果在玩水的地方找到了他。坐在车上,我十分劳累,眯了一会儿,睁开眼,发现他正微笑地看着我,疲劳顿时烟消云散了。(601班　郝××)

我们的学生表现出更能从他人的角度来思考问题,自觉地、设身处地地理解他人的感受,感受他人的困苦、欣赏他人的美好,还会以包容开放的心态看待与自己持不同观点和立场的人,信任他人。这一能力让人温暖,有助于日后危机的处理与协调。

二、"五新行动"推动了教师主动成长

面向未来的学校变革的过程,不论是课程完善实施、课堂深耕还是校园

生活的精心打造，都依赖于全体教师的精诚协作、脚踏实地、勇于创新。另外，教师自身的专业成长也是学校变革的重要内容。因此要谈到"五新行动"带来的新变化，必然不可避免地涉及教师的巨大变化。

（一）教师的观念不断更新

教师职业之所以高尚，是因为大部分教师都秉持着"以人为本"的育人理念，兢兢业业、勤勤恳恳地在三尺讲坛耕耘着。然而，面向未来的学校变革仅仅靠教师的勤恳已经不够，还需要教师观念的不断更新。在胜利实验，"五新行动"前，老师们大都认真地关注本学科的课堂教学，不断研究、不断反思实践，如何提高课堂教学质量。随着"五新行动"的践行，老师们逐渐转变观念，最重要的是转变了育人观。育人观的转变体现在：教育目的不再是教好过去的"书"，而是育好"未来人"；对学生的评价不再以成绩为唯一标准，更关注未来，关注学生所养成的素养，是否有助于他的未来成长与生活，因为我们的变革始终强调为学生的未来人生领航。正如2019学年第二学期免试生活动"AI程序员职业大体验"后，带队余老师说："此次编程体验活动，不仅仅是带领大家学习如何编程，更希望大家通过此次活动学习如何通过编程解决问题，掌握正确思考方式，从而理解、改善身边的世界。"我们的老师逐渐跳出"知识技能第一"的桎梏，转而面向未来，理性育人。

学校二年级某班小徐同学非常特殊，患有多动症，习惯用暴力解决问题，与同学关系不好，是一个让所有任课老师头疼的"问题儿童"。但老师们并没有放弃他，而是考虑到未来这个孩子还要独自面对更多复杂处境和人际关系，如果现在放弃他，对他产生偏见，是对他未来的漠视。因此，任课老师们选择用积极的态度去寻找他的闪光点，希望帮助他挖掘闪光点，让同伴看到他值得赞许的另一面，让他也能从中找到自信并积极自省。得知他正在学钢琴，于是在晨间演奏轮到该班时，音乐老师和班主任老师不谋而合，与小徐的妈妈沟通，共同说服小徐主动参与。这一星期，小徐天天早起，说怕迟到，影响演奏。看到他坐在钢琴前投入的样子，音乐老师和小徐妈妈都惊到了！原来，安静认真的小徐是那么可爱！每天早上，音乐老师都会把可爱的小徐拍下来，在音乐课上播放给全班孩子看，同学们纷纷鼓掌，这时候小徐的笑容特别腼腆、阳光。我们的老师转变思路，不再以某一方面的行为去简单定义学生,而是把学生看成一个"完整的人",给予他更多机会去发扬长处,帮助学生发现更多有利于未来参与社会的闪光点。

转变思路的老师们,在育人领域做好研究,逐渐成长为育人领域的专家。例如,陈雪影老师用故事教学法进行班级突发事件处理,形成德育品牌。目前,陈雪影老师是学校三星级班主任,开设班主任工作室,助力更多的年轻班主任成长。例如,学校资源教室负责人殷晓艳老师对如何处理特殊学生的攻击性行为,如何使用正向行为支持引导学生等有深入研究。她的多篇相关论文获省市一等奖,也多次给学校教师分享经验。

(二)教师学习主动性增强

教师观念的转变要真正变成学校变革成果,依赖于教师行为的变化。在"五新行动"中,老师们最大的行为变化即教师自身的学习主动性不断增强。我们要让学生养成终身学习的意识与习惯,不断自我更新,以便于适应未来飞速发展的社会。教师自身必须是一个乐于接受新事物、勇于挑战自我的终身学习者。这种学习的主动性体现在爱阅读、爱钻研、爱实践、爱创新。

学校科研室每学期以不同的形式组织老师们阅读。如2018学年"共读一本书"活动,带领老师们共读、共赏、共分享;2019学年"同伴'悦'读"活动,鼓励老师们以书会友,共同进步;2020学年"读期刊·晒收获"活动,倡议老师们坚持每天阅读,常读常新。又如青年教师群体,每学期常态化开展"走进经典"阅读分享活动,鼓励青年教师学经典、学前辈。各教研组也积极完善学科阅读机制,保障教研活动增量。再如语文教研组将教研活动分成学习型和研讨型,其中学习型教研以阅读分享为主,包括阅读专业书籍、阅读期刊等,每学期不少于四次。而数学教研组形成了适用于本学科的校本教研基本范式:"专题阅读+专题研讨+专题反思"三步走。其中,专题研讨也有规范的流程:阅读交流、课例展示、评课议课、活动综述。在学校、教研组等层面的推动下,不同层面、不同学科的老师们都养成了即使再忙也要坚持阅读的习惯。读书致远,知行合一。书常读常新,教师发展的步伐才会越走越远。

学校还有那么一批先锋,他们不再仅仅满足于理论的学习内化,更热衷于探索钻研与大胆尝试，那就是学校教师自发组建的"移动课堂先锋队"。移动课堂先锋队1.0于2018年由学校一批志同道合的年轻教师自发组建，聚焦iPad技术应用，从技术起源、技术介绍、技术应用三个方面展开，积累44个精品案例。2020年9月，这批年轻教师又依托省信息化课题，成立了移动课堂先锋队2.0，期望技术的运用能够让学生的思维活起来，让学生适应未来的技术环境，学会自主学习。目前，移动课堂先锋队2.0成员已经积累新课例资源10余节，坚持每月在微信公众号发布推广。在这3年中，成员更替，有失败也有迷茫，但教师的初衷一直没有变，那就是择机而用，按需选择，让技术真正服务于教学需求。这批热情洋溢的骨干教师是胜利实验教师的一个缩影，他们没有绩效奖励的外部激励，只是因为对教育坚守初心，对课堂持有热情，即使再忙也愿意尝试新方式，为学生的学习提供一些自己的思考，并积极推广给更多的教师。这就是胜利实验教师充满热情、充满活动的状态。教师的活力与生命力潜移默化地感染着学生，不怕失败和困难，尝试了就是希望，就是成功。

（三）教师专业能力稳步提升

日本教育家佐藤学教授说："教师的人生就是持续学习的人生。向儿童学习、向教材学习、向同事学习、向社区学习、从自身的经验中学习——正是这种持续学习的步伐构成了教师的人生。可以说，这种步伐极其稳健，是通过认认真真的实践积累而成的。"老师们观念的更新，主动学习的态度，积极参与学校变革的行动必然带来专业能力的稳步提升。全体老师正是在不断地学习中，各自闪烁着耀眼的光芒。

1.课堂教学能力有效提升

课堂是学校变革的核心，自重大课题新互联课堂研究开始以来，老师们积极主动投入课堂研究，参与学校新互联课堂课例评比，教学优化设计能力增强了，课中基于学生合作、迁移等综合素养的课堂策略运用能力增强了。例如，黄建老师尝试利用技术开展问诊式教学，让自主建构可视化；殷晓艳老师尝试习作评改策略研究，探索出具有特色的"评改三句半"；张雪姣老师基于学生思维能力发展，探索课堂提问策略和学生之间主体互联策略。

在胜利实验，除了优质学术团队建设，助力各层面教师教学能力提升外,学校各教研组还有一支支备赛小分队。小到学校公开课,大到省级赛课,但凡有青年教师需要参赛,一支支备赛小分队就应运而生。小分队成员不仅有经验丰富的名优教师,还配有乐学善思的青年教师。长期以来,形成了"一人参赛,多人磨炼"的学习共享模式,实现"以赛代训"。备赛分队让参与教师享受到了来自团队的互助能量,一位新调入的青年教师在区教坛新秀选拔中享受到如此"待遇"后,感叹:"我就像一位被师父和团队宠着的公主,太幸福了!"学校独立办学以来,青年教师新增1名省教坛新秀,2名市教坛新秀,7名获区教坛新秀。在省市区的教学竞赛、优质课评比、说课比赛中,青年教师更是喜获省特等奖,市、区一等奖等荣誉。愿意尝试、愿意展示自己,是胜利实验教师的风貌。据不完全统计,重大课题期间,平均每学期有69人次执教过校级及以上公开课或做观课报告,开课次数超过学校人数。老师们在这样密集的展示中,课堂教学能力和研究能力得到了提升。

2. 教师科研成绩喜人

学校一直以来不忘教育初心,重视教师教育科研,行政层面教师一直带头做课题研究,并要求老师们"向研究要质量"。在学校重大课题开展学校变革的方向引领下,老师们积极参与研究,研究能力得到显著提升。2018—2020年,学校教师区级及以上课题立项42项,其中市级及以上立项13项,占31%。区级及以上课题成果获奖35项,其中市级及以上11项,占31.4%,获一等奖14项,占40%。据不完全统计,自2018—2020年7月,学校教师区级及以上各层面获奖、发表的论文或案例382篇次,其中市级及以上144篇,占37.7%(见表8-3、表8-4)。这些成绩数据喜人,展现着教师为了学生能有更好的发展,背后无数个日夜的静心钻研,这是科研的最大价值。

表8-3　教师2018—2020年科研成绩统计数据

	课题立项 (项次)	成果获奖 (项次)	论文或案例发表、获奖 (篇次)
区级及以上	42	35	382
市级及以上	13	11	144
市级及以上比例	31%	31.4%	37.7%

表8-4　2018年以来部分优秀课题成果评比情况

成果名称	负责人	奖项类别	获奖等级
创意空间站：小学生创新素养培育的学校行动	张浩强	杭州市第六届基础教育教学成果	二等奖
从精英到大众：城市小学依托创意空间站开展创新教育的研究	张浩强	市综合类课题	一等奖
小学语文第三学段阅读拓展性课程的设计与实施研究	张雪姣	市教师小课题	一等奖
基于故事教育法的班级突发事件应对策略研究	陈雪影	市教师小课题	二等奖
体验·整合·转化：小学生项目式学习报告的撰写策略研究	赵小凤	市教师小课题	一等奖
指向分类思维能力提升的小学低学段科学活动设计与实施	赵皆喜	市教师小课题	二等奖
处方式分析报告：小学低学段主题学习活动评价工具的设计与使用	李雪慧	区规划课题	一等奖
小学中高学段习作教学的整合策略与实施	殷晓艳	区教师小课题	一等奖
基于思维导图的小学高学段数学高阶思维培养的实践研究	黄建	区教师小课题	一等奖
分项等级评价：小学语文学业评价新样态的设计与实践研究	钱丹	区规划课题	一等奖
数学好题：指向学科关键能力培养的小学六年级习题设计与实践研究	张琴	区教师小课题	一等奖
基于项目学习的创意智造活动设计与实践研究	余国罡	区教师小课题	一等奖
走向主体间性交往的小学德育活动设计与实施研究	李雪慧	区规划课题	一等奖
评改"三句半"：基于教学评一体化的小学第三学段习作评改策略研究	殷晓艳	区教师小课题	一等奖
立·历·理：指向分析能力培养的数学活动设计策略研究	黄建	区教师小课题	一等奖

三、"五新行动"转变了学校的办学样态

"五新行动"是学校的系统变革,希望通过变革行动,将我们每天习以为常、觉得天经地义的学校学习生活做一个全新的革新,产生一些能够引发我们进一步思考和探索的变化。因此,除了学生、教师身上所展现出来的面向未来的品格特征,我们还关注学校存在样态的改变。最值得骄傲和自豪的是,当你走进胜利实验,你会发现,童趣乐园成为亮丽风景,混龄交往成为生活常态,学习中心学习已经初现。

(一)童趣乐园成为亮丽风景

学校面向未来做了品质提升,在本书的第六章专门做了阐述。这一品质提升体现的不是对学校建筑高大上的追求,也不是为了顺应未来信息技术的发展而做的教育信息化的设备升级,体现的是回归教育本质的儿童本位视角,蹦床、沙坑、蜗牛山、蜘蛛爬、果园、校友林、Loft教室⋯⋯这些都是从儿童视角出发而做的尝试。实践证明,我们将校园打造成富有童趣的乐园,学生的欢声笑语越来越多,校园已经成为学生心生向往的乐园,校园成为学生恋恋不舍的家园。这才是未来教育"眼中有人""回归生活"的集中体现。

(二)混龄交往成为生活常态

每周一晨会上,当大队委员宣布上一周"三项评比"时,你会发现学生年级不同却同时在欢呼,这是怎么回事?原来,同学们并没有在为自己班级欢呼,而在为本"学院"欢呼。在胜利实验,与其他学校与众不同的一点是,我们倡导的是混龄交往,为此,学校改变了学生管理模式,开展"学院制"管理。传统的班级与年级管理模式,把有着基本相同认知水平的同龄孩子编在同一个班级学习生活,在同一个年级开展相同的活动。虽在同一所学校,但不同年级学生几乎没有交集,学生仅仅与同班同学交往,这是一种同龄人的交往。但未来,学生所要面对的不论是家庭、工作单位还是社会环境,都不会是单纯同龄人的结构,必然要进行混龄交往,这就对学校提出了挑战。基于此,我们创设了四个学院,分别为崇文学院(一至六年级所有1班),尚德学院(一至六年级所有2班),格致学院(一至六年级所有3班和105班),诚正学院(一至六年级所有4班和106班)。学院制的管理让同一学院的学生形

成强烈的集体荣誉感，在各项活动评比中，相互关爱、相互依赖支持，在这个过程中混龄交往成为生活常态。高年级孩子为了学院的荣誉，会主动跑到本学院弟弟妹妹班级教眼球操，低年级孩子会照着哥哥姐姐的样子学习本领。学院制的德育管理模式，在杭城的公办学校里应该属于首创，我们希望通过混龄交往，弥补同龄交往的一些缺失，给予更多学生更丰富的交往机会，从而获得灵活、正向的沟通协作能力。

（三）学习中心学习已经初现

朱永新教授曾在《未来学校：重新定义教育》一书中谈到，未来，当大家谈到学习，马上想到的不是"学校"而是"学习中心"。[①]未来学习中心将是开放的体系，是彼此连接的环岛。胜利实验还不能直言我们的学校已经被学习中心取代，但我们可以说，借助于区域的学习中心项目推进，我们学校中已经出现了很多未来学习中心要素，学习中心的学习样态已经在科创类课程中初步呈现。

未来学习中心可以是实体型的，也可以是网络型的。我们的创意智造学习中心就是一个汇聚多元课程资源与工具的立体集成空间。学生可以在UMU平台上获取学习中心资源，在家自学；也可以进入学校三楼实体空间浸润学习。未来的学习中心一定是开放的，空间开放，对象开放。学校创意智造学习中心不仅仅对校内学生开放，更对区域其他学校的学生开放，只要有兴趣，就能来中心体验创客魅力。未来学习中心没有标准课时的概念，我们常常看到，特需课程的学生利用课间碎片时间来到中心，沉浸于探究，往往就是两三个小时。未来学习中心的学习没有班级概念，只有学习共同体概念，而这个学习共同体会依据任务、项目的不同有所调整。在创意智造学习中心，有着共同兴趣和关注点的孩子会自发组建团队，自主管理团队；而教师成了他们的伙伴和后援团，他们习惯于自主探索，有困难时会自然地请求帮助，而这种帮助更多的是教师给他们提供一种思路和途径，继续由团队成员去摸索。基于学校创意智造学习中心的建设，越来越多的低年级学生已经对此充满期待与幻想。未来，学校一定能创建一个个更具特色的学习中心，满足更多学生的个性需求。

---

①朱永新.未来学校：重新定义教育[M].北京：中信出版社，2019.

四、"五新行动"擦亮了学校金名片

随着学校变革行动的不断深入,师生的状态发生了明显的变化,而这种变化吸引了社会各界、家长和教育同行的关注。应该说,"五新行动"不仅成就了胜利实验的师生,也擦亮了学校金名片。

(一)学校得到家长支持更多了

学校的发展家长看在眼里,他们能从孩子的学习生活状态中直接感受到学校变革的新变化。在重大课题期间,学校最近一次开展家长满意度调查是2019学年末进行的"杭州市胜利实验学校第三轮三年发展规划第二年自评调查问卷【家长篇】",此数据显示,家长对学校满意度高达99.78%。近几年,学校生源一年比一年紧,家长选择学校除了学区对应之外,另外两个重要因素是学校教学质量好、认同学校理念。家长在如此理性地分析后还能选择我们学校,可见对学校办学成效的认可度非常高。

【案例8-9】 家长对学校的认同和支持

家长对学校的支持不仅体现在满意度上,更体现在家长对学校理念的认同和活动的积极参与。自学校举行好家长评比以来,越来越多的家长积极参与评选,每年10位"好家长"代表,都是胜利实验家长学习的榜样。学校优秀毕业生余××回忆起自己的小学生活时,有这样一段话:记得六年级时,区足球联赛和我课外培训班排位赛的时间冲突,我原以为爸爸妈妈肯定让我放弃区里的比赛,让我意外的是,爸爸只对我说了一句话:自己选择的,就坚持到底。现在不是代表你个人,而是为学校而战。雨中,有黑罗指导,有同学并肩,有父亲为伴,我们取得了前所未有的好成绩。在六年级的校足球联赛中,我们班以绝对的优势拿下了冠军。至今,那个"金靴奖"的奖杯仍然高高摆在我的书房,成为我的珍藏。

余爸爸和学校的理念不谋而合,幸福的童年,未来的人生不仅仅只有成绩,还有足球、同伴,更有一直守护着自己的集体。他尊重孩子的选择,读懂

孩子的心思,这正是学校提倡的幸福教育理念。

(二)学校获得了媒体广泛报道

学校的变革涉及校园生活的方方面面,在研究展示过程中,学校也收获了社会的广泛关注。近3年内,学校的整体变革、教师发展、学生活动、课程、课堂研讨等都受到了各大媒体的广泛报道。2017年6月,《创客教育看杭州:从"小"做起,大有可为》,学校作为杭州创客教育样本荣登教育部门户网站。2020年12月25日,学校办学特色获得《杭州日报》"全面小康·杭州美好教育特别报道"整版专题报道。近3年,新华社、《人民日报》、《杭州日报》、《都市快报》、浙江少儿频道、浙江教育在线等省市报纸和电视台对学校各项活动报道达116项,其中仅2020年度就有58项,占3年报道量的50%,足见学校的媒体关注度逐年提升。

(三)学校获得了上级高度认可

上级行政部门高度关注与认可学校面向未来的改革行动。在重大课题期间(2018年至今),学校获得的国家级、省级、市级荣誉有:全国青少年足球特色学校、浙江省健康促进学校、浙江省首批教育现代化学校、浙江省数字家长学校共建共享联盟"浙江家长学校"联盟校、浙江省STEAM教育实践样态典型学校、浙江省优秀创新实验室、浙江省中小学STEM教育项目优秀种子、浙江省设计课程实验学校、浙江省第三届中小学STEAM教育大会暨首届项目学习博览会金点子奖、浙江省"未来课堂"优秀实践样态学校、杭州市第二批教育国际化示范校、杭州市教育改革创新·课改专项年度学校、杭州市第十一届教育科研先进集体、杭州市文明校园、杭州市科技特色学校,学校语文教研组获杭州市先进教研组称号;此外,学校获评上城区"行走德育"示范学校、张浩强校长在教科所附小设立名校长工作坊、吴瑶香老师设立上城区特级教师工作室、陈雪影老师设立上城区班主任工作室,新增区级及以上荣誉93项。学校在STEM教育、体育教育、未来课堂等方面已经创出了特色品牌,赢得了上级的高度认可。

(四)学校学术影响力更大了

学校变革的价值不仅在于推动学校自身发展,还在于通过总结提炼,将经验推广应用,以更新教育理念和实践。当一所学校意识到这一点后,就开始做出改变。学校从原先的被动承办各级各类活动到主动展示学校价值追求和研究成果,聚焦主题,展开研讨展示。重大课题期间,学校围绕新导航课程、新互联课堂、新校园生活分别在2019年5月、2020年11月开展了两次大型学术研讨活动。邀请省内外教育大家、名师共同探讨培养学生未来素养的新理念、新举措、新风尚。省内外很多兄弟学校领导和老师纷纷来校参观学习,活动受到嘉宾和教育同行的一致好评。每年一次的研讨活动也成了学校面向外界推广科研成果的长效机制。

除了现场研讨展示外,学校还通过文章发表、外出讲座、网络推广等形式扩大学校学术影响力。例如,2020年5月,在《基础教育参考》上发表《大众创客教育课程育人路径的探索》;2020年6月,《创意空间站:小学生创新素养培育的学校行动》获杭州市第六届基础教育教学成果二等奖;2020年11月,《当设计思维遇上创客教育》在第七届中国教育创新年会上做交流;2020年11月,《学习中心,学教方式变革的试验田》在上城区学术节开幕式做专题交流。近3年来,学校学术影响力如图8-3所示。从图中可见,随着"五新行动"的深入开展,学校变革的经验推广也在2020年度进入一个爆发期。学校的学术影响力越来越大,不仅在区域内,在省市甚至全国都有了不小的影响。

2021

2021年，教师**新角色重塑研究**成果《走向"主动学习者"：校本培训的理念更新与路径转型》发表于《**中小学管理**》**2021年第2期**

2021年3—5月，胜利实验到嵊州莲塘小学、富阳环山乡中心小学、常山天马二小、乔司中心小学开展**新互联课堂成果推广**活动

2020

2020年12月25日，学校办学特色获得《**杭州日报**》"全面小康·杭州美好教育特别报道"整版专题报道

2020年12月，承办"五育并举，融合育人"课堂变革研讨会，以学院足球联赛为主题展**示新校园生活**，尹后庆、施光明先生到场指导

2020年12月，《大众创客教育课程育人路径的探索》在**学习强国杭州学习平台推广**

2020年12月，《**机器人校本课程开发与实践**》在2020国际**数字教育大会**上做交流

2020年11月，《当设计思维遇上创客教育》在第七届**中国教育创新年会**上做交流

2020年11月，承办"预见未来：素养时代的学习中心建设"区域学习中心建设研讨；主办"探索学教变革·赋能思维发展"：**新互联课堂研讨活动**语数专场

2020年6月，子课题"混龄教育背景下小学美好学生'铸魂之旅'的路径设计与实践"获**杭州市2020年度美好教育专项课题立项**

2020年7月，子课题"择技而用，让数学思维活起来——教育型App支持下图形与几何的实践与研究"获2020年度**浙江省教育信息化课题立项**

2020年6月，《创意空间站：小学生创新素养培育的学校行动》获杭州市**第六届基础教育教学成果二等奖**

2020年1月，学校在《**上城教育研究**》"科研名校"栏目组稿发表，宣传学校5年科研教研成果

2020年，新导航课程研究成果《大众创客教育课程育人路径的探索》发表于《**基础教育参考**》2020年第5期

2019

2019年10—12月课题成果《从精英到大众：城市小学依托创意空间站开展创新教育的研究》获**杭州市教育科研优秀成果一等奖、浙江省三等奖**

2019年5月，开展主题为"未来视野下小学生自主素养培育的学教变革"的**学术研讨活动**暨杭州市重大课题阶段性汇报展示，邀请刘力教授、夏雪梅博士、俞晓东院长等省内外教育大家共同探讨培养学生未来素养的新理念、新举措、新风尚

2019年12月，**获杭州市教育改革创新·课改专项年度学校**

2018

2018年6月"未来行动：现代视野下小学生新素养培育的学校改进"获杭州市第三届教育科研**重大课题立项**

2018年9月，第三届重大课题"未来行动：现代视野下小学生新素养培育的学校改进"举行开题论证

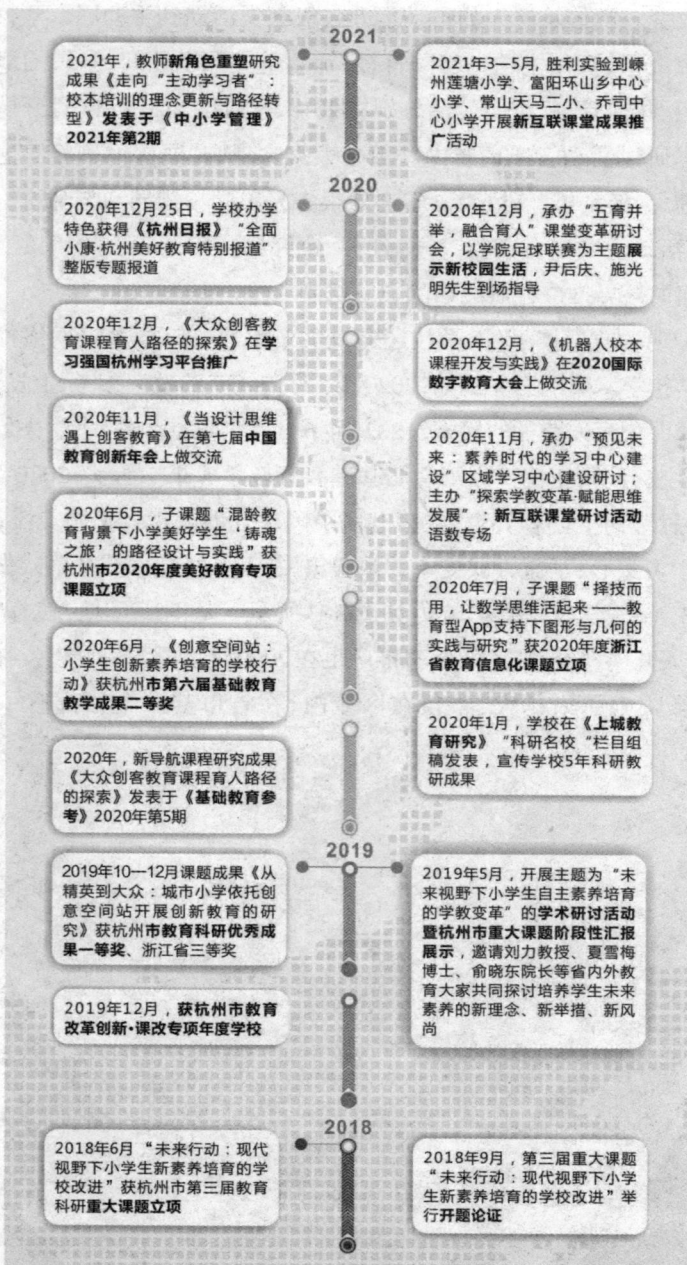

图8-3　学校学术影响力

第二节　展望:学校未来变革的再思考

　　围绕培养适应未来生活的"完整的人",学校在传承基础上做出了尝试。研究实践过程中获得了一些成果,同时也在不断地触发新的思考。未来并不代表某一个确定的时间点,更像是一种学校变革的方向指引。因此,学校变革永无止境,如果满足于当下的改革成果,那必然与未来视野背道而驰。目前已经高位发展的胜利实验,我们还可以做什么? 学校面向未来还可以做哪些优化? 方向在哪里? 不断反思探索,能让我们的研究走向一个更健康、更科学、更良性的发展轨道。

一、人文性关怀:打造完美的精神家园

　　随着互联网和现代教育技术的不断发展,学校面向未来的变革热情不减。然而,技术背景下的学校变革极其容易让人忘却了"初心"——眼中有人。因此,在学校变革的再思考中,我们提醒自己,面向未来的学校变革必须关注人文性关怀,着眼的是学生的未来。朱永新教授曾在第十二届全国新教育实验研讨会上做主报告中提出:"要为学生缔造完美教室……在完美教室里,每一个孩子都是活生生的生命存在,他们在这里成长,成长为独特的生命。"[①]借鉴朱永新教授的观点,迁移到学校变革中,便是我们要为学生打造完美的精神家园而努力。

　　学校的品质提升工程很好地体现了儿童视角,对学生进行了人文性关怀。未来,学校空间完善,如高学段教室改造、学校公共空间的再完善,都要

---

　　①朱永新.缔造完美教室——第十二届全国新教育实验研讨会主报告[J].教育研究与评论,2012(4):9-30.

以一种"用户体验"思维去思考，学生在这里能够舒适地学习吗？学生能进行混龄交往吗？这样的设计对学生的健康有影响吗？学生在学校能够获得未来素养吗？我们要认识到学生的身体以其各种感官影响着大脑的发展，影响着心灵的体验。①学生在学校空间内获得身心统一的满足，他才有可能顺利发展思维、养成未来核心素养。我们还要以一种"共建共享"的思维去思考。学生是学校的主人，让他参与设计、打造的学校，更能提高其对学校的精神依赖。例如，在可以预知的未来范围内，学校还将存在，但学校里的教室还是一成不变的吗？还是26个教室都统一标准吗？我们可以做一些改变与尝试，改变传统的"101/201/301……"这样的班级名称，可以有一些个性名称，这些名称将伴随学生的小学生涯，不会因为年龄的增加而改变，这是他们的个性印记。让教室与学习中心在校园内共存，满足学生多样化的交往学习需求，他们可以在教室里和同龄伙伴像家人一样生活学习，也可以去学习中心和志趣相投的好友共同探讨、沉迷于他们的梦想，我们要让学生在学校时刻都有精神的寄托。

我们也可以从课程的角度思考，课程资源的提供要契合学生的未来生活。学生的未来生活肯定是综合的，我们的新导航课程不仅要在部分基础性课程中实施课程统整，还应该扩大课程的统整面，提高统整的质量与对学生成长的意义。课程整合思想的代表人物詹姆斯·比恩（美国路易斯安那州大学教授）称，学生有权在他的世界中寻找意义，参与重要议题的制定、批判性思考、做出判断。学生也有能力成为统整的主体而不仅仅是对象。②从这一观点中，我们还能读出另一层含义，尊重学生人文性的课程，一定是师生共建的课程。未来，学生作为"专家"之一，与传统的课程专家、教师、学校校长等坐在一起，评议某一门课程的场景可能出现在学校里。有大量研究表明，学生参与到课程规划与评价中，学习效果将会大大提高。③

人文性关怀还体现在课堂中。新互联课堂的探索，创新了课堂互动，拓

---

① 林丝萍. 学校教学空间的历史演变与未来展望[D]. 福州：福建师范大学, 2019.

② 詹姆斯·比恩. 课程统整[M]. 单文经, 等, 译. 上海：华东师范大学出版社, 2003.

③ 弗雷斯特·W. 帕克, 等. 课程规划——当代之取向[M]. 谢登斌, 俞红珍, 译. 杭州：浙江教育出版社, 2004.

宽了课堂时空。未来，我们需要在深化探索中不断反思：新互联课堂中学生的思维开放互联了吗？学生能提出更多为什么了吗？学生能迁移解决未来更复杂问题了吗？学生对自己的发展更有信心了吗？学生感受到自己的巨大成长了吗？这些疑问能助力我们更深入地、精准地、本真地去思考学校变革的方向，而不是浮于表面的形式探索。

二、互联网思维：构建新型的教育生态

学校"五新行动"的变革，面向未来，在新导航课程、新互联课堂、新校园生活、新学校文化、教师新角色上都做了尝试与探索。但我们也在反思，变革的步子还迈得不够大，可以有更大胆的探索。未来，在"眼中有学生"的基础上，我们可以借助互联网思维，运用信息技术，构建一个新型的学校教育生态系统。

（一）彻底翻转理念，做好变革顶层设计

学校变革要做到深层次，必须从变革理念和思维开始进行转变。有学者指出，互联网思维是指一种通过各要素合理配置，实现高效化的系统性思维。传统的工业化思维是线性的，强调高效化、标准化，在工业时代的学校变革中适用。但互联网思维是基于"四通八达"的网络逻辑，强调创新、互联与多元，适合于未来时代的学校变革。[①]在未来的发展中，胜利实验要有这样的勇气，用互联网思维来冲破传统限制，做好学校进一步变革的顶层设计，系统化推进学校成为新型教育生态系统。

（二）盘活教育资源，学校成为资源集散中心

传统学校，优质教育资源被藏在学校内，以点状形式存在，班级内、学校之间、班级之间无法实现优质资源共享。一个简单的例子：名师课堂，只有在公开课时才有可能借班上课，让另一个班的孩子有机会享受，平时一名老师对应一个班，互不干扰、互不分享。胜利实验有盘活课程资源的意识，但也仅仅在某一些课程或创意智造学习中心中实践。今后互联网思维下的学校，要打破这种资源"独享"现象，盘活优质教育资源，让学校成为优质资源的集散中心。

---

①马丽英. 未来学校：兴起、探索及建构路径[D]. 武汉：华中师范大学，2020.

优质资源分成学生资源和教师资源。在学生资源上，学校可以借助在线教育平台，对优质的教师资源和课程资源进行整体架构，甚至可以实现全校实时录播，供全校学生直播学习、回放学习，供校外学生点播。例如，学校新导航课程体系中的拓展性课程，目前仅有线下课程，学生学习时间有限，完整的小学六年也只能修习12门。但如果这些拓展性课程都配套有线上课程，那么学生可以在合适的时间选择一些感兴趣又适合自己个性化自学的课程，学生的课程学习自由度更大，选择权更大，自主性更强。

在教师资源上，实现优质资源流动盘活的思路。未来，如一位教师参赛磨课，将会有多位教师受益。团队共同磨课，形成的资源团队共享。其他校本资源如作业设计、教学设计资源包等校本资源都不会仅仅停留于设计者本人，一定是互惠共享的。借助在线平台，实现优质资源即时生成、即时流动。而作为教师，不仅满足于取用他人的资源，而且致力于创造更优质的资源，相互分享，共同成长。我们要提高教师的信息技术水平，实现教师"实时生成资源、更新资源"的目标，让学校成为资源数据的集散中心，不断有新的资源，不断共享输出。

(三)开放教育空间，学校成为互动体验中心

未来，学校在物理空间建设上可以融通各功能空间，拆除看得见和看不见的隔墙。学习或课堂不仅仅在传统教室内，图书馆、操场、实验室、音浪舞台等功能区域都是学生学习的场所。当然，未来要避免一种误区，即为了开放而开放。有些学习可以在传统教室完成，就没有必要追求形式而搬去图书馆。要做的是开发相关功能区课程，如学习中心课程、图书馆课程(图书馆也可以作为一个阅读学习中心)、校友林课程、胜实园课程，这些课程能在学校新导航课程理念的指引下，充分利用空间资源，借助互联网的连接性功能，让学生在学校的角角落落都有课程体验，并且有不同的收获。

未来，学校的各空间还要具有灵活性。例如，某两个教室可以依据学习内容的不同进行适当的合并、拆分，中间的隔墙是活动的。需要小班化教学时，可独立展开，课桌椅能设置成小组式。进行大班演讲时，隔墙拆除，课桌椅又能再次调整。总之，学生的学习体验是丰富的，是便捷的，是个性的。

开放的教育空间不仅指线下，还包括虚拟的线上空间。线上学习空间向全校甚至全网开放。同时要实现同一门线上课程，可以由不同教师授课，学生可自主选择，并在线上能进行自由互动互评，师生组建成一个个学习共同体。

三、全球化视野：学校成为联结世界的纽带

互联网思维下的学校变革，一定是在全球大背景下的学校变革。我们的学生，将来要面临的不仅仅是本土性问题，更多的是全球性问题、融合性问题，那么他所经历的学校教育也必然要具有全球视野。未来，学生不仅要有民族精神、国家意识，同时要有一种人类命运共同体的自觉，既要有一颗中国心，也要有一双世界眼。

因此，学校变革要借鉴世界先进经验。各国对未来学校变革的探索越来越多，典型案例也越来越具有特色，呈现"百花齐放"的特质，当然也有一些值得迁移的共性。学校在变革时要充分学习，从中找到适合本土的经验去实践验证。

学校变革要让学生的学习与世界自然联结。新互联课堂强调情境互联、主体互联、时空互联，然而我们在设计和实践时没有考虑到学生与世界全球的联系。所幸，这和我们之前的想法也不矛盾。未来，我们可以继续强调生活情境互联，同时也可以关注学生学习与全球情境互联，将全球性世界问题引入学生学习，开展项目化学习、国际理解学习，开阔学生的视野和格局。我们可以继续关注主体互联，学生不仅需要学会与课堂同伴沟通，同时也需要与不同文化、种族、观念的人群沟通协作。这种沟通交往能力对学生提出了更大的考验，作为学校可以为学生提供哪些支持呢？可以从课程、学习方式变革、活动等方面做一些努力，让学生能有体验与提升。

学校变革要将本土与世界联系，实现本土经验与世界的对话，将最具有特色的学校变革经验通过国际化交流（包括教师交流、学生游学交流）自豪地推广至结对友校，让更多的人了解胜利实验，学习胜利实验，使学校变革成果置于更广范围和情境中得到验证。

打造完美的精神家园、构建新型教育生态、联结世界，这三个方面将从人的维度、时间维度、空间维度为胜利实验的未来发展提供思路。我们将为了学生当下和未来的幸福生活不断求索，创造无限可能。

参考文献

[1] 联合国教科文组织国际教育委员会.学会生存[M].北京：教育科学出版社，1996.

[2] 筑波大学教与学研究会.现代教育学基础[M].钟启泉，译.上海：上海教育科学出版社，1996.

[3] 俞文钊.管理心理学[M].大连：东北财经大学出版社，2000.

[4] 尼尔.夏山学校：养育子女的最佳方法[M].周德，译.北京：京华出版社，2002.

[5] 廖哲勋，田慧生.课程新论[M].北京：教育科学出版社，2003.

[6] 詹姆斯·比恩.课程统整[M].单文经，等，译.上海：华东师范大学出版社，2003.

[7] 弗雷斯特·W.帕克，等.课程规划——当代之取向[M].谢登斌，俞红珍，译.杭州：浙江教育出版社，2004.

[8] 佐藤学.学习的快乐——走向对话[M].钟启泉，译.北京：教育科学出版社，2004.

[9] 琼·温克.批判教育学——来自真实世界笔记[M]. 路旦俊，译.长沙：湖南教育出版社，2008.

[10] 余清臣，卢元锴.校园文化学[M].北京：北京师范大学出版社，2010.

[11] 丹尼尔·平克.全新思维：决胜未来的6大能力[M].高芳，译.杭州：浙江人民出版社，2013.

[12] 张浩强.传承与创新：新教师文化培育的理论与实践[M].上海：上海教育出版社，2013.

［13］伊藤穣一，杰夫·豪.爆裂：未来社会的9大生存原则［M］.张培，吴建英，周卓斌，译.北京：中信出版社，2017.

［14］迈克尔·富兰，等.极富空间：新教育学如何实现深度学习［M］.于佳琪，等，译.重庆：西南师范大学出版社，2018.

［15］朱永新，袁振国，马国川.人工智能与未来教育［M］.太原：山西教育出版社，2018.

［16］泰德·丁特史密斯.未来的学校［M］.魏薇，译.杭州：浙江人民出版社，2018.

［17］张浩强.学习并幸福着：幸福课堂建设的实践探索［M］.长春：吉林大学出版社，2019.

［18］王毓珣.教育学视角下的未来学校［M］.上海：华东师范大学出版社，2020.

［19］丹尼尔·D.哈迪，乐雅珍，盛群力.信息处理·教育模式·知识素养［J］.外国教育动态，1991（4）.

［20］杭州市胜利小学课题组，浙江省电化教育馆课题组，盛群力，等.电化教育促进小学生认知能力发展实验报告［J］.浙江电化教育，1995（5）.

［21］王伯鲁.未来概念的内涵［J］.铁道师院学报，1998（3）.

［22］杨红梅，张想明.良性人际交往对德育的意义［J］.兰州学刊，2003（3）.

［23］徐巧英.从"校本培训"走向"校本学习"：基于教师专业发展背景下校本培训转型研究［J］.中小学教师培训，2003（8）.

［24］何克抗.从Blending-Learning看教育技术理论新发展（上）［J］.中国电化教育，2004（3）.

［25］赵国栋."严格管理"与"学生自治"：民国著名高校学生管理的实践逻辑与当代启示［J］.武汉理工大学学报，2006（11）.

［26］冯大鸣.21世纪先锋学校的创新及启示：对美国费城未来学校的考察与评析［J］.全球教育展望，2007（6）.

［27］张仙，黎加厚.同侪互助：教师培训的新方式［J］.中小学信息技术教育，2007（3）.

［28］许超，苏景春.学生作为校本课程开发参与者的必然性与途径分析

[J].当代教育论坛(学科教育研究),2008(3).

[29] 王兆娣,卢清.斯滕博格的成功智力论对当代教育的德育启示[J].陕西教育学院学报,2008(8).

[30] 梅宁华.民主究竟是什么[EB/OL].http://www.cnr.cn/luntan/sytt/200802/t20080225_504713511.html,2008-02.

[31] 王旭阳.俄罗斯国家教育创新方案:我们的新学校[J].比较教育研究,2010(4).

[32] 杨黎珍.论人文关怀视角下校园物质文化建设[J].中小企业管理与科技(下旬刊),2010(12).

[33] 王冬梅.新加坡"未来学校"的实践探索及其对我国的启示[J].外国教育研究,2012,39(4).

[34] 朱永新.缔造完美教室——第十二届全国新教育实验研讨会主报告[J].教育研究与评论,2012(4).

[35] 叶长青.未来课堂的互动研究[J].中国信息技术教育,2012(11).

[36] 褚清源.未来学校图景[N].中国教师报,2013-01-16(12).

[37] 项贤明.论生活教育与学校教育的逻辑关系[J].教育研究,2013,34(8).

[38] 尚俊杰.未来学校建设的三层境界[J].基础教育课程,2014(23).

[39] 佐藤学,于莉莉.基于协同学习的教学改革——访日本教育学者佐藤学教授[J].外国中小学教育,2015(5).

[40] 胡永斌,李馨,赵云建.欧盟学校教育信息化发展现状——访欧盟iTEC"未来教室"项目负责人威尔·埃利斯博士[J].中国电化教育,2016(2).

[41] 余胜泉.没有了围墙,未来学校将会怎样转型[N].中国教育报,2016-05-17(008).

[42] 余胜泉."互联网+"时代发展个性的未来学校[N].中国信息化周报,2016-6-13(007).

[43] 王素,曹培杰,康建朝,等.中国未来学校白皮书[R].北京:中国教育科学研究院未来学校实验室,2016.

[44] 靳晓燕.未来学校在未来,也在路上[N].光明日报,2016-08-02(14).

[45] 顾明远.未来教育的变与不变[N].中国教育报,2016-08-11(03).

[46] 中国学生发展核心素养研究成果正式发布.中国教育新闻网[EB/

OL].https://gaokao.eol.cn/news/201609/t20160914_1448876.shtml.

[47]朱永新.未来学校的15个变革可能[EB/OL].https://edu.qq.com/a/20161202/001750.htm.

[48]李希贵.教改是否属于瞎折腾?[J].未来教育家,2017(12).

[49]崔跃华."未来学校"研究综述[J].教育科学论坛,2017(14).

[50]孙贞锴.对"学生自治"问题的再思考[J].师道,2017(11).

[51]姬国君.审辩性思维的基本内涵、研究现状和培养路径[J].现代基础教育研究,2017,27(3).

[52]曹培杰.未来学校的兴起,挑战及趋势[J].中国电化教育,2017(7).

[53]陈霞.以教师学习为中心的教师培训课程重构路向[J].教育发展研究,2017(18).

[54]张生,曹榕,等."AI"时代未来学校的建设框架与内容探究[J].中国电化教育,2018(5).

[55]曹培杰.未来学校变革:国际经验与案例研究[J].电化教育研究,2018,39(11).

[56]陈亚星.自主·合作·探究:学生学习方式的转变[J].华东师范大学学报(教育科学版),2018(1).

[57]罗军兵.基于国际比较的核心素养内涵解析[J].课程教学研究,2018(8).

[58]顾明远.谈谈未来教育的逻辑起点[N].中国教育报,2018-03-03.

[59]王素,等.中国未来学校2.0:概念框架[R].北京:中国教育科学研究院未来学校实验室,2018.

[60]林倩如.开放和包容的文化,才有生命力[EB/OL].http://www.360doc.com/content/18/0307/21/30515088_735225694.shtml,2018-03-07.

[61]王定华.新时代教师队伍建设的政策与策略[EB/OL].世界教育信息微信公众号,2018-01-18.http://mp.weixin.qq.com/s/kroLbPuSVbVVluYNktC5DA.

[62]中共中央、国务院.中国教育现代化2035[R].2019.

[63]林丝萍.学校教学空间的历史演变与未来展望[D].福州:福建师范大学,2019.

[64]项贤明.在人工智能时代如何学为人师?[J].中国教育学刊,2019(3).

[65] 崔璐.未来学校的概念,特征与实践[J].教学与管理,2019(3).

[66] 王枬.未来学校的时空变革[J].全球教育展望,2019(2).

[67] 陆云泉.构建面向未来的生态智慧教育[J].教育家,2019(44).

[68] 国家教育行政学院教育制度创新研究中心、北京智慧云教育科学研究院.深圳市南山区前海港湾小学:创建未来创新学校的实践探索.中小学管理创新案例(2010—2019)研究报告[C].北京国人通教育科技有限公司,2019.

[69] 安德烈亚斯·施莱希尔,宋晓凤,陈钰童.教育面向学生的未来,而不是我们的过去[J].华东师范大学学报(教育科学版),2020,38(5).

[70] 方向,盛群力.2030学习罗盘:设计未来时代的学习[J].开放学习研究,2020,25(2).

[71] 刘徽.面向未来的课程视域——读《四个维度的教育——学习者迈向成功的必备素养》[J].现代教学,2020(11).

[72] 刘徽,徐玲玲.大概念和大概念教学[J].上海教育,2020(11).

[73] 刘徽."大概念"视角下的单元整体教学构型——兼论素养导向的课堂变革[J].教育研究,2020,41(6).

[74] 钟建林.学习型组织视野下教师专业发展共同体建设研究[J].教育理论与实践,2020,40(20).

[75] 马丽英.未来学校:兴起、探索及建构路径[D].武汉:华中师范大学,2020.

[76] 中共中央、国务院.中共中央 国务院关于全面加强新时代大中小学劳动教育的意见[EB/OL].(2020-03-26)http://www.gov.cn/zhengce/2020-03/26/content_5495977.htm.

[77] 东钱湖教育论坛.袁振国:学习方式变革的思考[EB/OL].湖畔问教公众号,2020-12-7.http://mp.weixin.qq.com/s/veHyWGhwguG-R24jzfl0YQ.

[78] 袁野."未来"的学校[EB/OL].师培联盟,2020-7-27.http://mp.weixin.qq.com/s/2RheoguU8i_EsNVXOTgwcA.

[79] Masschelein, J. & Simons, M.Education in Times of Fast Learning: The Future of the School[J].Ethics and Education,2015,(1).

后 记

　　2013年,学校在"幸福生活每一天"的办学理念下,开启了幸福课堂研究,借助幸福课堂观察量表、学习单设计等方式,从"主动参与、有效思考、个性表达"三个维度来践行以学生为中心的教学理念。幸福课堂研究的本质是学教方式的变革,在切实推动教学不断进步的同时,一大批教师在研究中成长。学校也在2019年完成了幸福课堂研究专著《学习并幸福着:幸福课堂建设的实践探索》,由吉林大学出版社正式出版。

　　教育的外部环境在不断更新,人工智能冲击、未来学校变革等都让学校面临巨大挑战。我们在思考,学生未来将要面对怎样的世界? 未来是易变的、复杂的、不可预测的,如果要将学生培养成能够适应未来的完整儿童,仅靠课堂力量或散点式研究是不够的,必须有学校的系统性变革。于是在原有研究实践基础上,我们从2018年开始,借助杭州市教育科研重大课题立项契机,全校进入面向未来的学校变革行动中。3年时间,学校以课题组为核心,带动各学科教研组、各年级组、备课组等,开展新导航课程的建构、新互联课堂探索和新校园生活的打造。围绕着三大主路径,我们形成了创意智造学习中心创新课程体系、STEM创新教育、新互联课堂学习样态、学院制混龄交往模式、移动教育模式等独具校本特色的品牌。当然,学校系统变革中,校园品质提升工程也让学校文化走向一个新的阶段,人本·民主的学校新文化形成,学生作为学校的主人开展校园自治已经成为常态。而学校中另一大群体——教师,也逐渐转变角色,从终身学习的视角来实现自我发展。我们自豪地看到,学生的状态发生了改变,自主、创意、关爱、迁移、合作等品质特征在胜利实验"小海燕"身上越来越明显,而这些特质正是我们认为学生未来人生所必需的。

　　本书能够顺利出版,要特别感谢许多领导、专家的支持。首先,感谢浙江大学刘力教授。刘力教授既是学校发展路上的老朋友，也是重大课题研究的首席指导专家，在课题研究过程中多次亲临学校，给学校课题研究方向把脉论证、为书稿撰写提供框架指导、培训教师等，给学校的发展指明了方向。其次，感谢杭州市教育科学研究院俞晓东院长和黄津成老师。俞院长在课题立项、论证和研究过程中给学校提供了宝贵的研究方向与思路，指引着学校团队不断深入。黄津成老师作为课题联络专家，多次与课题组联系，督促课题组关注研究进度，并且指导老师们的课题实施，为全校教师做培训。在书稿撰写初期，黄老师还为书稿撰写团队提供了大量文献资料学习。另外，要感谢在课题论证、提炼过程中给予指导的各位专家：国家督学、中国教育学会副会长尹后庆先生，浙江省教科院院长朱永祥先生，杭州市教研室曹宝龙先生，《浙江教育报》主编张莺女士，都为研究提供了宝贵建议。还要感谢在重大课题期间，指导过新互联课堂研究的各位教学专家：浙江省小学语文教研员余琴女士，浙江省小学数学教研员斯苗儿女士，还有上城区教育学院的各学科教研员和科研中心研究员，是他们深入课堂，和老师们一起研究课堂、改变课堂。最后，要感谢杭州市教育科学研究所原所长施光明先生多次指导书稿框架与文本撰写，并进行最后的统稿审阅。

在近3年时间里，全校教师都参与了课题的研究，子课题成员就有29人（包括现已调离胜利实验的钱丹老师，曾经为课题的顺利推进付出很多），课题组研讨不下30次。全校教师在教研组的推动下，积极参与新互联课堂研究、新校园生活打造，共同开发完善课程，参与学校学术研讨活动的展示。参与本书初稿撰写的分别是：第一章、第三章赵楚艳，第二章、第四章、第七章和第八章陈丽，第五章李雪慧，第六章陈芳。全书由张浩强、陈丽统稿修改完成。书稿中的案例素材全部来自教师的真实教育教学情境。因此，本书的出版也是对全校教师不懈奋斗的一个有力回馈。

研究无止境，本书的出版并不意味着研究的结束。我们恰恰想借此宝贵机会，听取教育同人的批评指正，以便进一步明晰未来方向，更有效地为学生的未来成长领航！

作　者

2020年12月

图书在版编目（ＣＩＰ）数据

五新行动：面向未来的学校变革 / 张浩强，陈丽编著． -- 北京：现代出版社，2021.6
ISBN 978-7-5143-9305-7

Ⅰ.①五… Ⅱ.①张… ②陈… Ⅲ.①教育工作－研究 Ⅳ.①G4

中国版本图书馆CIP数据核字（2021）第123289号

作　　者：张浩强　陈　丽
责任编辑：窦艳秋
出版发行：现代出版社
通讯地址：北京市安定门外安华里504号
邮政编码：100011
电　　话：010-64267325　64245264（传真）
网　　址：www.xdcbs.com
电子邮箱：xiandai@cnpitc.com.cn
印　　刷：杭州万星印务有限公司
开　　本：710mm×1000mm　1/16
字　　数：320千字
印　　张：21
版　　次：2021年6月第1版　　2021年6月第1次印刷
书　　号：978-7-5143-9305-7
定　　价：46.00元